AF565046

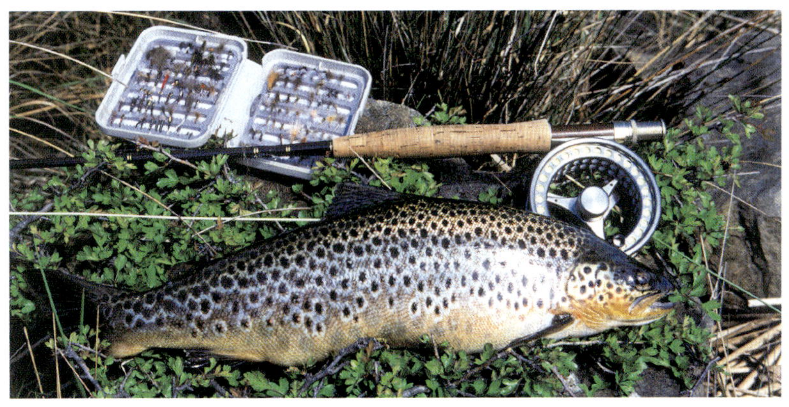

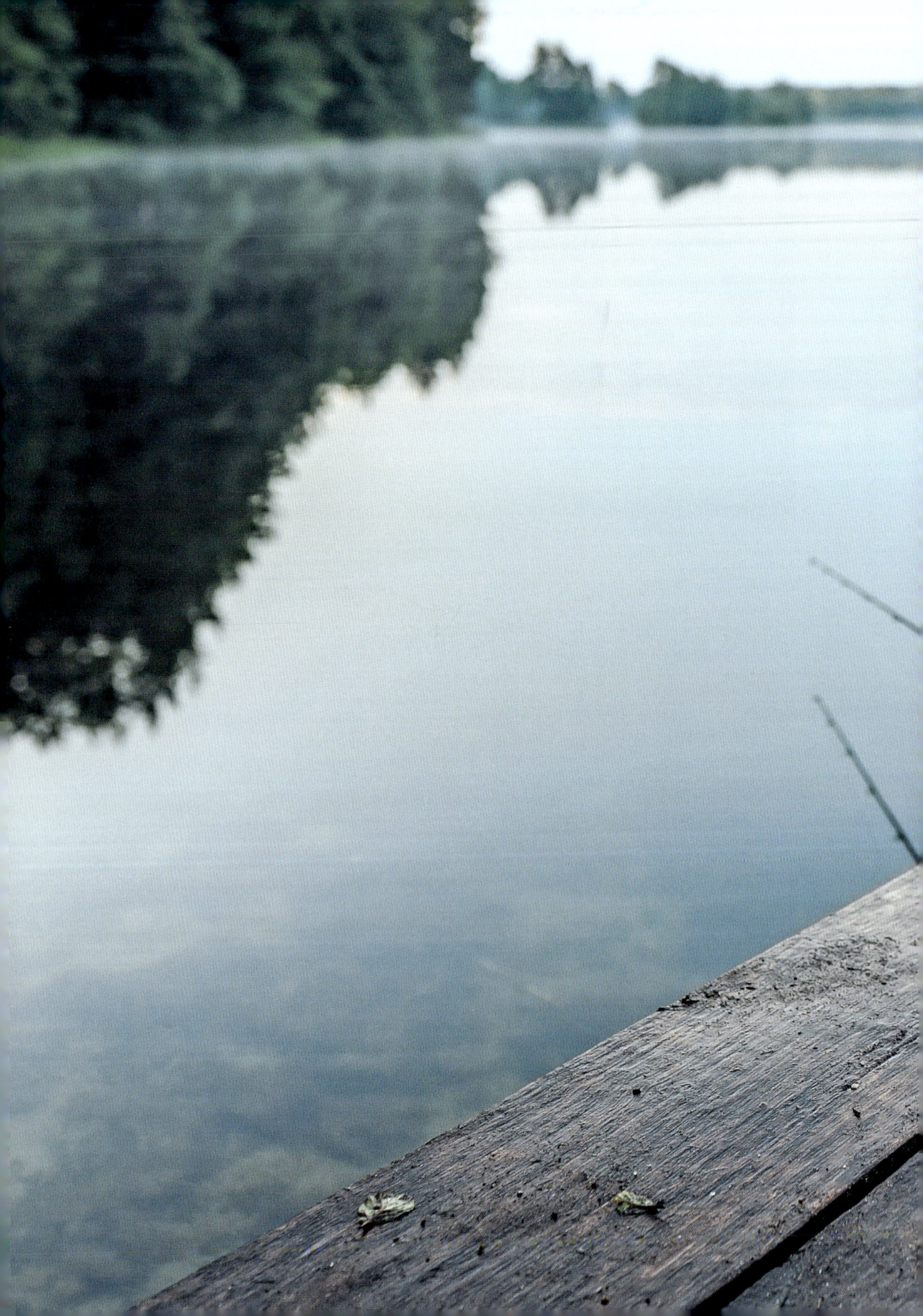

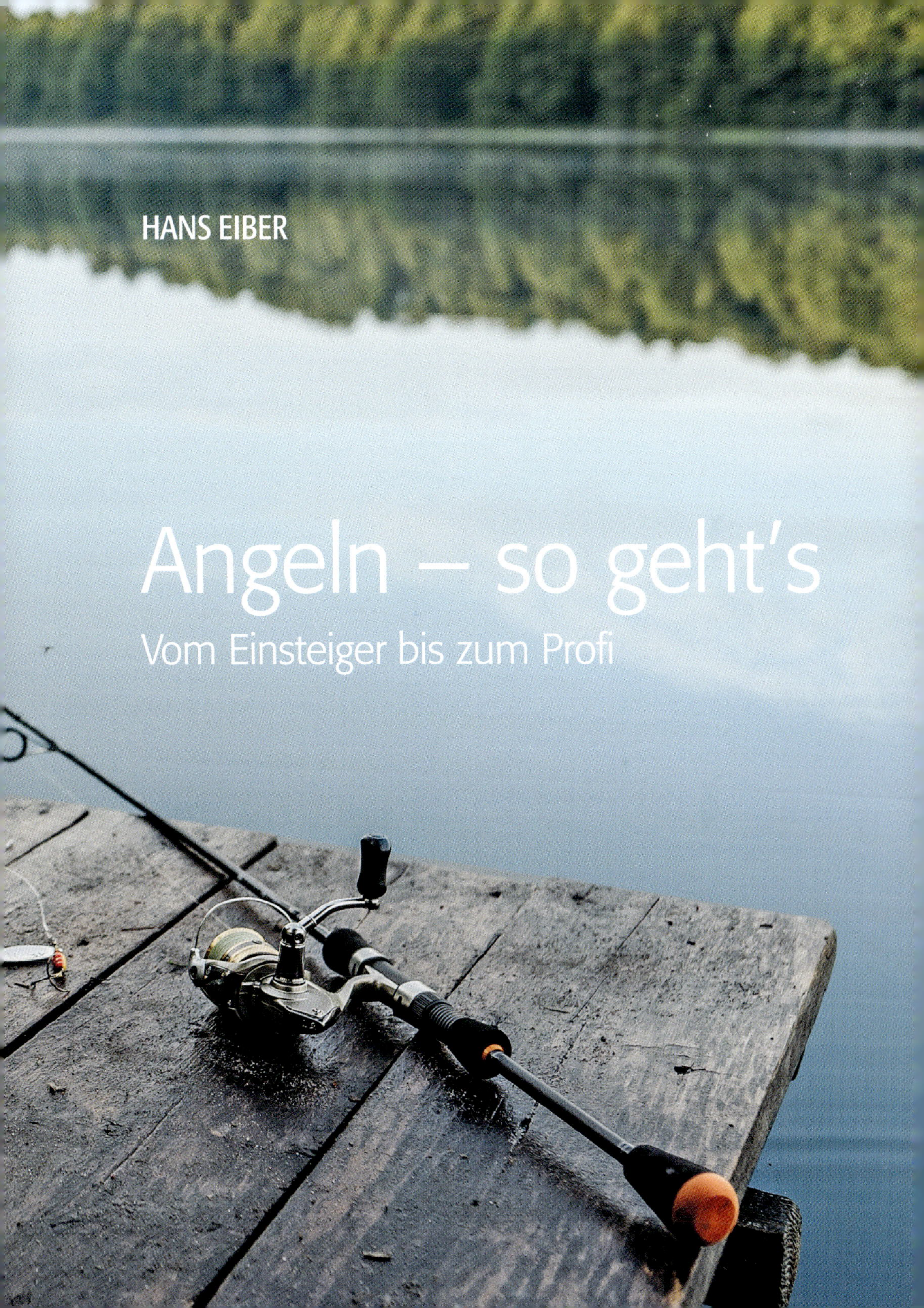

HANS EIBER

Angeln – so geht's

Vom Einsteiger bis zum Profi

Was Sie in diesem Buch finden

Die Ausrüstung 7

Das Grundwerkzeug 8

Die Angelrute 8 | Angelrollen 9
Die Angelschnur 11 | Sichere Angelknoten 14 | Haken 17

Sonstiges Zubehör 19

Angeln im Süßwasser 21

Fischsteckbrief 21

Friedfische 29

Die besten Köder 29 | Grund- und Lockfutter 37 | Angelmethoden für Friedfische 41

Raubfische 70

Fische als Köder 71 | Spinnangeln 75
Schleppangeln 82

Fliegenfischen 85

Kunstfliegen als Köder 86 | Methoden mit der Fliege 88 | Das Gerät 91

Vor dem Fang – nach dem Fang 95

Drill und Landung 95 | Waidgerechtes Versorgen 99

Saison · Standplätze · Wetter 103

Fangsaison 103 | Standplätze 104
Witterung 107

Angeln im Salzwasser 109

Fischsteckbrief 110

Angelmethoden für das Meer 113

Pier- und Klippenangeln 113 | Brandungsangeln 116 | Pilkangeln 119
Bootsangeln mit Naturködern 123
Naturköder für das Meeresangeln 124

Stichwortverzeichnis 127
Impressum 128

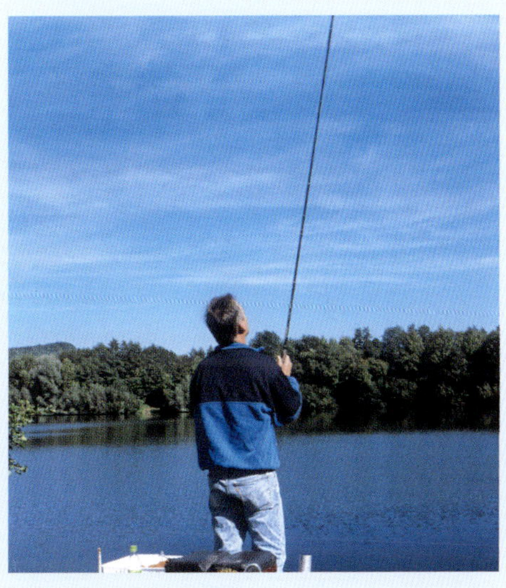

Vorwort

Angeln ist eine äußerst facettenreiche Freizeitbeschäftigung, wer es hier vom Einsteiger zum Könner bringen möchte braucht ein gute Grundausbildung. Dafür ist dieses Buch gedacht, es möchte eine generelle Orientierung für die zukünftige erfolgreiche Anglerkarriere bieten.

Während das erste der drei Hauptkapitel Basiswissen über die zum Angeln verwendeten Ruten, Rollen, Schnüre und Haken sowie über wichtiges allgemeines Zubehör vermittelt, befasst sich der zweite große Abschnitt mit dem Angeln im Süßwasser. Am Anfang steht ein illustrierter Fischsteckbrief mit interessanten Kurzinfos über die beliebtesten Angelfischarten.

Bei der anschließenden Besprechung der unterschiedlichen Angelmethoden finden Sie nicht nur Empfehlungen für die passende Rute und Rolle sondern auch für die richtige Zusammenstellung von Schnur, Vorfach, Bleibeschwerung, Haken und Köder.

So werden für das Angeln auf Friedfische die Prinzipien des Grund- und Posenangelns, die unterschiedlichen Köder, Montagen und Methoden behandelt. Bei den Raubfischen erfahren Sie wie Kunstköder, also Blinker, Spinner, Wobbler oder Gummifisch bzw. natürliche Köder an der Posen- oder Grundangel richtig eingesetzt werden.

Das Thema »Fliegenfischen« findet extra Raum, da es sich für Raub- und Friedfische gleichermaßen eignet.

Natürlich ist ein Angler nur zufrieden, wenn er den von ihm gehakten Fisch auch landen kann. Aber beim Drillen und beim Anlanden eines Fisches können fatale Fehler unterlaufen. Die Ursachen und deren Vermeidung kommen zur Sprache.

Ein weiteres Thema ist der richtige Umgang mit der Beute nach dem Fang, das richtige Versorgen und die schonende Behandlung der für die Küche bestimmten Fische. Wo man die Fische in einem Fluss oder See findet wird ebenso angesprochen wie zum Angeln günstige bzw. ungünstige Wetterverhältnisse.

Der Abschnitt über das immer beliebter werdende Meeresangeln beschließt dieses Buch. Hier werden die Möglichkeiten an den deutschen Küsten sowie im beliebten Angelurlaubsland Norwegen herausgestellt. Nach der Vorstellung der fangbaren Hauptfischarten findet der angehende Meeresangler praktische Hinweise für die beste Ausrüstung sowie die Erfolg versprechenden Ködermontagen.

Viel Spaß beim Lesen und für die Zukunft viel Petri Heil!

Hans Eiber

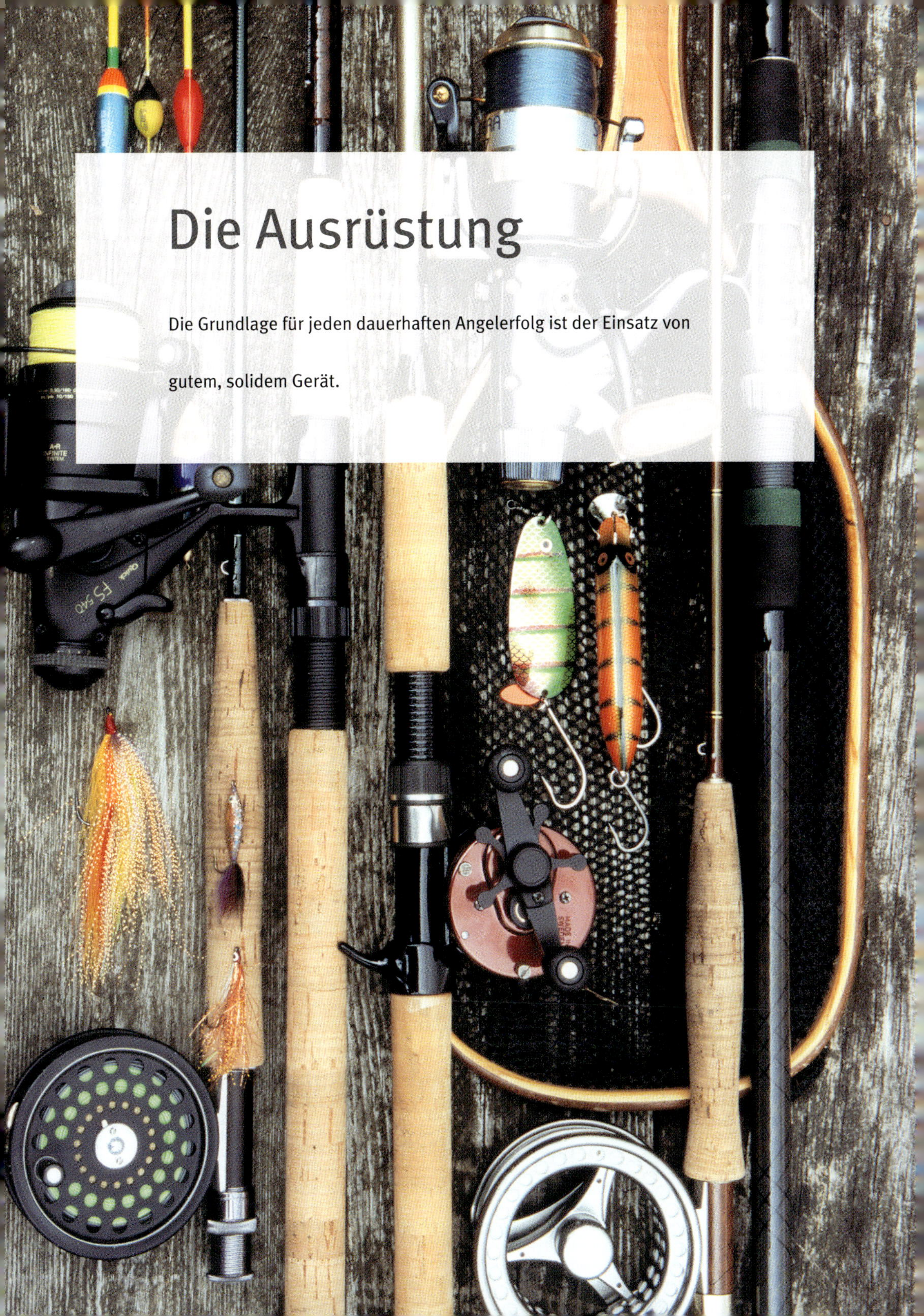

Die Ausrüstung

Die Grundlage für jeden dauerhaften Angelerfolg ist der Einsatz von gutem, solidem Gerät.

Das Grundwerkzeug

Die Angelrute

Seit tausenden von Jahren wurden natürliche Materialien wie Bambus, Esche, Weide, Hasel, Greenheart und Hickory für Angelruten verwendet. Heute noch schwören viele Angler auf Ruten aus kunstvoll gespließtem Bambus, aber moderne Werkstoffe haben sich allgemein als die vielseitigsten herausgestellt. Vollfiberglas war zu schwer und zu unsensibel, die nachfolgenden Hohlglasprodukte hatten schon bessere Eigenschaften. Ein Produkt des Raumfahrtzeitalters ist die moderne Kohlefaser, sie vereinigt Kraft und Sensibilität mit einem verblüffend geringen Gewicht.

Nachfolgend einige grundlegende Fakten über Angelruten. Details werden später bei den einzelnen Angelmethoden erläutert.

Die Aktion einer Rute

Ruten unterscheiden sich neben der unterschiedlichen Länge und Belastbarkeit vor allem in der »Aktion«. Dieser Begriff beschreibt das Biegeverhalten bei Einwirkung einer bestimmten Kraft. Es gibt dabei zwei Extreme: Weiche, parabolische Ruten ① biegen sich unter Belastung auf ganzer Länge zu einem Halbkreis, sie federn im Drill sehr schön, sind aber eher etwas für das Angeln im Nahbereich. Harte Ruten ② biegen sich

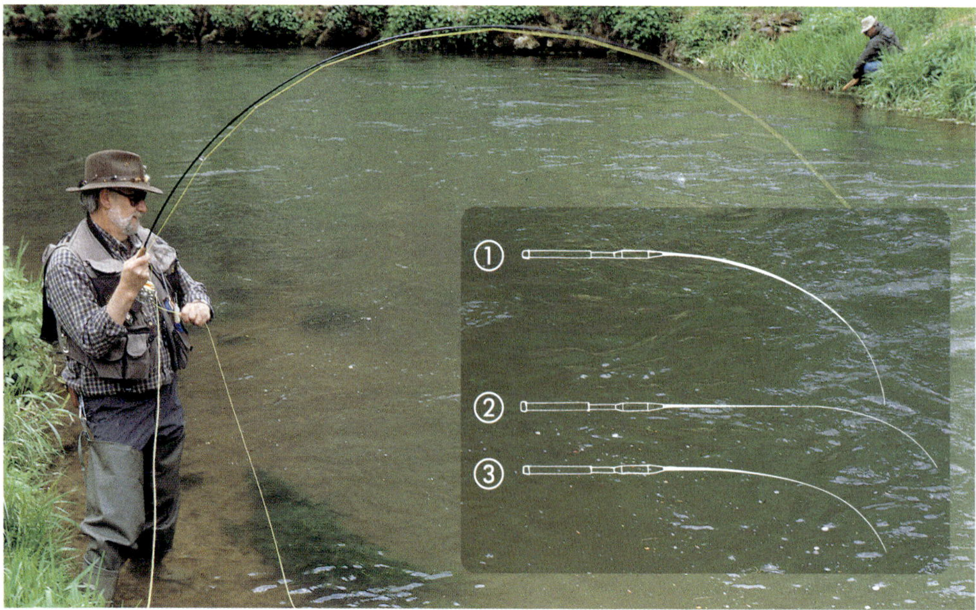

Beim Drill einer starken Forelle formt sich diese Fliegenrute zum Halbkreis.

wenig, sie sind für schwere Köder und für das Angeln auf große Distanzen gedacht. Wie so oft findet man die richtige Antwort in der Mitte. Sehr universell sind Ruten, deren Aktion irgendwo dazwischen liegt. Man nennt solche Ruten auch »semiparabolisch« ③, da sie unter Belastung vor allem im oberen Bereich nachgeben, im unteren Bereich jedoch ein relativ steifes Rückgrat besitzen und bei einem Drill entsprechend Stabilität zur Verfügung stellen. Damit kann der Angler auch einen starken Fisch rasch und sicher ermüden und zu sich heranziehen.

Wurfgewicht und Testkurve

Das *Wurfgewicht* einer Spinn-, Posen- oder Grundrute wird in Gramm angegeben, z. B. 40 bis 60 g. Dieses Gewicht lässt sich mit der betreffenden Rute ideal werfen.
Die *Testkurve* ist eine weitere Angabe. Sie wird vor allem bei guten Karpfenruten angewendet und ist üblicherweise in englischen Pfund (1 lb = 454 g) angegeben. Damit ist jenes Gewicht gemeint, das bei waagrecht gehaltener Rute, die Spitze im 90 Grad Winkel nach unten ziehen würde. Ein Hinweis auf die Kraft, welche die Rute einem Fisch entgegensetzen kann. Aus ihr lässt sich das jeweilige Wurfgewicht berechnen.

Bei Fliegenruten wird das Wurfgewicht in so genannten Schnurklassen definiert. Davon mehr im entsprechenden Kapitel.

Faustformel zur Umrechnung der Testkurve in das Wurfgewicht

Beispiel: Karpfenrute mit der **Testkurve 2 lb.** Welches Wurfgewicht ist geeignet?
Grundlage: 1 lb = 454 g (oder 0,454 kg)
Faustformel: Testkurve in Gramm geteilt durch 16.
In diesem Fall: (2 lb = 908 g)

$$\frac{908\text{ g}}{16} = 56{,}75\text{ g}$$

Das ist das Maximalwurfgewicht. Ein Abzug von 10 %–20 % ergibt das **ideale Wurfgewicht: 45–50 g (gerundet)**

Angelrollen

Grundsätzlich sind zwei Rollentypen gebräuchlich.

Stationärrolle

Sie ist der beliebteste Rollentyp, da sie sehr einfach zu bedienen ist und grundsätzlich für viele Fischarten und Angelmethoden einge-

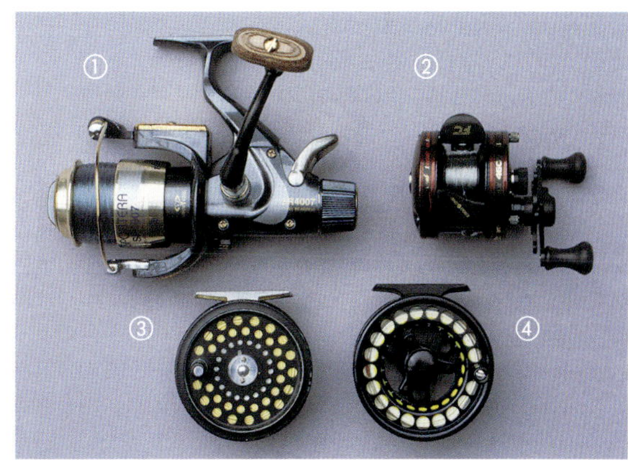

① Stationärrolle ② Multirolle
③ Klassische Fliegenrolle
④ Großkern-Fliegenrolle

Der Überkopfwurf mit der Stationärrolle

① Wurfgewicht nicht bis an den Spitzenring ziehen, sondern etwa 30 bis 40 cm unter der Spitze hängen lassen.
② Rolle zwischen Mittel- und Ringfinger nehmen.
③ Schnurlaufröllchen nach oben drehen und Schnur mit Zeigefinger einfangen, dann Schnurfangbügel öffnen.
④ Darauf achten, dass die Schnur nicht umgeschlagen über die Spitze hängt.
⑤ Beim Ausholen nach hinten die Rute in Ruhe in bringen, Wurfgewicht ausschwingen lassen.
⑥ Rute über dem Kopf in entgegen gesetzter Richtung zum Ziel halten, das Ziel genau anvisieren und die Rute nach vorne schwingen.
⑦ Schnur bei etwa »10 Uhr«, durch Geradestrecken des Zeigefingers freigeben.
⑧ Am Ende des Vorwärtsschwungs muss die Rutenspitze in Richtung des Zieles weisen.

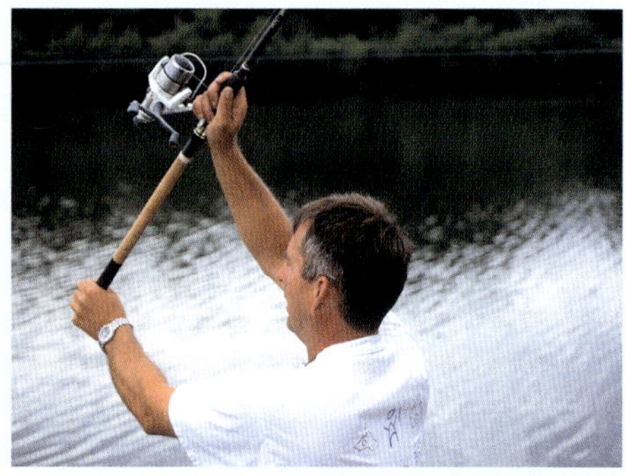

Ausholen ...

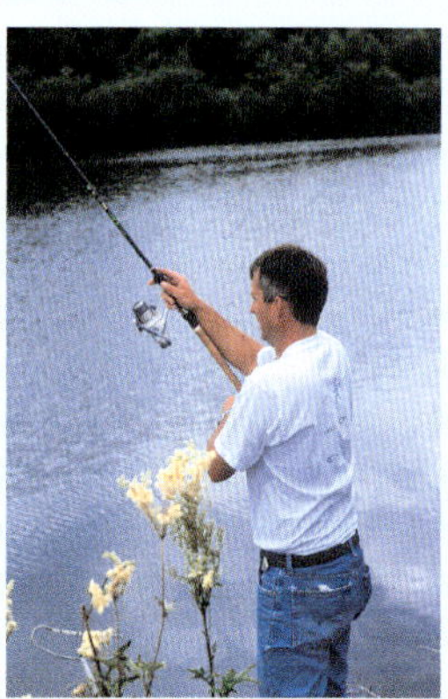

... Schnur freigeben.

setzt werden kann. Auch Anfänger kommen sehr schnell damit zurecht: Das Werfen ist mit etwas Übung sehr unproblematisch. Distanzwürfe sind mit einer Stationärrolle geradezu ein Kinderspiel. Das Bedienungselement der Bremse, ein Drehknopf, befindet sich entweder vorne an der Spule oder am hinteren Ende des Rollengehäuses. Eine Frontbremse ist in der Regel solider, da die Bremsscheiben größer sind als bei der Heckbremse. Die Bremse wird grundsätzlich so eingestellt, dass sie bei einer Zugkraft, von etwa 10 Prozent unter der angegebenen Tragkraft des Vorfachs (nicht der Hauptschnur!), Leine freigibt.

Multirolle

Immer dort, wo man viel Schnur benötigt und wo es um kampfstarke, schwere Fische geht, z.B. beim Schleppfischen auf Hecht, Großlachs oder Grundangeln auf große Welse bzw. beim Meeresangeln, zeigt eine Multiplikatorrolle aufgrund ihrer robusten Bauweise Vorteile. Seien Sie aber beim Kauf vorsichtig, es gibt große Qualitätsunterschiede.

Fliegenrolle

Eine Fliegenrolle ist grundsätzlich eine einfache Achsenrolle. Will man damit Schnur auswerfen, muss man sie zuerst von der Rolle abziehen. Heute bevorzugen viele Fliegenfischer Großkernrollen. Der Spulenkern besitzt einen größeren Durchmesser als die traditionellen Fliegenrollen. So wird die Einholgeschwindigkeit erhöht.

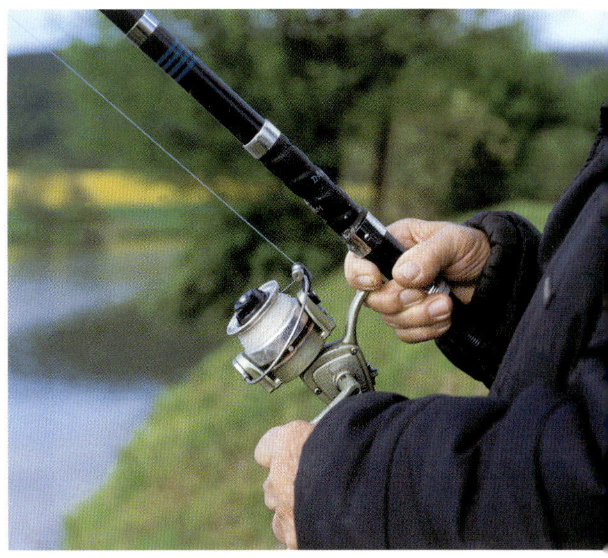

Bequeme Haltung: Die Finger der Rutenhand umgreifen den Fuß der Stationärrolle.

Die Angelschnur

Sie ist das Verbindungsglied zwischen Fisch und Angler. Man sollte nicht an ihr sparen, sie immer gut behandeln und auch regelmäßig erneuern.

Eine gute Angelschnur soll ...

- ... für die Fische möglichst unsichtbar sein.
- ... geschmeidig und glatt durch die Ringe gleiten.
- ... harte Rucke durch kontrollierte Dehnung abpuffern und damit verhindern, dass der Haken ausschlitzt.
- ... auf ihren Durchmesser bezogen eine hohe Reißfestigkeit besitzen.

Verschiedene Schnurarten

Lange Zeit galt die Monofilschnur, sie besteht aus einem einzelnen Nylonfaden, die Angelschnur schlechthin. Heute gibt es zusätzlich geflochtene Schnüre aus vielen feinen Kunststoff-Einzelfäden, die im Verhältnis zu ihrem Durchmesser eine geradezu fantastische Reißfestigkeit besitzen. Allerdings hat wegen dieser »Polyfile« das gute alte »Monofil« noch lange nicht ausgedient.

Jede Schnur hat seine Vor- und Nachteile und die zu ihr passenden Einsatzbereiche. Die wichtigsten Eigenschaften sind in der folgenden Tabelle gegenübergestellt.

Reißfestigkeit

Angegeben wird die Festigkeit in **kg** oder auch in **lb**, die Abkürzung für das engl. pound (1 lb = 454 g).
Es kommt allerdings nicht nur auf die reine lineare Reißfestigkeit der Schnur an, sondern vor allem auf die Knotenfestigkeit.

Eigenschaften von Angelschnüren

Monofil	Vorteile	Nachteile
Tragkraft	–	Bei gleichem Durchmesser sehr viel geringer als bei polyfilen Schnüren.
Dehnung 20–40 %	Puffert Rucke während des Drills ab. Haken schlitzt nicht so schnell aus.	Hakensetzen durch die Dehnung auf größere Entfernung manchmal problematisch.
Verschleiß	Nimmt Schmutz nur oberflächig auf.	Empfindlich gegen scharfe Kanten und UV Licht.

Polyfil	Vorteile	Nachteile
Tragkraft	Hohe Tragkraft, bei geringem Duchmesser, dadurch ist sie geringerem Strömungsdruck ausgesetzt.	Verführt zu kräftigem Hakensetzen, dadurch ist das Monofil-Vorfach gefährdet.
Dehnung nur ca. 2 %	Sicheres Hakensetzen auf große Entfernung möglich.	Harter Kontakt zum Fisch: Haken kann ausschlitzen, ein feines Vorfach brechen.
Durchmesser	Wenig Reibung in den Rutenringen durch geringen Durchmesser. Weitwürfe gelingen besser.	–
Verschleiß		Winzige Schmutzpartikel können in das Geflecht eindringen (besser bei beschichteten Schnüren).

Durchschnittliche Tragkraft von Angelschnüren

	Monofil	Polyfil
0,16 mm	2,4 kg	12,5 kg
0,20 mm	3,8 kg	16,0 kg
0,25 mm	5,3 kg	19,5 kg
0,30 mm	7,7 kg	25,0 kg
0,35 mm	10,4 kg	31,0 kg
0,40 mm	13,0 kg	–
0,50 mm	20,0 kg	–

Faustregel zur Wahl der Schnurart

Für kurze bis mittlere Entfernung ist wegen der besseren Pufferwirkung Monofil zu empfehlen. Aber wer auf große Distanzen oder in großen Tiefen angelt, greift wegen der guten Bisserkennnung und dem besseren Kontakt zum Fisch gerne zu geflochtenem Polyfil.

Sorgfältige Behandlung

- Beim Angeln werden die ersten drei Meter am meisten beansprucht. Man sollte sie regelmäßig in Augenschein nehmen und vorbeugend immer wieder einkürzen. Geflochtene Schnüre sind gegen Abrieb und Aufrauen empfindlicher als eine Monofilleine.
- Bei schweren Grundhängern wird die Schnur überdehnt und verliert dadurch an Reißfestigkeit. Auch in diesem Fall empfiehlt sich das Einkürzen der Schnur um einige Meter.
- Falsche und schlecht gebundene Knoten sind eine »Sollbruchstelle«. Knüpfen Sie alle Schnurverbindungen mit größter Sorgfalt.
- Schnurdrall, das Verdrehen der Leine kommt vor allem beim Spinn- und Schleppfischen vor, wenn keine guten Wirbel oder »Antikink«-Vorrichtungen verwendet werden. Ist es aber passiert, kann Schnurdrall auf diese einfache Weise aufgehoben werden: Leine von der Rolle ziehen und ohne Köder gestreckt auf einer Wiese auslegen, dann wieder aufspulen. Beim Schleppfischen ziehen Sie die Schnur einfach einige Zeit ohne Köder hinter dem Boot her.

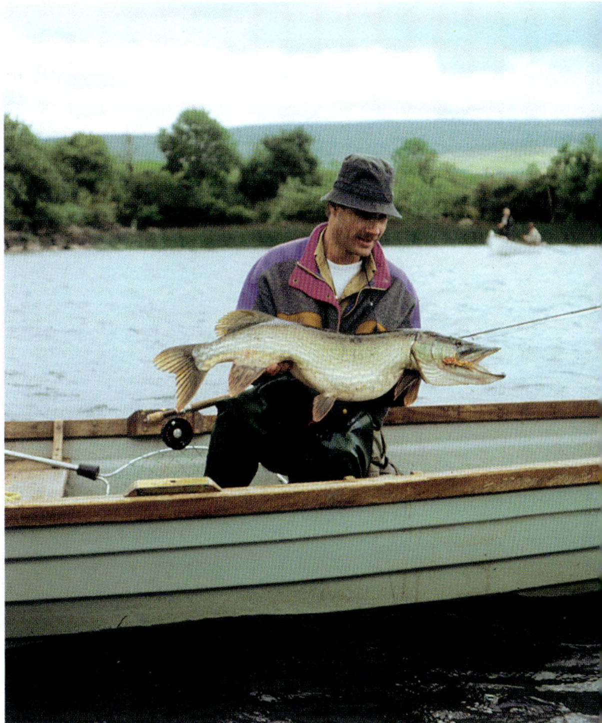

Wer sich mit solchen Fischen anlegt, muss sich auf seine Schnur verlassen können.

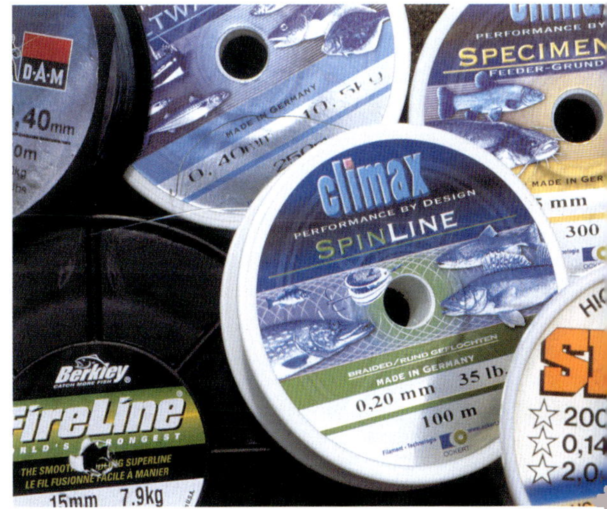

Das Schnurangebot im Fachhandel ist fast unübersehbar. Jede Saison kommen neue Spezialschnüre auf den Markt.

Sichere Angelknoten

Ein zuverlässiger Knoten in der Angelschnur ist das Maß aller Dinge, wenn man einen gehakten Fisch auch sicher an Land bringen möchte. Viel zu viele Fische gehen im Drill verloren, weil die Knoten fehlerhaft sind. Hier finden Sie eine kleine Auswahl von bewährten und sicheren Angelknoten.

Spulenknoten

Eine einfache Möglichkeit die Angelschnur mit der Achse der Rollenspule zu verbinden. Monofilschnüre bereiten dabei keine Probleme, aber moderne geflochtene Hochleistungsschnüre sind sehr glatt. Damit sie auf der Achse Halt finden, legt man ein kleines Stück doppelseitiges Klebeband unter.

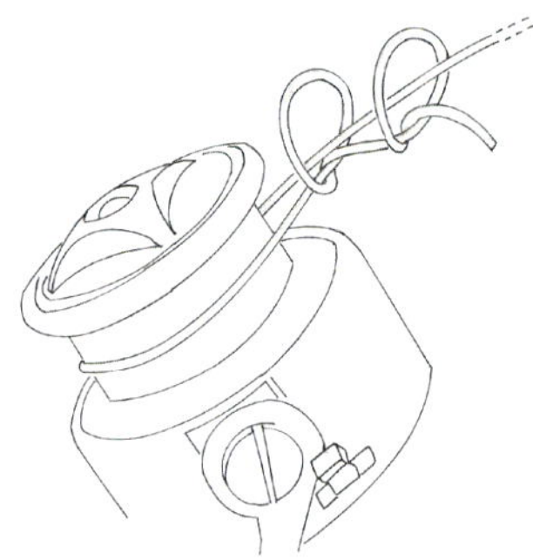

Tipp

Grundsätzlich monofile Knoten beim Zusammenziehen immer etwas anfeuchten. Das vermeidet eine Überhitzung der beteiligten Schnüre und somit deren Schwächung. Knoten aus polyfilen (geflochtenen) Schnüren werden nicht angefeuchtet.

Verbesserter Klammerknoten

Einer der tragkräftigsten und einfachsten Knoten für das Anknüpfen von Wirbeln, Öhrhaken und Kunstködern.

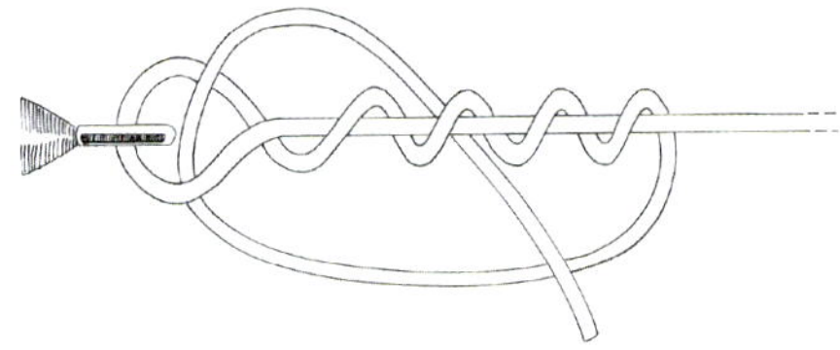

Doppelter Grinner-Knoten

Sehr gut geeignet, um zwei Leinenlängen zu verknüpfen, ohne eines davon (siehe Chirurgenknoten) beim Bindevorgang ganz durchziehen zu müssen. Der Knoten kann also auch dann geknüpft werden, wenn die jeweils anderen Enden der Leine besetzt sind.

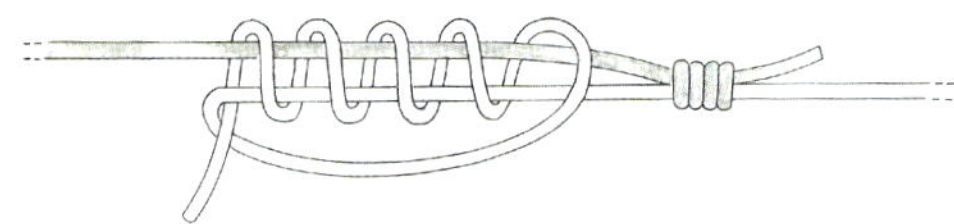

Chirurgen-Schlaufe (Schlaufenknoten)

Die einfachste Möglichkeit eine Schlaufe in ein Leinenende zu binden. Sehr wichtig für die Verbindung »Schlaufe zu Schlaufe« (z. B. Hauptschnur zu Vorfach). Drei Überschläge bis 0,25 mm, bei stärkerem Monofil genügen zwei Überschläge.

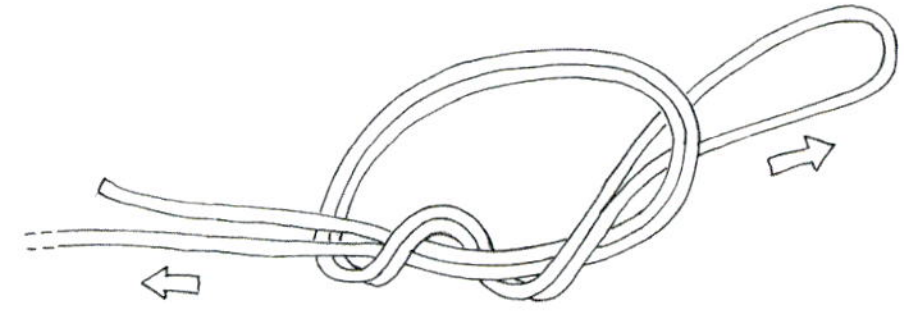

Chirurgenknoten (Wasserknoten)

Ein doppelter Überhandknoten zur Verbindung zweier Leinen. Ein Leinenstück muss beim Binden immer ganz durchgezogen werden. Auch zum Anbringen eines Seitenarms. Drei Überschläge bis 0,25 mm, bei stärkerem Monofil reichen zwei Überschläge. Ein sehr sicherer Knoten.

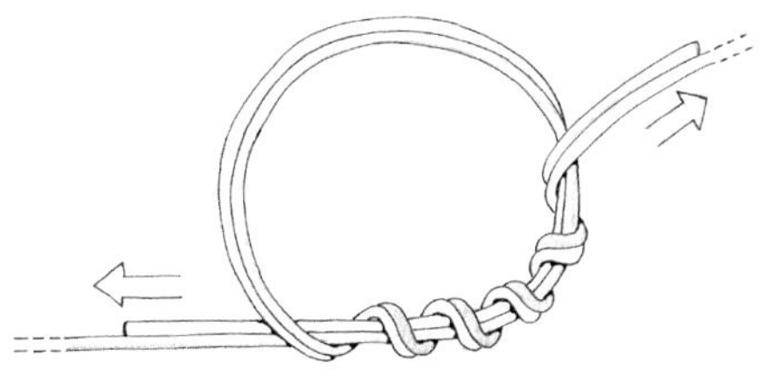

Steck-Schlaufen (Schlaufe zu Schlaufe)

Mit die wichtigste Schnurverbindung für Angler, vor allem für Verknüpfung von Vorfach und Hauptschnur. Beide Schnurstärken sollen nicht zu stark voneinander abweichen, damit die Schlaufen gleichmäßig ineinander greifen. Das Umschlagen der dünneren Schlaufe schwächt die Verbindung.

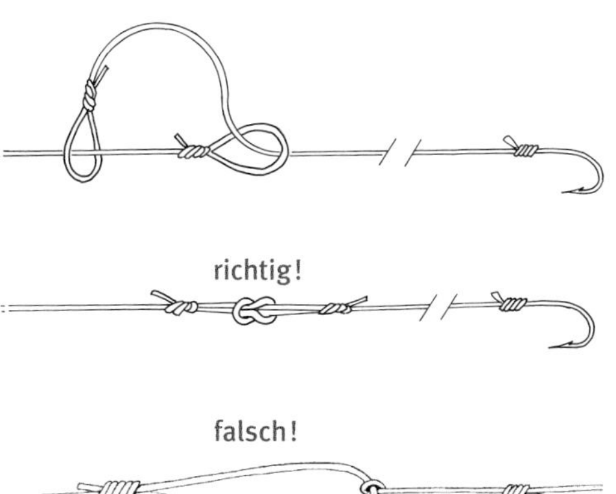

Rapala-Knoten (Schlaufen-Knoten)

Eine offene Schlaufe verbessert den Lauf eines Blinkers oder Wobblers. Dieser Knoten ist einer der Besten für diesen Zweck. Auch für weiche, knotfähige Stahlvorfächer geeignet.

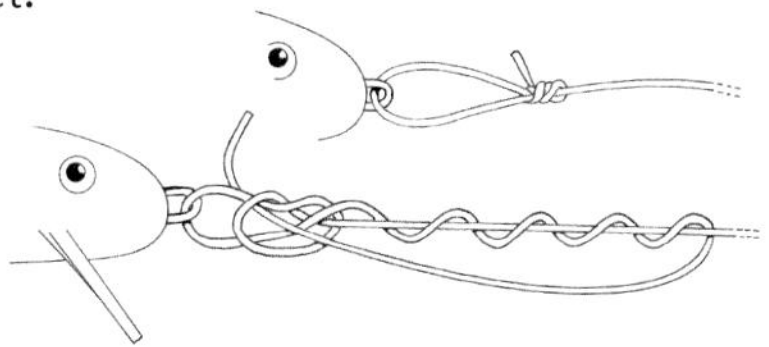

Achterknoten für Stahlvorfächer

Eine gute Verbindung zwischen mehrfädiger feiner Stahlseide und dem Köder. Z. B. für Hecht-Streamer.

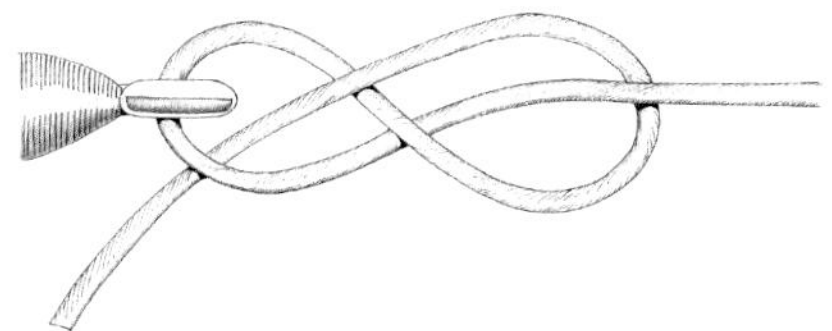

Stopperknoten

Einen Stopperknoten benötigt man z. B. um die Lauftiefe einer Gleitpose festzulegen. Für einen Stopperknoten legen Sie ein etwa 10 bis 15 cm langes Stück Monofil, das etwas schwächer ist als die Hauptschnur, parallel zu dieser und binden einen einfachen Grinnerknoten. Nach dem Zusammenziehen schneiden Sie die Enden nur auf etwa 2 cm Länge ab. So rutscht der Knoten besser durch die Rutenringe, als wenn man ihn ganz knapp stutzen würde.

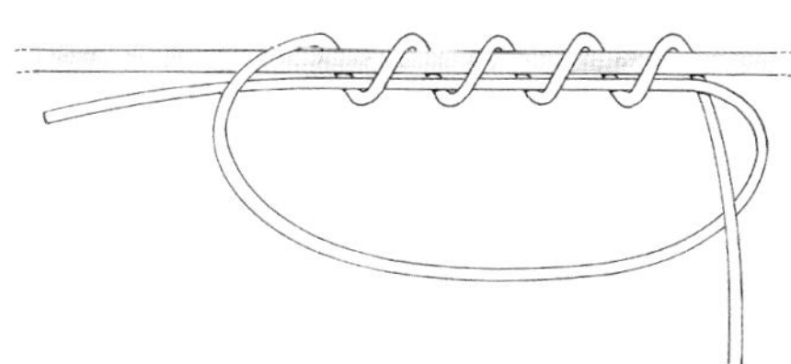

Tipp

Kombinationen der beiden Schnurarten sind möglich und mitunter durchaus sinnvoll. Zum Beispiel beim Grundangeln auf große Distanz: Hauptschnur aus Polyfil (gute Bisserkennung, sicherer Anschlag) mit mehreren Metern Monofil (gute Pufferwirkung) an der Spitze.

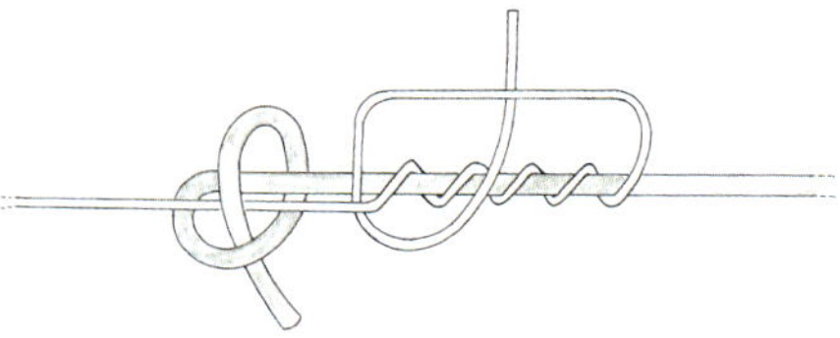

Schlagschnurknoten

Ein sehr haltbarer Verbindungsknoten zwischen zwei unterschiedlich dicken Leinen. Auch zwischen einer dünnen geflochtenen Hauptleine und einer dickeren monofilen Schlagschnur. Grundsätzlich ist es die Kombination eines einfachen Überhandknotens (im Monofil) und eines verbesserten Klammerknotens (im Polyfil).

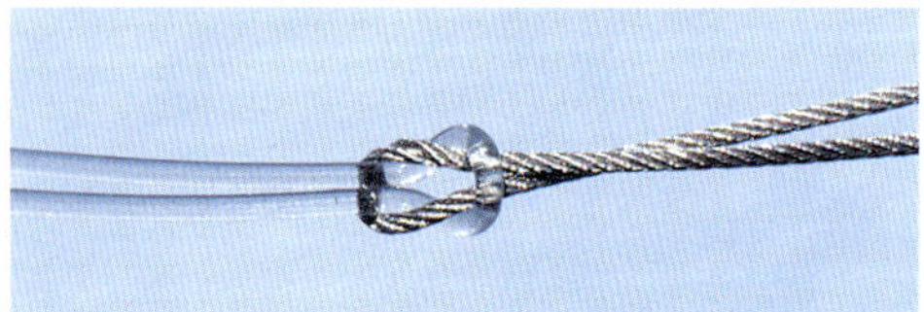

Auch ein Stahlvorfach lässt sich durch Verschlaufen mit einem etwa gleich starken Monofil sicher verbinden. Nach starker Beanspruchung, z. B. einem großen Fisch oder einem zähen Grundhänger, empfiehlt es sich aber die Monofilschlaufe zu erneuern.

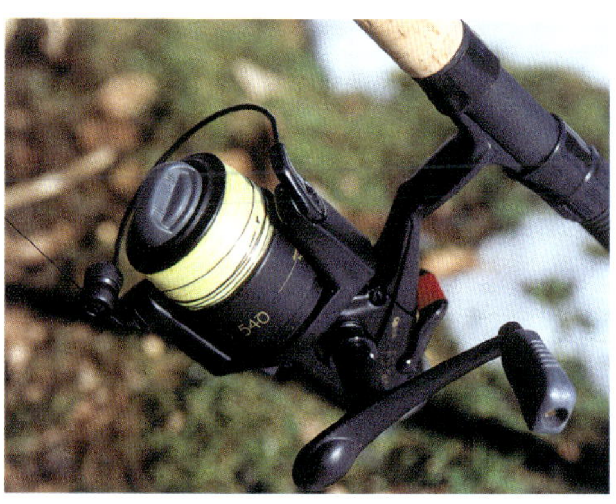

Stationärrolle mit etwa fünf Meter schwarzer Monofilschnur, der »Schlagschnur«, und nachfolgender gelber polyfiler Hauptleine zum Angeln mit dem Spirolino.

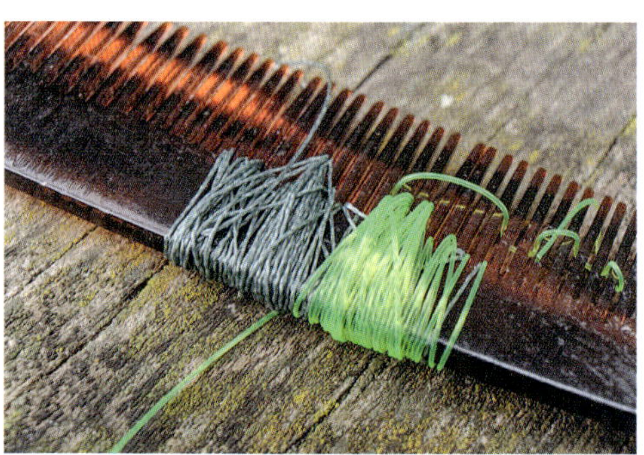

Schnurreste können bis zur endgültigen Entsorgung auf einen feinzahnigen Kamm gewickelt werden.

Achtung!

Achtloses Wegwerfen von Schnurresten gefährdet Tiere, vor allem Vögel. Schnurreste immer mit nach Hause nehmen und dort entsorgen! In der Natur wäre es Plastikmüll.

Haken

Auf den richtigen Haken kommt es ganz besonders an. Wenn er im Fischmaul keinen sicheren Halt findet, waren alle weiteren Bemühungen umsonst.

Bestandteile eines Angelhakens

In der Regel bestehen Angelhaken aus Stahl, also einer Legierung aus Eisen und Kohlenstoff. Nach der Herstellung folgt eine Oberflächenbehandlung. Süßwasserhaken werden meist brüniert, Salzwasserhaken vernickelt oder verzinkt. Hochwertige Haken, z.B. für das Big-Game Angeln auf sehr große Meeresfische wie Marlin und Schwertfisch werden aus Edelstahl, einer Legierung aus Eisen und Nickel, gefertigt.

Hakenarten

Plättchenhaken finden Verwendung beim Friedfischangeln und sind immer Einzelhaken. Die Schnur wird dabei um den Hakenschenkel gebunden.

Öhrhaken können Einzelhaken, Zwillinge oder Drillinge sein. Letztere werden hauptsächlich für Raubfische verwendet. Lesen Sie bitte dazu auch die Bemerkungen zur Verwendung von Drillingen auf Seite 75. Sie sind nicht zwingend notwendig.

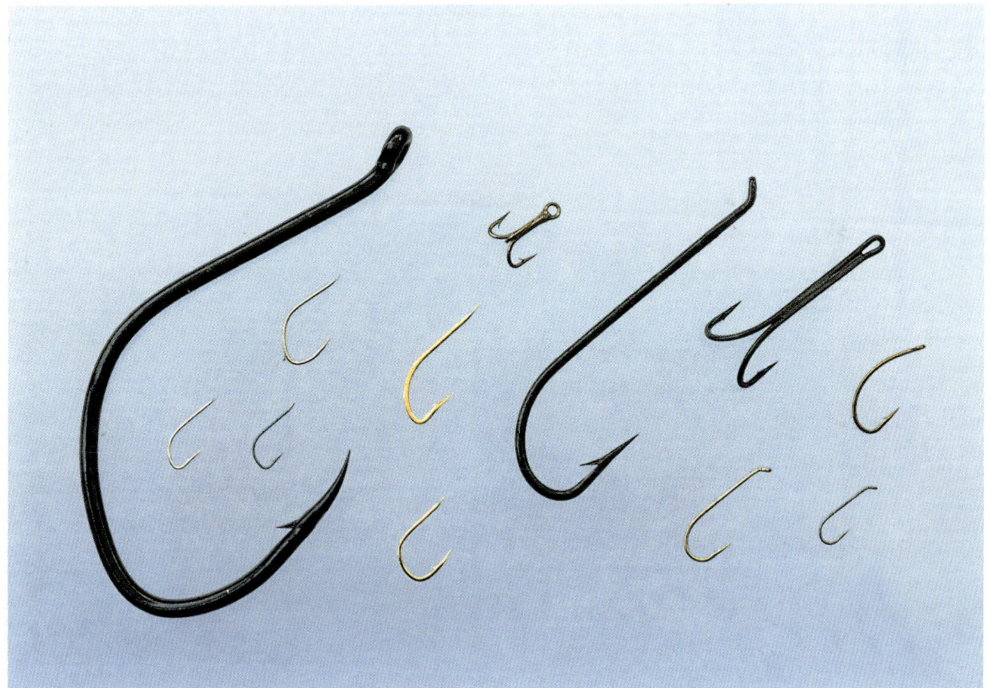

Von groß bis klein: Links ein gewaltiger Welshaken in der Größe 14/0, ganz rechts unten ein Fliegenhaken der Größe 16 zur Imitation winziger Insekten. Es gibt Haken für alle Zwecke und Anforderungen.

Einzelhaken sind auch mit »geschränkter«, d. h. zur Seite weisender Spitze, erhältlich. Der Vorteil: Kleine Haken lassen sich gut anködern und der Haken dreht sich beim Anhieb ins Fischmaul und sitzt so sicherer.

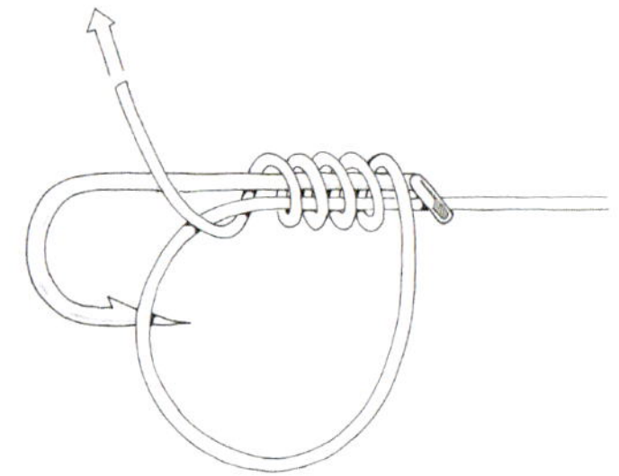

Knoten für Öhrhaken.

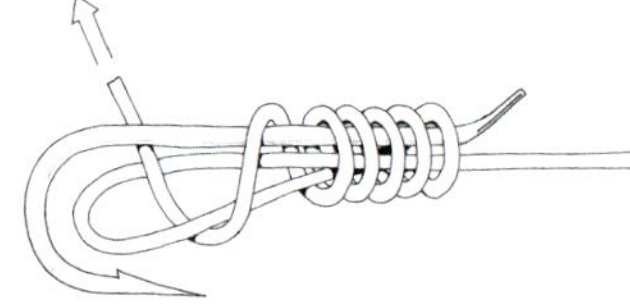

Knoten für Plättchenhaken.

Größenbezeichnungen

Grundlage ist eine einheitliche Größentabelle, die »Redditch-Skala«. Je größer der Haken desto kleiner ist die Zahl. Die Nummerierung reicht von 1 bis 30. Größere Haken als 1 werden durch eine 0 hinter der Zahl bezeichnet. Ein 2/0er ist größer als ein 1/0er. Diese Angaben beziehen sich nur auf die Bogenweite, nicht auf die Länge des Hakens.

Mit oder ohne Widerhaken?

Vor allem beim Fliegenfischen setzt sich der Haken »ohne« immer mehr durch. An vielen Forellengewässern sind Widerhaken bereits nicht mehr zugelassen. Das ist eigentlich auch kein Problem. Wenn man während des Drills die Schnur einigermaßen auf Spannung hält, kommt kein Fisch wegen des fehlenden Widerhakens so leicht ab.

Vorteile:

- Untermaßige Fische und solche, die nicht entnommen werden sollen, werden weniger verletzt und können leicht vom Haken gelöst werden.
- Sollte die Schnur reißen, fällt der Haken dem Fisch bald aus dem Maul.
- Die eigene Sicherheit ist besser gewährleistet. Haken ohne Widerhaken lassen sich problemlos aus der Haut entfernen.

Bei normalen Haken lässt sich der Widerhaken mit einer Flachzange vorsichtig andrücken. Starke Salzwasserhaken mit grobem Widerhaken spannt man besser in einen kleinen Werkzeugstock ein und befreit ihn mit einer feinen Feile vom Widerhaken.

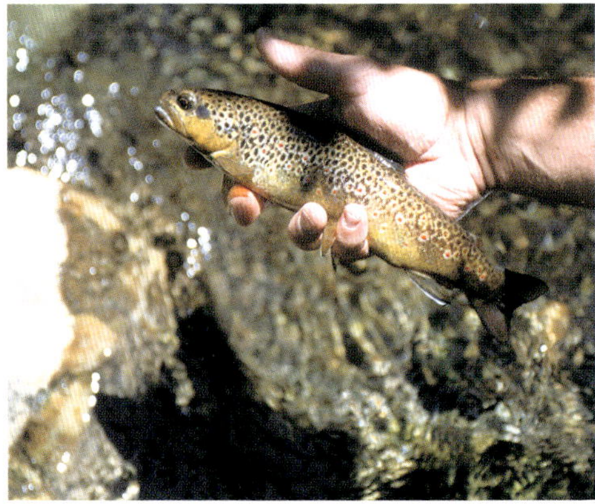

Untermaßige Fische können unverletzt zurückgesetzt werden, falls ein Schonhaken ohne Widerhaken verwendet wurde.

Sonstiges Zubehör

Die Geräteindustrie hält tausend und einen Artikel für den Angler bereit. Nachfolgend sind nur die wichtigsten Dinge zusammengestellt.

Transportbehälter

Ruten transportiert man in Rutenrohren aus Aluminium oder schlagfestem Kunststoff. Bleibt die Rolle auch beim Transport an der Rute, ist ein geräumiges Futteral oder ein Rutenkoffer gefragt.

Auch für das kleine Zubehör gibt es verschiedene Möglichkeiten. Wer als Spinnangler am Wasser mobil sein möchte, für den eignet sich eine robuste Umhängetasche. Grundangler, die eher an einer bestimmten Stelle bleiben, verwenden meist einen soliden Gerätekasten in dem alle wichtigen Kleinteile wohlgeordnet untergebracht werden können. Fliegenfischer bevorzugen wegen der größtmöglichen Bewegungsfreiheit eine ärmellose Weste mit vielen Taschen und Befestigungsmöglichkeiten für etliche Kleinteile, z. B. für eine Schere, mehrere Vorfachspulen, Sonnenbrille etc.

Bekleidung

Moderne Angelbekleidung ist leicht, bequem, atmungsaktiv und trotzdem 100 % wasserdicht.

Der Handel hält eine große Auswahl an Anzügen, Jacken und Hosen bereit. Eine Latzhose kombiniert mit einer dreiviertellangen Jacke ist sehr vielseitig, egal welche Kapriolen das Wetter gerade wieder ein Mal schlägt. Eine abnehmbare Kapuze an der Allwetterjacke und

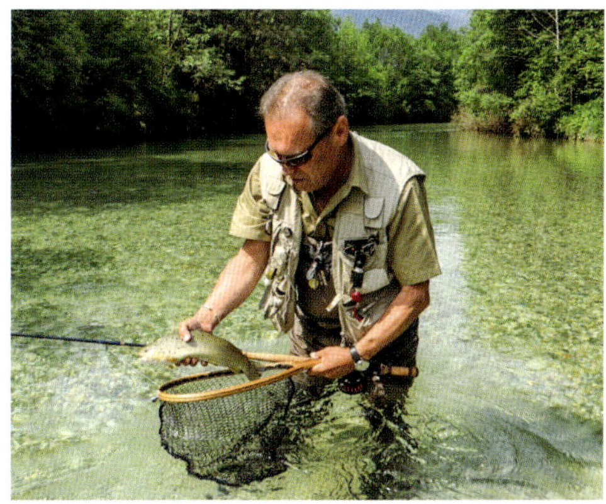

Mit einer gut sortierten Fischerweste hat man die Hände frei, aber das ganze wichtige Angelzubehör ist immer schnell griffbereit.

ein separates herausnehmbares Innenfutter, das alleine auch als Wärmeweste verwendbar ist, zeichnen eine gute Angeljacke aus.

Stiefel und Watzeug

Ein Angler ohne Gummistiefel ist nicht vorstellbar. Aber welche sind die Richtigen? Wer grundsätzlich am Ufer bleibt und nur hin und wieder etwa knöcheltief ins Wasser geht, dem reichen kurze Kniestiefel. Wer gerne tiefer

Tipp

Kaufen Sie sich die Außenbekleidung immer mindestens eine Nummer zu groß, dann können Sie in der kalten Jahreszeit genügend warme Sachen darunter tragen.

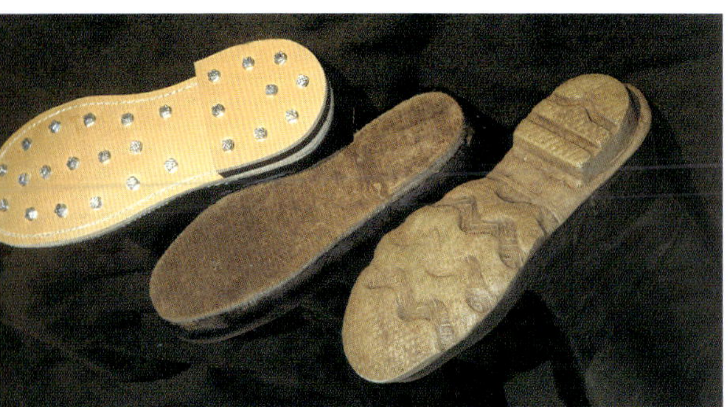

Verschiedene Sohlenprofile von Gummistiefeln. Die empfehlenswerten Filzsohlen in der Mitte sollten noch Spikes besitzen.

watet benötigt zumindest Hüftstiefel. Sie gibt es auch mit Neopren-Futter. Für Spinn- und Fliegenfischer in kalten Gebirgsgewässern oder der winterlichen Ostsee sind Neopren-Wathosen, die bis zur Brust reichen, unschlagbar. Dagegen schwitzt man in den modernen atmungsaktiven Hosen kaum, auch wenn man sich länger in der Sonne außerhalb des Wassers bewegt. Eine flauschige Jogginghose genügt meist als Isolierung im kalten Wasser. Vermeiden Sie jedenfalls immer kalte Füße. Sie vermiesen den Angeltag und führen nur zu einem üblen Schnupfen. Filzsohlen unter den Schuhen sorgen übrigens im Wasser für besseren Stand als Gummiprofilsohlen. Aber passen Sie auf, wenn Sie bei der Rückkehr an Land die Uferböschung empor klettern. Auf Gras rutscht man mit nassen Filzsohlen wie auf Glatteis.

Wetterschutz

Allround-Ansitzangler halten sich in der Regel länger an einer Stelle auf und benötigen in erster Linie einen verlässlichen Wetterschutz. Den kann schon ein einfacher großflächiger Anglerschirm bieten, aber Karpfenangler, die sich gerne an einem Ort mehr oder weniger »häuslich« einrichten und auch über Nacht bleiben, greifen gleich auf ein komfortables und transportables Anglerzelt zurück.

Stühle und Liegen

Wer über einen längeren Zeitraum am Wasser bleiben möchte, sollte sich zumindest einen bequemen niedrigen Faltstuhl zulegen.
Für ausgedehnte Nachtansitze empfiehlt sich eine Liege. Es gibt eine große Auswahl an Anglerstühlen, die bei Bedarf zu einer komfortablen Liegegelegenheit auseinander gezogen werden können. Die besten Produkte sind federleicht, aber trotzdem stabil und sie lassen sich vollständig und flach für den Transport zusammenlegen.
Eine »Sitzkiepe« ist die klassische Sitzmöglichkeit für ernsthafte Stippangler. Sie zwingt einen aufrecht zu sitzen, denn sie bietet keine Möglichkeit sich bequem zurückzulegen. So bleibt die nötige Aufmerksamkeit für eine schnelle Reaktion erhalten, falls die zarte Pose plötzlich abtaucht. Außerdem unterstützt die Sitzhaltung die richtige Haltung der langen Rute und im verschachtelten Innenleben der Kiepe finden die hundert verschiedenen Einzelteile ihren Platz, die ein Stippangler unbedingt benötigt. Gute Sitzkiepen werden auf unebenem Boden mithilfe von Auslegerbeinen in eine ausgewogene Stellung gebracht. Kiepen eignen sich ebenso gut zum Angeln mit der Schwing- oder Zitterspitze, wenn ebenfalls höchste Aufmerksamkeit erforderlich ist.

Angeln im Süßwasser

Millionen von Angler verbringen am liebsten ihre Freizeit an irgendeinem See, Teich, Bach oder Fluss.

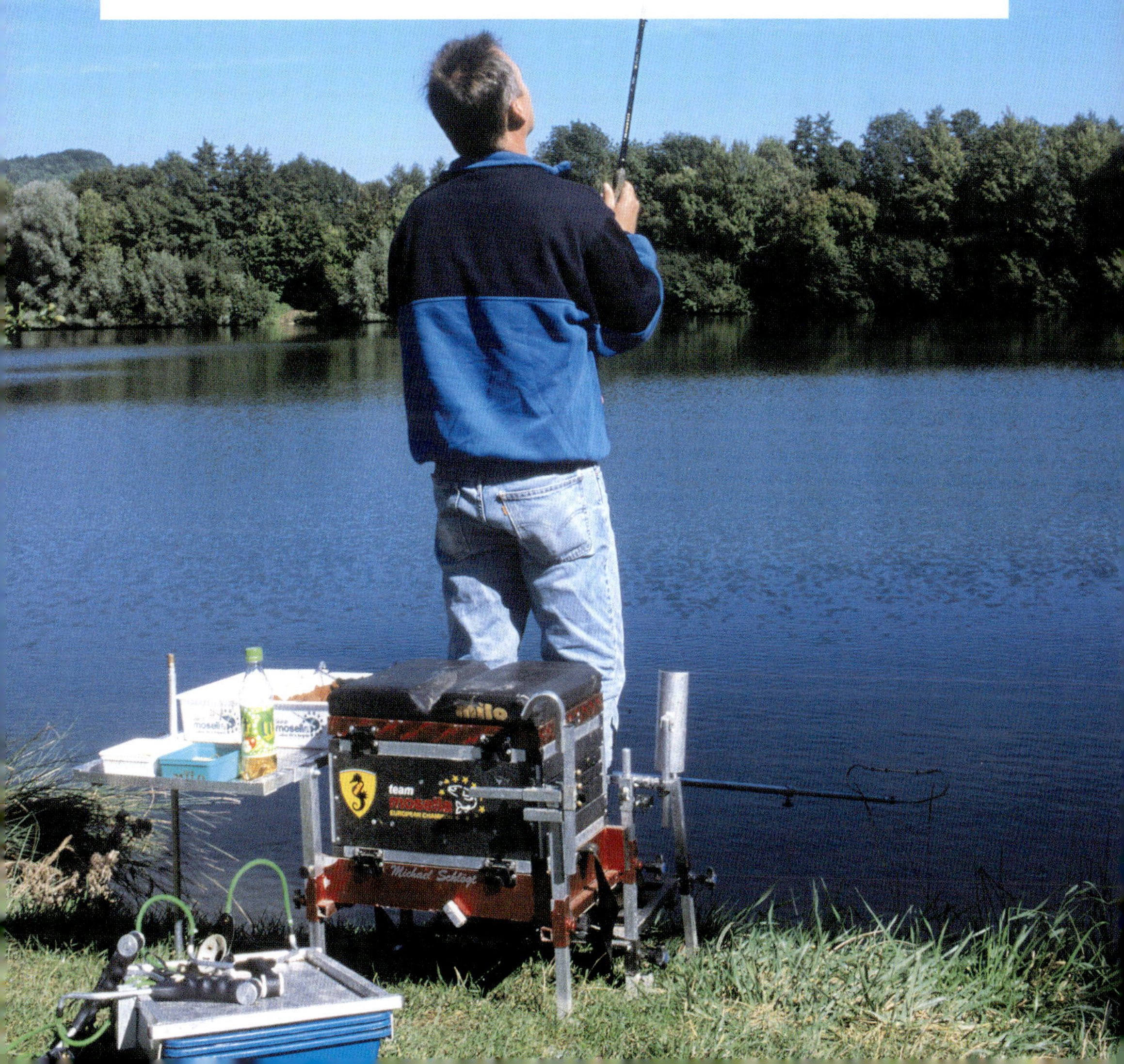

Bachforelle

Salmo trutta fario

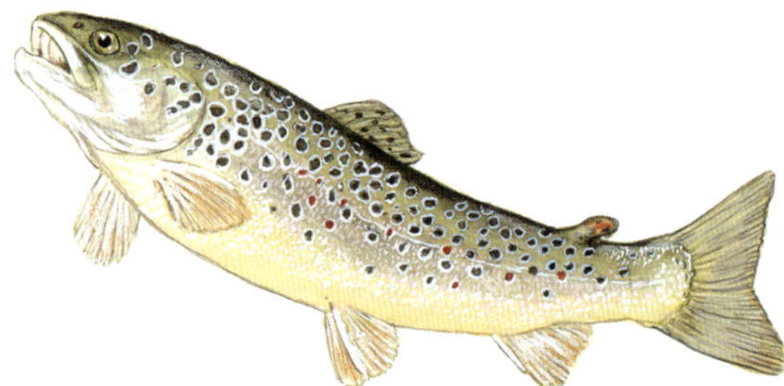

Größe: Bis 80 cm
Gewicht: Bis ca. 8 kg
Fangsaison: März bis September
Laichzeit: Oktober bis Januar
Empfohlenes Angelgerät: Fliegen- und Spinngerät
Köder: Künstliche Fliegen, Blinker, Spinner, Wobbler, Köderfisch am System
Lebensraum: Klare, sommerkalte Bäche und kleine Flüsse. Kühle saubere Seen. Relativ standorttreu
Besonderheiten: Schwanz- und Rückenflosse ohne Punkte

Regenbogenforelle

Oncorhynchus mykiss

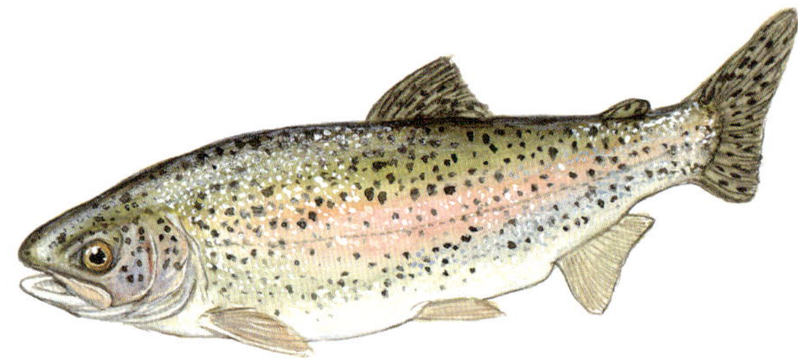

Größe: Bis 70 cm
Gewicht: Bis 7 kg
Laichzeit: Dezember bis Mai
Fangsaison: Mai bis Oktober
Empfohlenes Angelgerät: Fliegen- und Spinngerät
Köder: Künstliche Fliegen, Blinker, Spinner, Wobbler, Köderfisch am System
Lebensraum: Fließende und stehende Gewässer. Verträgt etwas höhere Temperaturen als die Bachforelle und stellt etwas geringere Ansprüche an die Wasserqualität. Nicht standorttreu, wandert gerne ab.
Besonderheiten: Schwanz- und Rückenflosse gepunktet

Bachsaibling

Salvelinus fontinalis

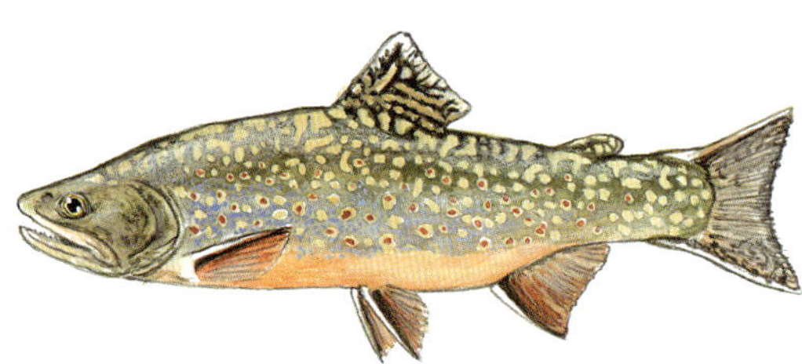

Größe: Bis 40 cm
Gewicht: Bis 2 kg
Laichzeit: Oktober bis März
Fangsaison: Juli bis August
Empfohlenes Angelgerät: Leichtes Fliegen- und Spinngerät
Köder: Künstliche Fliegen, kleine Spinner
Lebensraum: Kalte, klare Bäche bis ins Quellgebiet, auch in Bergseen. Ursprünglich aus dem Osten Nordamerikas.
Besonderheiten: Schwarz abgesetzter weißer Flossenstrich. Beim Seesaibling fehlt der schwarze Rand.

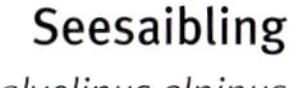

Seesaibling

Salvelinus alpinus

Größe: Bis 25 bis 40 cm (selten 75 cm)
Gewicht: Bis 1 kg (selten 3 kg)
Laichzeit: Oktober bis Januar
Fangsaison: Mai bis September
Empfohlenes Angelgerät: Spinn- und Hegeneangel
Köder: Kleine Blinker, Hegenenymphen
Lebensraum: Kalte, saubere (Gebirgs-)Seen.
Besonderheiten: In Europa versch. Formen des größer wüchsigen Wandersaiblings der Arktis

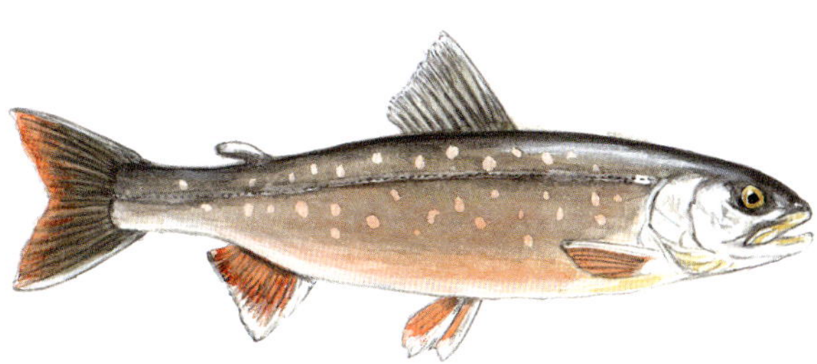

Äsche

Thymallus thymallus

Größe: Bis 55 cm (selten 60 cm)
Gewicht: Bis 3 kg
Laichzeit: März bis Mai
Fangsaison: Juni bis Dezember
Empfohlenes Angelgerät: Fliegenangel
Köder: Künstliche Fliegen
Lebensraum: Klare, saubere Fließgewässer mit tiefen Gumpen und sandig-kiesigem Untergrund.
Besonderheiten: Große Rückenflosse (Fahne)

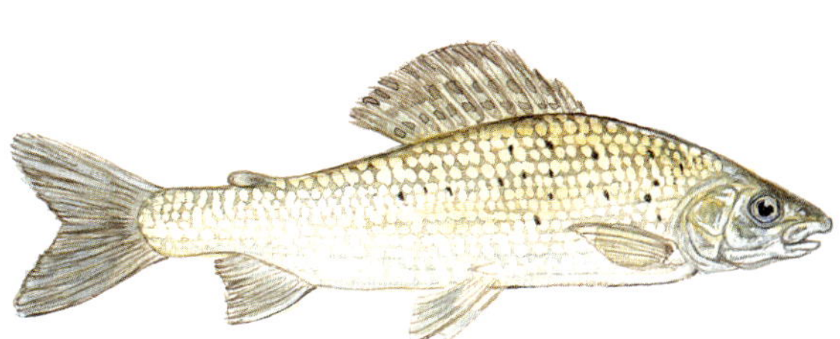

Huchen

Hucho hucho

Größe: Bis 150 cm
Gewicht: Bis 25 kg
Laichzeit: Februar bis Mai
Fangsaison: Vorwiegend November bis Januar
Empfohlenes Angelgerät: Starke Spinnangel
Köder: Blinker, Huchenzopf
Lebensraum: Stromsystem der Donau und deren große Zuflüsse, sofern die Laichmöglichkeiten nicht durch menschliches Einwirken zerstört worden sind. Standorttreu. Ernährt sich ab einer bestimmten Größe fast ausschließlich von anderen Fischen (Nase, Äsche u.ä.).
Besonderheiten: Kann im Jugendstadium mit der Bachforelle verwechselt werden. Im Gegensatz zu dieser besitzt er einen auffallend rund erscheinenden Körperquerschnitt.

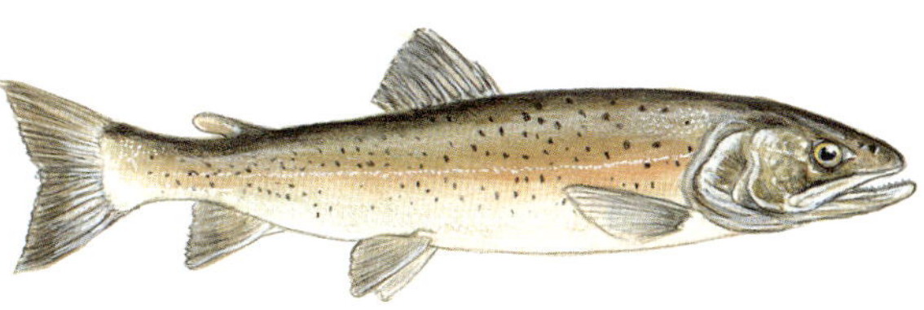

Atlantischer Lachs

Salmo salar

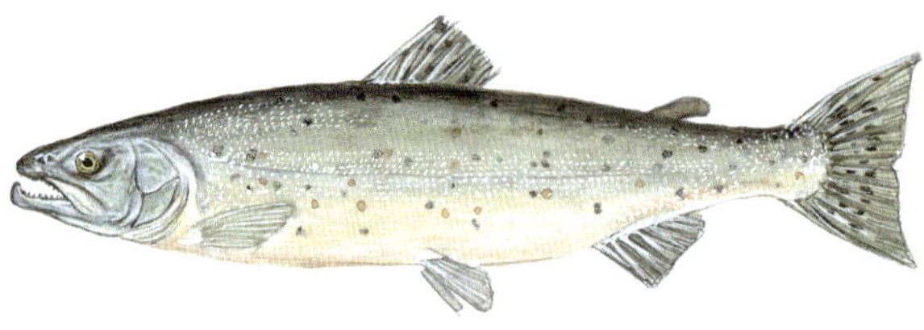

Größe: Bis 120 cm
Gewicht: Bis 40 kg
Laichzeit: Oktober bis Januar
Fangsaison: Mai bis September
Empfohlenes Angelgerät: Spinn- oder Fliegenangel
Köder: Blinker, Spinner, Fliegen
Lebensraum: Nordatlantik. Ursprünglich stieg der Lachs in viele europäische Flüsse auf, die in Nord-, Ostsee oder direkt in den Atlantik münden. Südlichstes Vorkommen bis Portugal. Flussverbauungen schneiden den zum Laichen aus dem Meer aufsteigenden Fischen den Weg ab.

Meerforelle

Salmo trutta trutta

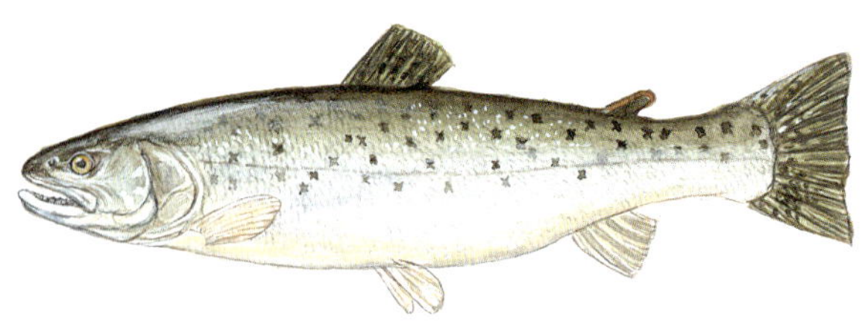

Größe: Bis 130 cm
Gewicht: Bis 20 kg
Laichzeit: (November-Dezember)
Fangsaison: April bis Oktober
Empfohlenes Angelgerät: Spinn- und Fliegenangel
Köder: Spinner, schlanke Blinker, künstliche Fliegen
Lebensraum: Die Verbreitung der Meerforelle erstreckt sich über ganz Europa, wo sie sich vorwiegend in den Küstengewässern aufhält.
Besonderheiten: Genetisch werden Bach- und Meerforellen zusammengefasst. Bei der Meerforelle handelt es sich hierbei um eine meerwandernde Form der Bachforelle. Der Hinterrand der Schwanzflosse ist kaum eingebuchtet.

Barbe

Barbus barbus

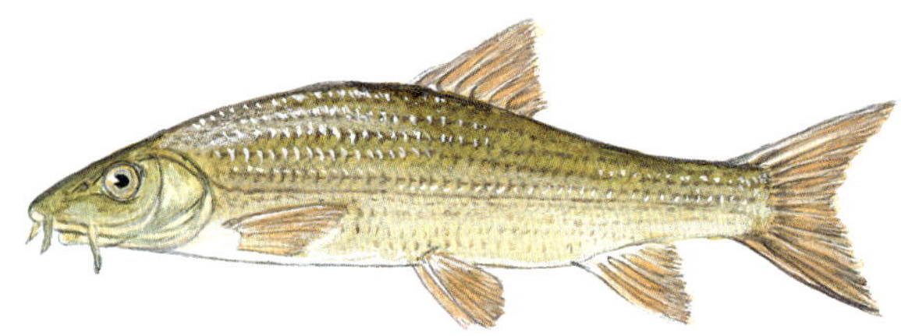

Größe: Bis 80 cm
Gewicht: Bis 10 kg
Laichzeit: Mai bis Juli
Fangsaison: Juli bis September
Empfohlenes Angelgerät: Mittelstarke Grundrute mit Grundblei-Montage
Köder: Würmer, Maden, Käse
Lebensraum: Fließgewässer mit stärkerer Strömung und kiesigem Grund. Schwarmfisch.

Rotauge

Rutilus rutilus

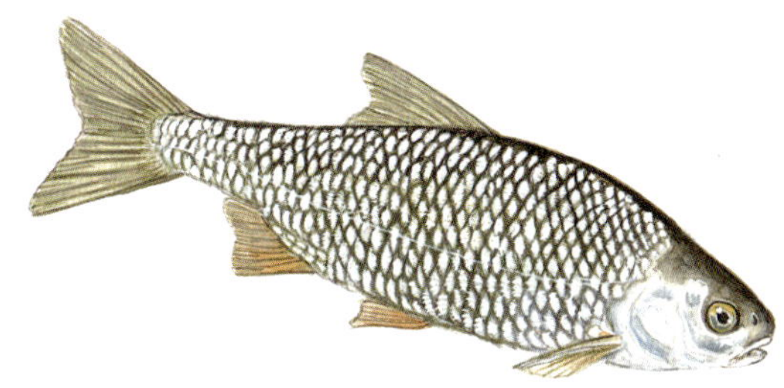

Größe: Bis 45 cm
Gewicht: Bis 1,5 kg
Laichzeit: April bis Mai
Fangsaison: Juni bis September
Empfohlenes Angelgerät: Leichte Posenangel (Stipprute), feine Schnur und kleiner Haken
Köder: Maden, Rotwurm, Teig, Brot
Lebensraum: Strömungsarme Bereiche mit Wasserpflanzen. Schwarmfisch
Besonderheiten: Rote Augen. Beginn der Rückenflosse und der Bauchflossen stehen genau übereinander. Unterscheidungsmerkmal: Bei der recht ähnlichen Rotfeder setzt die Rückenflosse etwas hinter dem Beginn der Bauchflosse an.

Blei, Brassen (Brachsen)

Abramis brama

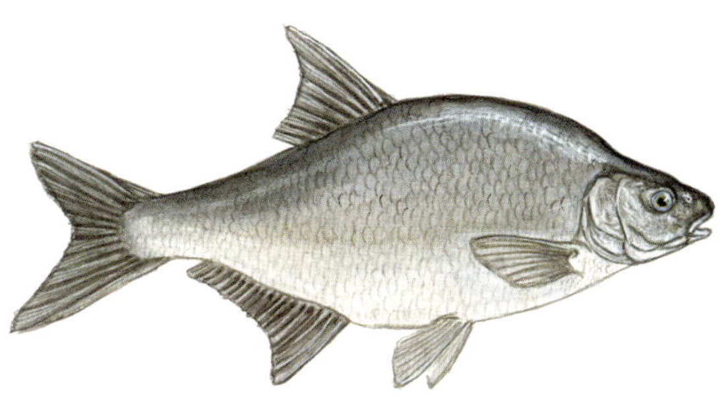

Größe: Bis 60 cm
Gewicht: Bis 6 kg
Laichzeit: Mai bis Juni
Fangsaison: Juli bis September
Empfohlenes Angelgerät: Posenangel, am Grund mit Feeder- oder Schwingspitzenrute
Köder: Würmer, Maden, Teig, Mais
Lebensraum: Ruhiges Wasser mit schlammigen Boden und Pflanzenbewuchs
Besonderheiten: Deutlicher, kornartiger Laichausschlag

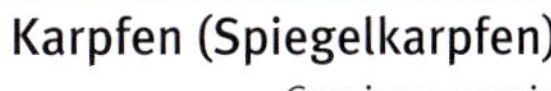

Karpfen (Spiegelkarpfen)

Cyprinus carpio

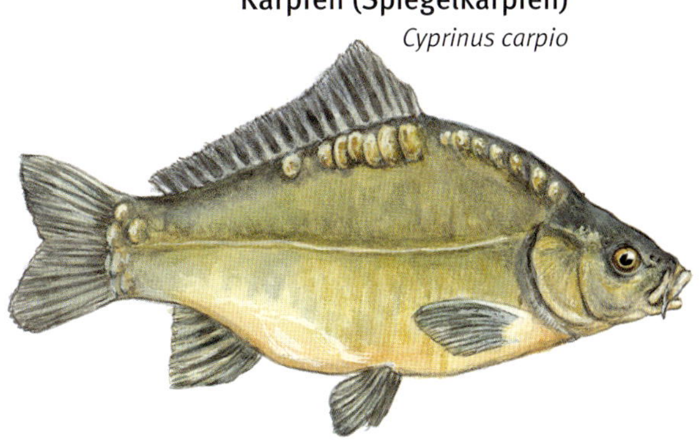

Größe: Bis 100 cm
Gewicht: Bis 30 kg
Laichzeit: Mai bis Juli
Fangsaison: August bis Oktober
Empfohlenes Angelgerät: Mittelstarke bis starke Rute zum Posen- und Grundangeln
Köder: Tau- und Rotwurm, Kartoffel, Mais, Brot, Teig, Boilies
Lebensraum: Langsam fließende oder stehende wärmere Gewässer mit schlammigem Grund und Wasserpflanzen.
Besonderheiten: Langgestreckte Wildkarpfen sind heute selten. Es überwiegen hochrückige Zuchtformen wie Schuppen- und Spiegelkarpfen.

Schleie

Tinca tinca

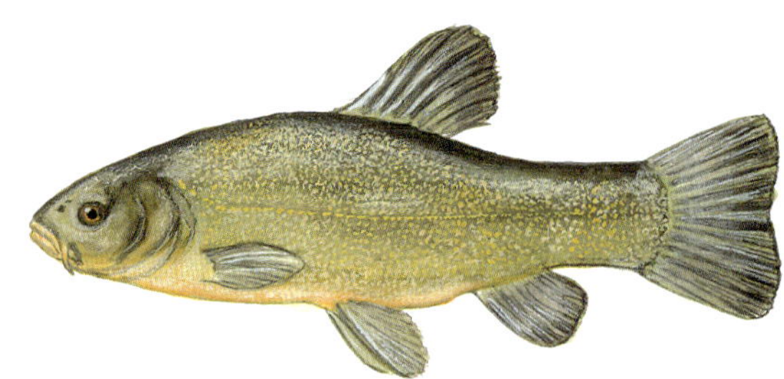

Größe: Bis 70 cm
Gewicht: Bis 7 kg
Laichzeit: Mai bis Juni
Fangsaison: Juli bis September
Empfohlenes Angelgerät: Mittelstarke Posen- und Grundrute, nicht zu großer Haken
Köder: Rotwurm, Maden, Brot, Teig, Boilies
Lebensraum: Wärmere ruhige Gewässerbereiche. Schlammiger, weicher Boden mit Pflanzenbewuchs.
Besonderheiten: Die Brustflossen des Milchners sind deutlich größer als die des Rogners.

Rapfen

Aspius aspius

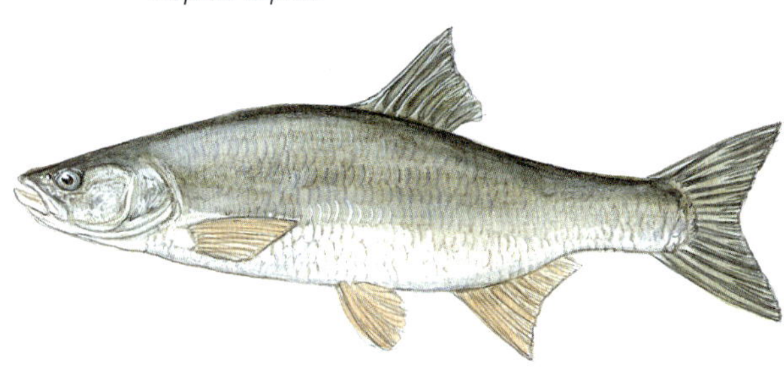

Größe: Bis 100 cm
Gewicht: Bis 9 kg
Laichzeit: April–Juni
Fangsaison: Juli–Oktober
Empfohlenes Angelgerät: Posen-, Spinn- und Fliegenangel
Köder: Kleine Köderfische, Spinner, schlanke Blinker und Streamer
Lebensraum: Seen und größere Flüsse. In der Jugend gesellig, im Alter Einzelgänger.

Döbel

Leuciscus cephalus

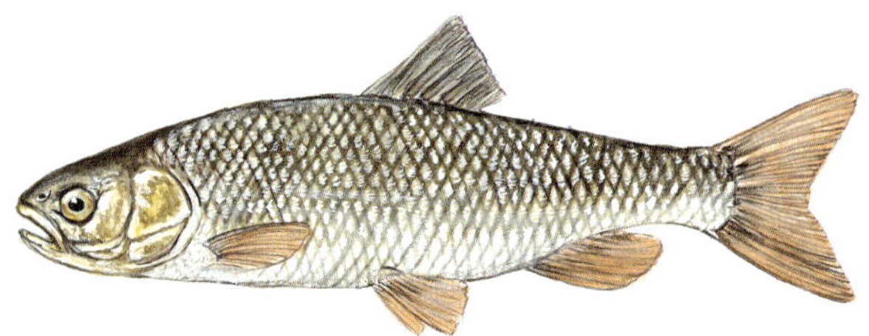

Größe: Bis 80 cm
Gewicht: Bis 4 kg
Laichzeit: April bis Mai
Fangsaison: Juni bis August
Empfohlenes Angelgerät: Feine Posen-, Grund-, Spinn- und Fliegenangel
Köder: Maden, Käse, Würmer, Brot, Kirschen, kleine Spinner und Wobbler, künstliche Fliegen
Lebensraum: Bäche, Flüsse und Seen. Neigt zur Schwarmbildung, im Sommer nahe der Oberfläche, sehr scheu.

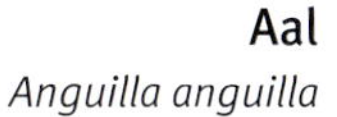

Aal

Anguilla anguilla

Größe: Bis 150 cm
Gewicht: Bis 4 kg
Laichzeit: Laicht im Meer
Fangsaison: Mai bis September
Empfohlenes Angelgerät: Stärkere Grundrute mit entsprechender Schnur, starker Haken
Köder: Tauwurm, kleine Fische
Lebensraum: Laicht im Sargasso-Meer vor Florida. Besiedelt alle Gewässer Europas, die er auf natürlichen Weg erreichen kann. Andere Gewässer wurden künstlich besetzt. Lebt versteckt am Grund. Geht nachts auf Nahrungssuche.

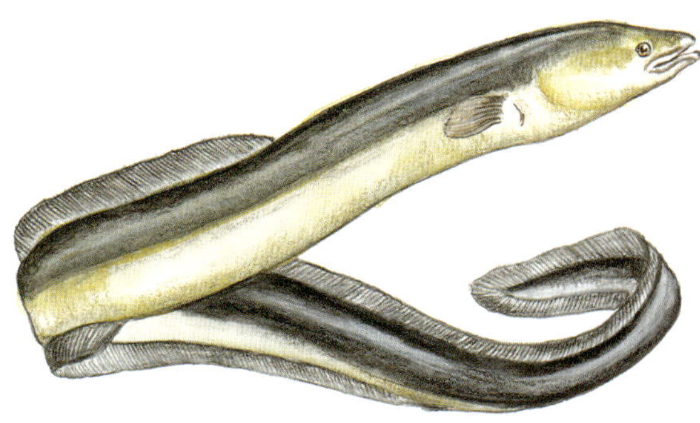

Aalquappe

Lota lota

Größe: Bis 70 cm
Gewicht: Bis 8 kg
Laichzeit: November bis März
Fangsaison: Oktober bis März
Empfohlenes Angelgerät: Mittelstarke Grundrute, Laufbleimontage
Köder: Würmer, Fischfetzen
Lebensraum: Flüsse und Seen, tagsüber an tieferen Stellen versteckt zwischen Steinen. Nachtaktiv. Laichräuber, problematisch in Salmonidengewässern.

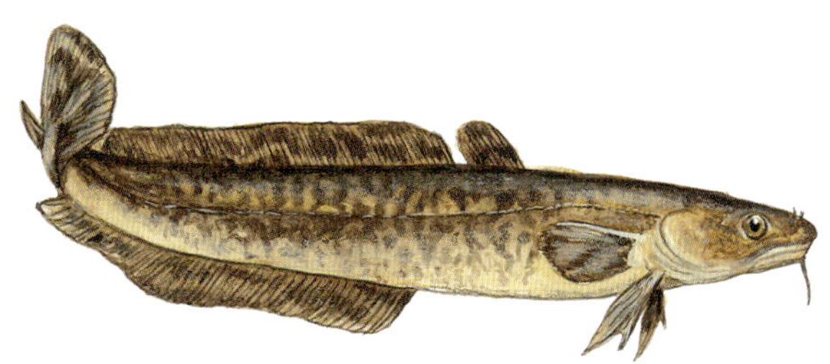

Wels

Siluris glanis

Größe: Bis 300 cm
Gewicht: Bis 150 kg
Laichzeit: Mai bis Juni
Fangsaison: Mai bis Oktober
Empfohlenes Angelgerät: Starke Grund- oder Spinnrute
Köder: Tote Köderfische, Hühnerdärme, Blutegel, Blinker, Spinner
Lebensraum: Größere Flüsse und Seen mit Versteckmöglichkeiten. Lebt vorwiegend am Grund, kommt bei nächtlichen Raubzügen jedoch zur Oberfläche.

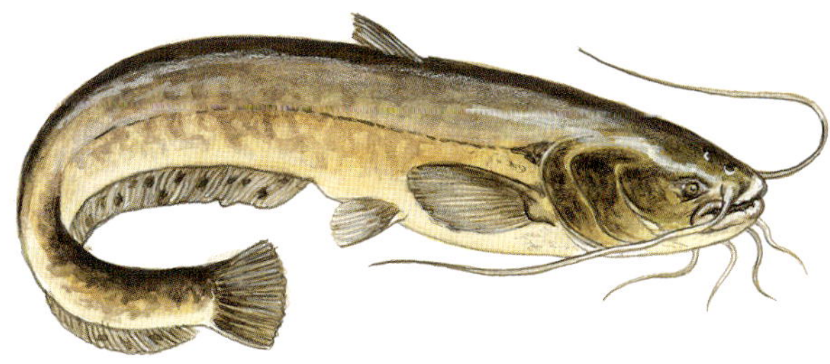

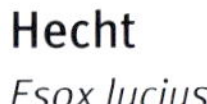

Hecht

Esox lucius

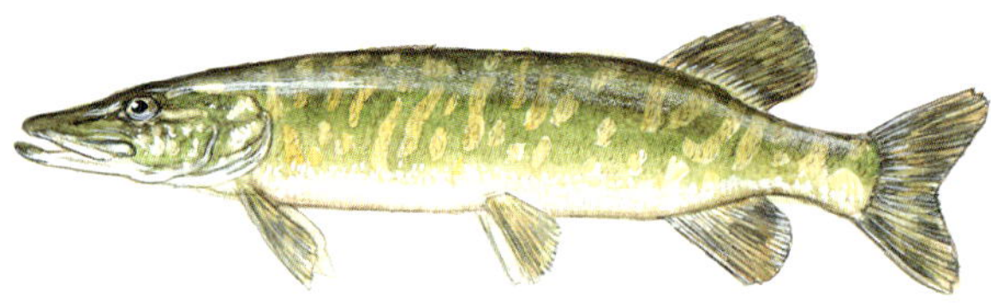

Größe: Bis 150 cm
Gewicht: Bis 25 kg
Laichzeit: März bis Mai
Fangsaison: Juni bis September
Empfohlenes Angelgerät: Mittelstarke bis starke Hecht- oder Spinnrute, auch Fliegengerät
Köder: Blinker, Spinner, Wobbler, toter Köderfisch am System, große Streamer
Lebensraum: Fast überall vorkommend, außer in kleinen Bächen. Meidet stärkere Strömung, sucht sich einen festen Standplatz mit Tarnmöglichkeit und stößt blitzschnell aus dem »Hinterhalt« zu.

Zander

Stizostedion lucioperca

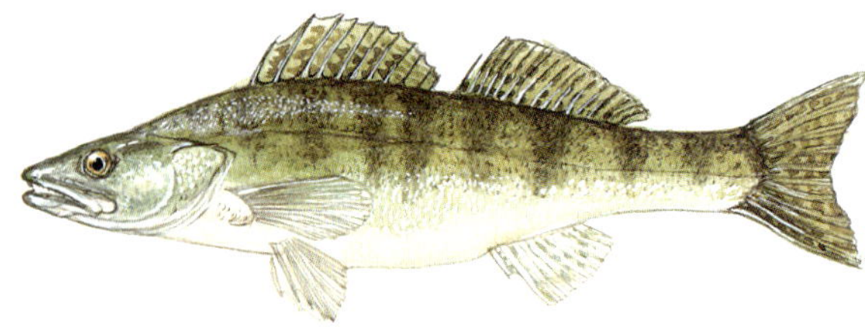

Größe: Bis 120 cm
Gewicht: Bis 15 kg
Laichzeit: April bis Mai
Fangsaison: Juni bis Oktober
Empfohlenes Angelgerät: Mittelstarke Posen- und Grundangel
Köder: Kleine Spinner, Wobbler, kleine Beutefische
Lebensraum: Größere Flüsse und Seen mit trübem Wasser und hartem Grund. Heimisch in Osteuropa. Seit 1885 eingebürgert.

Barsch

Perca fluviatilis

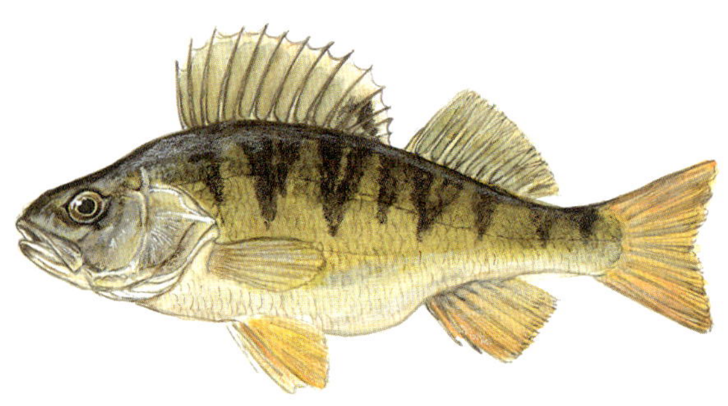

Größe: Bis 55 cm
Gewicht: Bis 3 kg
Laichzeit: April bis Mai
Fangsaison: Juli bis Oktober
Empfohlenes Angelgerät: Leichte Spinn- und Posenangel, auch Fliegengerät
Köder: Würmer, Maden, kleine tote Fische und Spinner. Nymphen und kleine Streamer.
Lebensraum: Weit verbreitet in Flüssen und Seen. Versteckt sich gerne zwischen Wasserpflanzen.

Friedfische

Das Angeln auf Friedfische hat etwas Beruhigendes an sich, und für viele Petrijünger ist es der schönste Ausgleich vom Alltagsstress. Was kann es Angenehmeres geben als einen Ansitz am verträumten Karpfensee, wenn die Sonne hinter dem Horizont verschwindet, sich die Schilfhalme im warmen Abendwind wiegen und plötzlich die im Wasser liegende Pose sich zu bewegen beginnt.

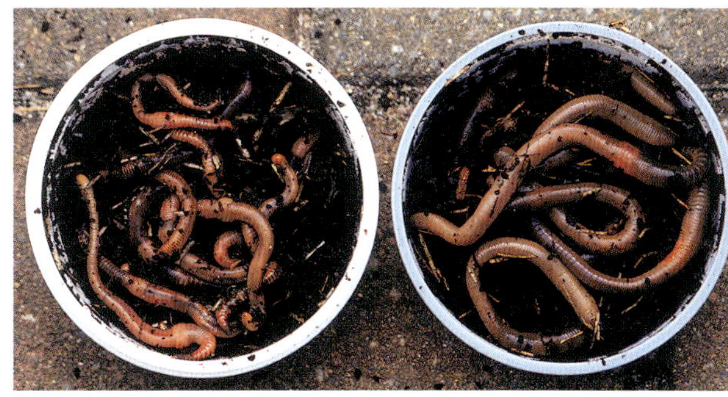

Links die kleineren Rotwürmer, rechts ein paar dicke Tauwürmer.

Die besten Köder

Seit undenklichen Zeiten ist der gemeine Regenwurm, ein für den menschlichen Anblick eher unattraktives Tierchen, der klassische Köder für die unterschiedlichsten Fischarten. Nicht nur Karpfen, Schleie oder Brassen, sogar die meisten Raubfische können ihm schwer widerstehen. Allerdings gibt es auch eine Vielzahl von anderen sehr wirksamen Ködern. Einige der beliebtesten werden nachfolgend besprochen.

Tierische Köder

Tauwurm

Der große Tauwurm ist ein sehr universeller Köder, mit dem man vom Karpfen bis zum Wels eigentlich fast alles fangen kann. Auch seine Beschaffung ist recht originell. Manche meinen die »Jagd« nach dem Tauwurm sei fast so spannend wie das Angeln selbst. In einer milden Regennacht bewaffnen Sie sich mit einer relativ schwach leuchtenden Taschenlampe, Schuhen mit weichen Sohlen und einem kleinen Eimer. Dann begeben Sie sich auf den kurz geschorenen Rasen vor Ihrem Haus oder in den mit weicher Erde bedeckten Gemüsegarten. Dort werden Sie viele dicke Würmer entdecken, die teilweise ganz oder halb aus ihren Erdlöchern herausragen. Greifen Sie schnell zu und packen Sie den Wurm da wo er im Boden verschwindet, dann ziehen Sie ihn sanft aber bestimmt aus ihrer Behausung heraus. Aufpassen! Nicht zu stark ziehen, sonst reißt er ab.

Tauwürmer halten sich über längere Zeit in feuchter, aber nicht zu nasser Gartenerde. Alle paar Tage legt man frische Gemüse- oder Salatblätter darauf und deckt alles mit einem feuchten Tuch ab. In kühlem und feuchtem Klima, halten die Würmer Monate lang. Ein sehr appetitlicher Happen für Barbe, Karpfen, Aal und Wels.

Rotwurm

Viel kleiner als der Tauwurm ist der Rotwurm. Er lässt sich leicht in einem kleinen Komposthaufen aus Grasschnitt, Blättern, Küchenabfällen und etwas Tierdung in einer ruhigen schattigen Ecke des Gartens, selbst ziehen. Mit der Zeit füllt sich der Haufen mit einer Menge Rotwürmer und man hat immer genügend Vorrat. Hervorragend für Weißfische, Schleien, Karpfen und Barsche.

Maden

Eine Made ist die Larvenform einer Fleischfliege und sie gehört zu den beliebtesten und effektivsten Ködern für Friedfische überhaupt. Die Eigenproduktion ist allerdings eine äußerst unappetitliche Sache, die mit verdorbenem Fleisch zu tun hat. Deswegen kauft man Maden am besten im Angelfachgeschäft. Gekühlt bei 0 bis –2 °C sind sie bis zu mehreren Wochen lagerbar. Im Sommer nimmt man sie am besten in einer Kühlbox mit ans Wasser. Für Weißfisch, Barbe, Barsch und Schleie.

Tipp

Stecken Sie mehrere Maden oder Casters zusammen auf einen dünndrähtigen aber stabilen größeren Haken. Bieten Sie diesen »Cocktail« in träge fließender Strömung an, wo Sie vorher schon etwas mit dem gleichen Köder angefüttert hat. Ein attraktives Angebot für größere Brassen, Rotaugen, aber auch Karpfen.

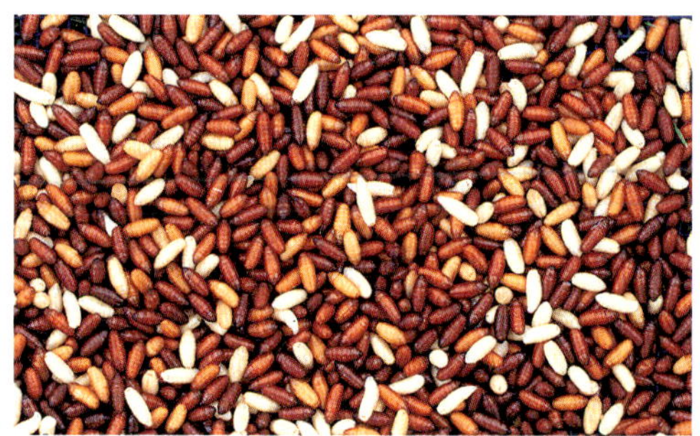

Maden und Casters bunt gemischt. Mit einem Sieb wird sortiert.

Casters

Maden im Verpuppungsstadium sind hellbraun und Sommer wie Winter für alle Friedfischarten geeignet. In England sind sie seit langem sehr beliebt, werden aber auch bei uns immer mehr verwendet. Außerdem werden sie gerne ins Lockfutter gemischt. Gekühlt und luftdicht gelagert, halten sie bei 0 bis 5 °C mehrere Wochen lang.

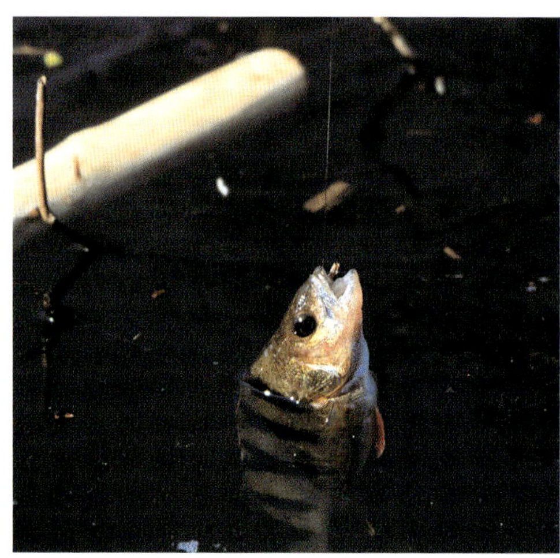

Rotwürmer und Maden sind ideale Köder für Barsche.

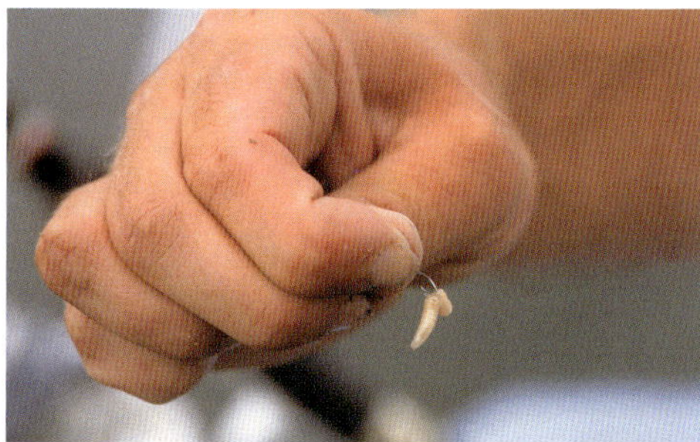

So kommen Maden richtig an den Haken. Die Spitze wird nur ganz knapp durch die Haut gestochen, damit sie nicht auslaufen und sich am Haken verführerisch bewegen.

Käfer und Grashüpfer

Im Spätsommer findet man Heuhüpfer in den Wiesen und Käfer in den Büschen am Ufer. Grashüpfer sind sehr gute Köder für Forellen und Döbel, aber gar nicht so einfach zu fangen. Ziehen Sie eine alte filzige Decke über die Wiese, darin bleiben sie hängen. Man bringt sie am besten in einer geräumigen Dose unter, die man mit einem Damenstrumpf überzieht. Wenn man einen Schlitz hinein schneidet, kann man die Tierchen einzeln entnehmen, ohne dass sie gleich alle entfliehen.

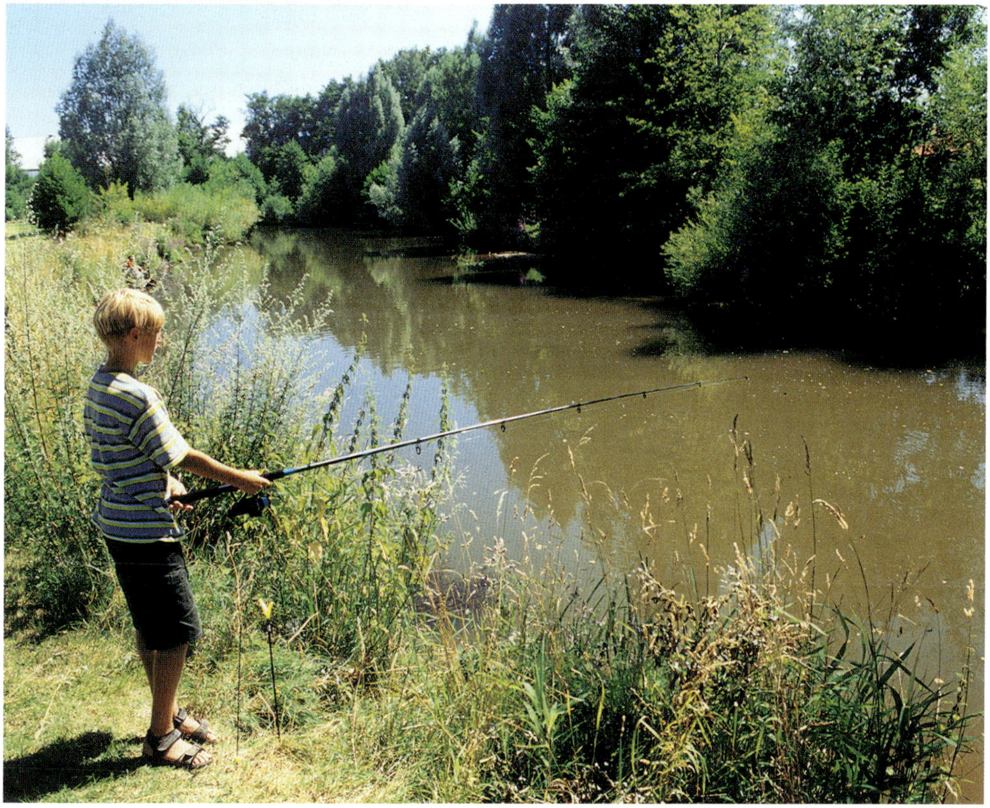

An Abschnitten mit viel Ufervegetation sollte man im Sommer immer an natürliche Köder z. B. eine Raupe, einen Käfer oder Heuhüpfer denken.

Beliebte Partikelköder und ihre Behandlung

	Beschreibung, Quelle	Zubereitung	Fischarten
Ahornerbsen (Maples)	Kleine dunkelbraune Erbse mit kräftigem Geruch und Geschmack	12 Stunden quellen lassen, 10 bis 15 Minuten kochen, 2 Tage im Kochwasser stehen lassen.	Karpfen, Brachsen
Hanfsamen	Sehr kleine, dunkle Samen	Über Nacht quellen lassen. Kurz-aufkochen bis weißer Keim sichtbar wird. Einzeln auf sehr kleinem Haken.	Karpfen, Barbe, Weißfische
Hartmais	Harte Körner	Nicht zu weich kochen. Vorgesehene Flavours vor dem Abkühlen ins heiße Wasser geben.	Karpfen, Schleie, Brachsen
Kartoffeln	Lebensmittelhandlung	Kleine oder halbierte Kartoffeln vorsichtig halbfest kochen. (Farb- oder Duftstoff zugeben)	Karpfen
Kichererbsen	Auffällige Hülsenfrucht mit besonderem Geruch und Geschmack	8 Stunden quellen, 10 Minuten leicht kochen. Danach einfrieren. Zugeben von Flavour (Vanille, Honig u. ä.) oder färben.	Aland, Döbel, Schleie und Karpfen
Mungobohnen	Kleine grüne Sojabohne	12 Stunden quellen, 10 Minuten kochen.	Karpfen
Süßmais	Weiche, eingelegte Körner. Im Supermarkt erhältlich.	Gebrauchsfertig in Glas oder Dose. Lässt sich gut einfärben und mit Aromastoffen versehen. Ein beliebter Universalköder.	Karpfen, Brachsen, Rotauge
Tigernuss (Chufanuss)	Riecht gut, süßer Geschmack, sehr hart	24 Stunden quellen. 30 bis 45 Minuten kochen. 3 bis 5 Tage im Kochwasser belassen.	Karpfen
Weizen	Kleine Getreidekörner	12 bis 24 Stunden in kaltem Wasser quellen lassen. 10 Minuten kochen.	Rotauge

Samen, Hülsenfrüchte und Nüsse

Man könnte fast meinen, auch Fische mögen manchmal etwas zum Knabbern. Dem ist nicht so, die »Partikelköder«, wie diese Naturprodukte von den Anglern genannt werden, müssen in der Regel mehrere Stunden im Wasser quellen und anschließend kurz gekocht werden. Nur so werden sie weich genug, dass sie für die Fische attraktiv sind. Lassen Sie alles im Kochwasser abkühlen, das erhält und verstärkt den Geschmack. Während des Abkühlens können auch Aromastoffe zugegeben werden. Probieren Sie natürliche Zugaben, wie Ahornsirup, Curry Pulver, aber auch würzige Ochsenschwanzsuppe.

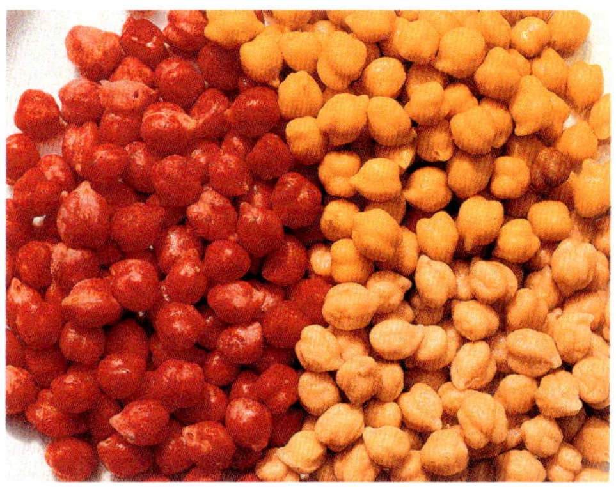

Kichererbsen gelb und rot eingefärbt für verschiedene Gewässerböden. Manche Fische reagieren misstrauisch auf helle Köder über dunklem Gewässergrund.

Um die Fische an die jeweilige Köderart zu gewöhnen sollte damit gut angefüttert werden. Aber bitte nur mit den gekochten Produkten. Rohe Partikelköder würden im Magen des Fisches aufquellen und könnten ihm schaden.

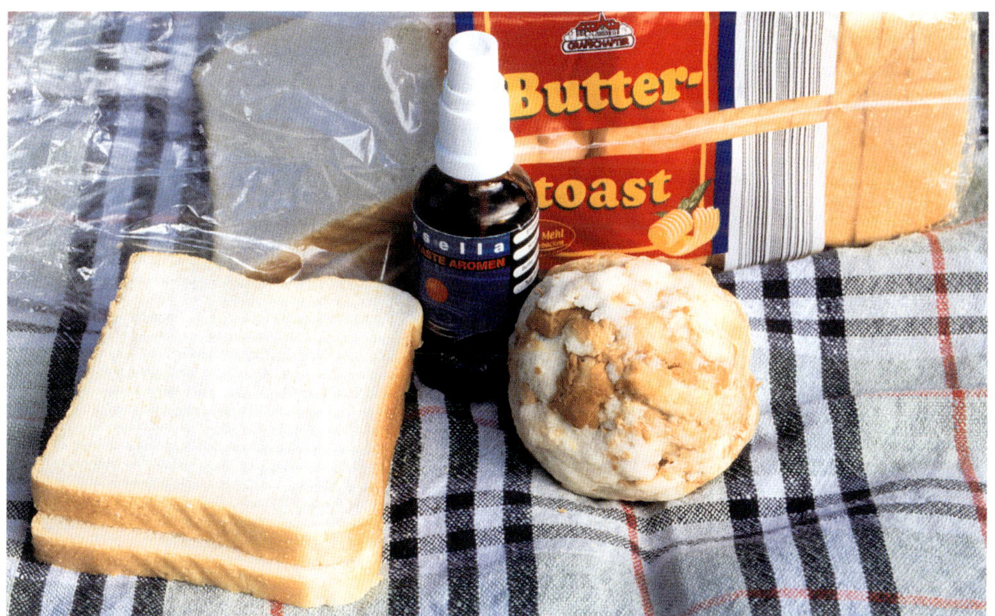

Aus Toastbrot und etwas Aromastoff lässt sich in wenigen Augenblicken ein attraktiver Köderteig kneten.

Köder aus der Küche

Auch in der eigenen Küche können erfolgreiche Fischköder gefunden bzw. hergestellt werden. Manches was Menschen schmeckt, finden auch Fische lecker. Die Zubereitung und der Umgang damit ist meist auch sehr viel appetitlicher als die Verwendung von tierischen Ködern.

Brot

Ein ganz einfacher, sehr vielseitiger Köder, der sich sinkend, schwebend oder auf der Wasseroberfläche schwimmend anbieten lässt.

Brotkruste

Vor allem die zähe Außenkruste von Weißbrot hält sehr gut auf dem Haken. Bei frischem Brot ist sie allerdings zu brüchig, deshalb steckt man das Brot einige Stunden in einen Zellophanbeutel bis die Rinde zäh und weich geworden ist.

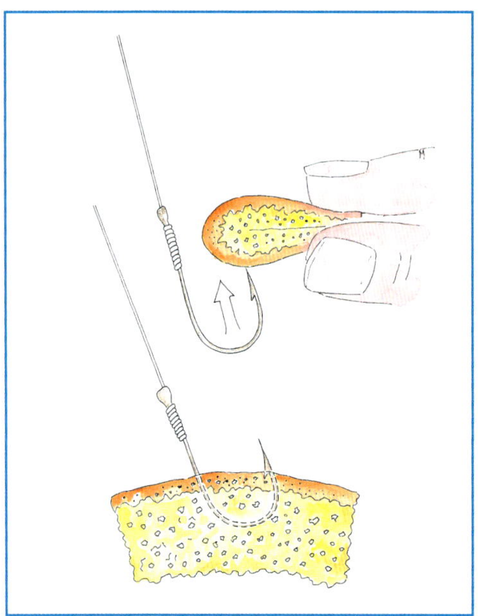

Anbringen einer Brotkruste.

Reißen oder schneiden Sie nun einen kleinen Teil, an dem noch etwas weißer Teig hängt, ab und bringen Sie es auf dem Haken an.

Brotflocke

Weiße Brotflocken (ohne Rinde) für den Haken werden am besten aus einem frischen Weißbrot oder einem weißen Brötchen gewonnen. Schneiden Sie aus einer Scheibe einen etwa 1 cm breiten und 4 cm langen Streifen heraus und drücken Sie ihn am Hakenschenkel fest, lassen aber dabei die Hakenspitze frei.

Brotteig

Hier ein Geheimtipp für einen professionellen, sehr gängigen Brotteig: Man nimmt mindestens zwei Tage altes Weißbrot mit Kruste. Das Brot gut anfeuchten, dann das überschüssige Wasser herauspressen. Nun die entstandene Masse zum Schutz vor dem Körperfett an den Händen in ein weißes Tuch schlagen und kräftig durchkneten. So entsteht eine geschmeidige, weiße Paste mit gleicher Konsistenz. Wer will, kann beim Kneten verschiedene Geschmacks- oder Aromastoffe zusetzen, zum Beispiel Puddingpulver mit Vanille oder Erdbeergeschmack.

Wer es einfacher haben will, z. B. weil er sich kurzfristig entscheidet an einem schönen Sommerabend noch ein bisschen auf Karpfen zu angeln, der braucht dazu nur eine Packung Toastbrot und etwas flüssigen Aromastoff.

Frühstücksfleisch

Dieses schmackhafte, würzige Mischfleisch aus der Dose wird in England seit langem für Döbel und Barbe verwendet. Das Fleisch lässt sich in für den jeweiligen Fisch »mundgerechte« Stücke schneiden, z. B. ein bis zwei Zentimeter große Happen für Barben. Dosenfleisch muss richtig an einem Haken der passenden Größe befestigt werden. Für 1 bis 2 cm große Köderstückchen benötigt man schon mindestens einen Haken der Größe 6. Frühstücksfleisch sollte öfters ausgetauscht werden, sonst laugt es aus, schmeckt schal, und ist für einen vorbeikommenden Fisch nicht mehr interessant.

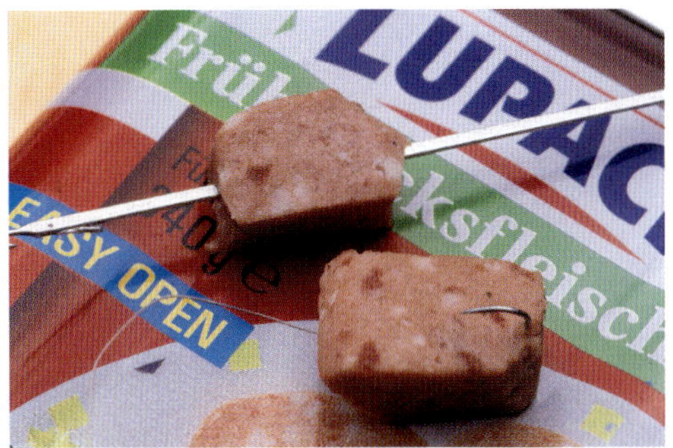

Fädeln Sie Frühstücksfleisch mit der Ködernadel auf den Haken.

Käse

Davon werden ebenfalls kleine Stücke auf dem Haken angebracht. Um bei Verwendung von Hartkäse den Anschlag durchzubringen, muss der Haken immer frei bleiben.

Der Topköder für Barben, aber auch für Döbel und Karpfen. Wer will kann sich auch einen sehr attraktiven Käseteig aus würzigen Käsesorten, z. B. Schimmelkäse, mixen. Auf ihn stehen neben den genannten Fischarten auch Brassen und Rotaugen. Auch eine Mischung mit Brotteig ist denkbar.

Polenta

Dieses typisch ungarische Gericht ist eine Art Maiskuchen aus gekochtem Maisgries. Am Haken wird ein Polentabällchen allerdings ziemlich hart. Die Hakenspitze sollte also frei bleiben, sonst dringt der Anschlag nicht durch. Polenta eignet sich sehr gut zum Mischen mit anderen Köderteigen, die dann ein kräftiges Maisaroma und eine gute Konsistenz erhalten. Für Weißfische, Karpfen, Schleien.

Boilies

Der Ausdruck kommt vom englischen »to boil« für »kochen«. Boilies sind als Karpfenköder in den letzten Jahren zum Standard geworden. Der Vorteil liegt darin, dass sich die Fische durch Anfüttern erstens gut auf diesen Köder prägen lassen und zweitens kleinere Fische wie Rotaugen, Rotfedern, Güstern u. ä., die beim Karpfenangeln manchmal ein wenig

> **Tipp**
>
> Auch wenn Sie einen »Teppich« aus kleinen Partikeln ausgelegt haben, lohnt es sich darüber einen großen Köder zu verwenden, z. B. einen Tauwurm oder ein Stück Frühstücksfleisch. Unwiderstehlich für Karpfen, Döbel und Barbe.

Tipp

Damit zu Köderzwecken vorgesehenes Brot die verschiedenen Aromastoffe gut annimmt, pinselt man einen großen Gefrierbeutel innen mit dem gewünschten Duftstoff ein und gibt den Laib hinein. Danach wird er eingefroren. Später wenn das Brot wieder auftaut zieht es den Duftstoff in sein Inneres. Brot- und Semmelbrösel werden ebenso behandelt.

nerven, mit den großen harten Kugeln nichts rechtes anfangen können. Die proteinhaltigen Teigkügelchen sind in großer Auswahl im Handel erhältlich, aber die Karpfenexperten stellen sie gerne selbst her und erreichen so ganz bestimmte Geschmacksrichtungen. Boilies aus dem Handel kommen in allen Größen, von Mini-Boilies mit 6 mm Durchmesser bis zu richtigen kleinen »Knödeln« mit 25 mm Durchmesser. Es gibt sie auch als schwimmende Ausführung, so genannte »Pop-Ups«.

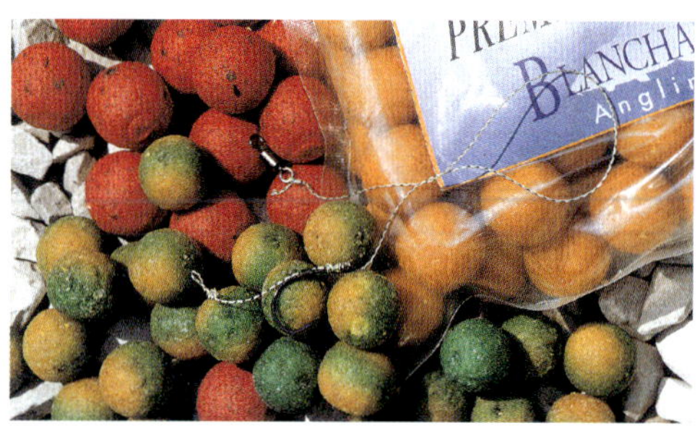

Boilies gibt es in den verschiedensten Farbausführungen.

Ein Laib Brot wird mit Aromastoff bestäubt und dann in einem Plastikbeutel in die Tiefkühltruhe gegeben. Beim Auftauen zieht der Geschmack in das Brot ein.

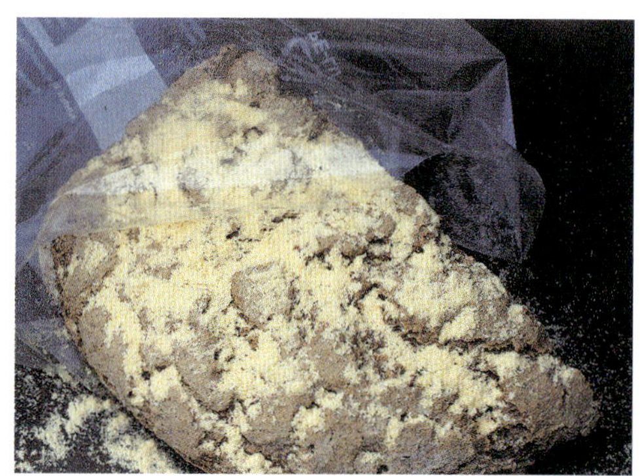

Flavours und Farben

Duft- und Aromastoffe können einen guten Köder noch anziehender machen.

Die meisten käuflichen Aromastoffe, in der Angelfachsprache »Flavours« genannt, sind hoch konzentriert und man verschätzt sich leicht in der Dosis. Das kann aber das Gegenteil bewirken und die Fische vertreiben, statt sie anzulocken.

Manche Angler verändern die Farbe ihrer Köder. Ist der Gewässerboden dunkel, schwören einige Karpfenangler auf hell gefärbte Köder, die einen starken Kontrast bilden. Es kann aber auch anders herum sein: Nur dunkle Köder über dunklem Grund werden genommen. Helle Köder schrecken ab. Abgesehen von ganz hellen und sehr dunklen Ködern wirken gefärbte Köder meist nur bis zu einer Tiefe von rund 2,5 Metern. Sobald das Licht nachlässt verlieren sich die Farben ohnehin.

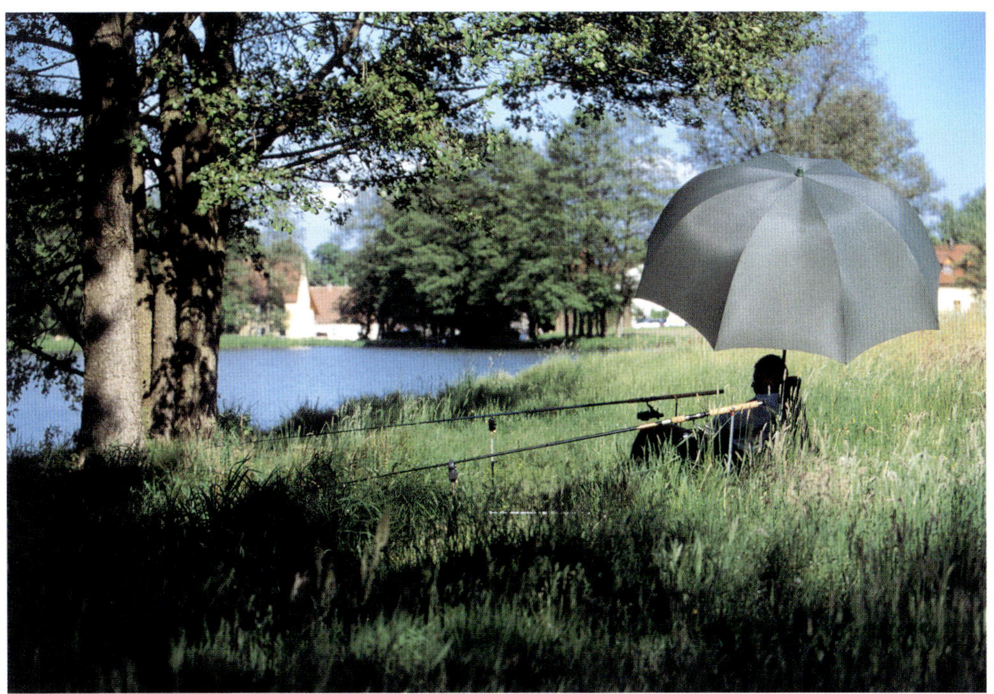

Beschaulicher Nachmittag am Angelsee. Der Schirm schützt vor Regen und Sonne.

Grund- und Lockfutter

Für jeden Angler stellt sich die Frage: Wie bekomme ich die Fische in die Nähe meines Köders? Das ist gar nicht so schwierig, denn Friedfische sind geschmacksorientiert und attraktiv duftendes Grundfutter besitzt eine große Lockwirkung. Erfolgreiche Angler kennen in dieser Beziehung eine ganze Menge Rezepte und sie nutzen den empfindlichen Geruchs- und Geschmackssinn der Fische geschickt aus. So werden diese nicht nur angelockt, sondern auch auf einen bestimmten Köder geprägt und am Angelplatz gehalten, ohne gleich satt zu werden.

Grundsätzlich unterscheidet man zwischen:

Anfüttern: Das Lockfutter wird bereits Tage vor dem Angeltermin ausgebracht, um Fische allgemein oder einen bestimmten »Zielfisch« an einen Platz zu gewöhnen. Diese Praxis wird von einigen »Experten« maßlos übertrieben und ist nicht in allen Gewässern erlaubt. Auf diese Weise kommt es zu einem Überangebot an Nährstoffen in kleineren Gewässern.

Beifüttern: Ausbringen kleiner Mengen eines bestimmten Lockfutters während des Angelns, um so viele Fische der gewünschten Art wie möglich am Angelplatz zu halten.

Ein paar grundsätzliche Vorschläge zum An-/Beifüttern

	Futtertyp	Konsistenz	Anwendung
Futterwolke (im Wasser sich schnell auflösende feine Partikel)	Z. B. Mischung aus Paniermehl, Brotbrösel, Kleie, Milchpulver	Feine Partikel verteilen sich schnell im Wasser und vertragen Duft und Geschmack weiträumig.	Ideal für Stillwasser oder langsam fließendes Wasser, wenn Fische nahe der Oberfläche aktiv sind (Döbel, Rotaugen, Rotfedern).
Loses Grundfutter Schwerere zum Grund sinkende Partikel aller Art	Boilies, Samen, Nüsse, Maden etc.	Legt sich als loser Teppich auf den Boden in dem die Fische »gründeln« können.	Für größere Fische, die am Angelplatz gehalten werden sollen.
Futterball Locker zusammenklebende schwere und feine Partikel	Mischung aus Paniermehl, Brotbrösel, Teig, Partikel, Maden etc. Gute Bindemittel sind Speisestärke oder Haferflocken.	Futterpartikel müssen länger zusammen halten. Konsistenz der Masse je nach Absicht: Soll der Ball erst langsam am Grund aufweichen oder bereits beim Aufschlagen zerfallen?	Für schnellere Strömungen, wenn das Futter rasch zum Grund sinken soll. Auch für weitere Entfernungen (zielgenau mit Katapult).

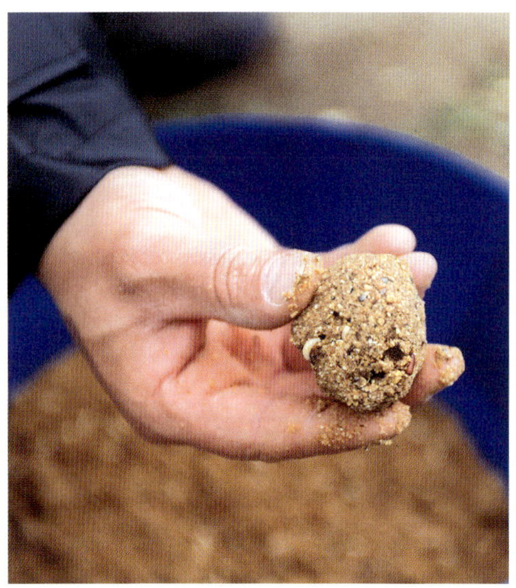

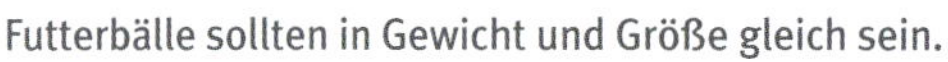

Futterbälle sollten in Gewicht und Größe gleich sein.

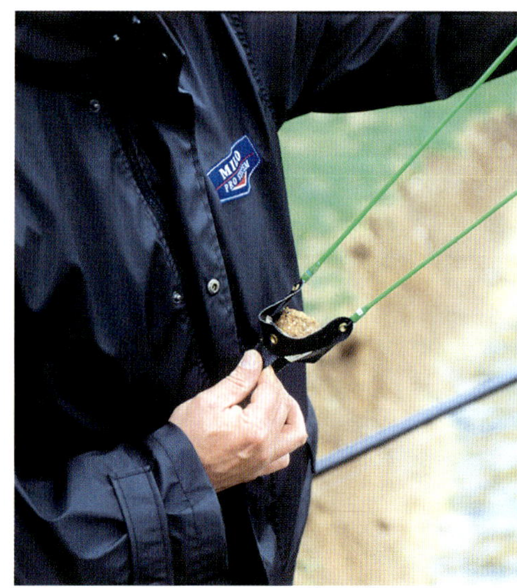

Abschießen eines Futterballs mit dem Katapult.

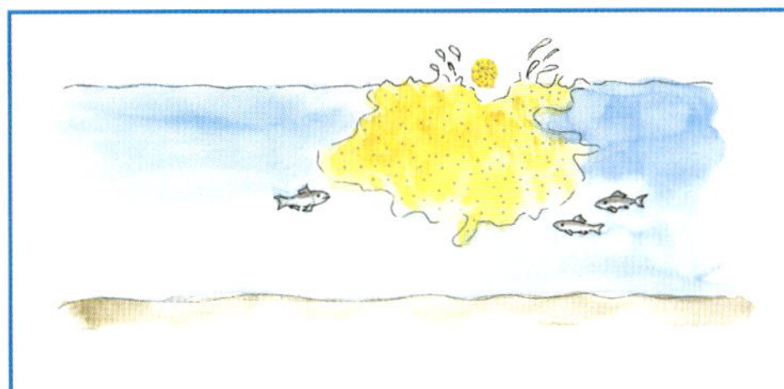

Futterwolke

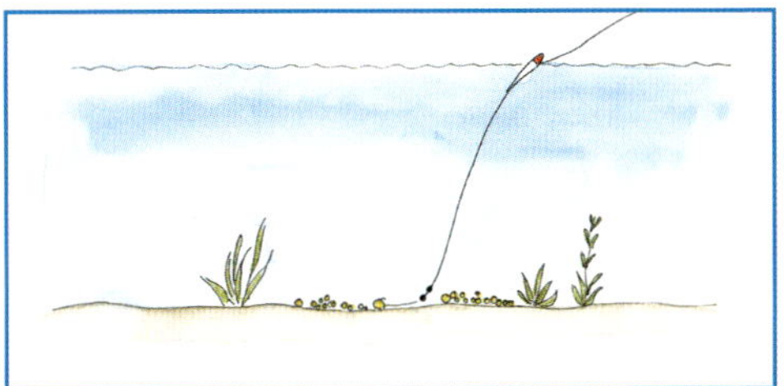

Loses Grundfutter

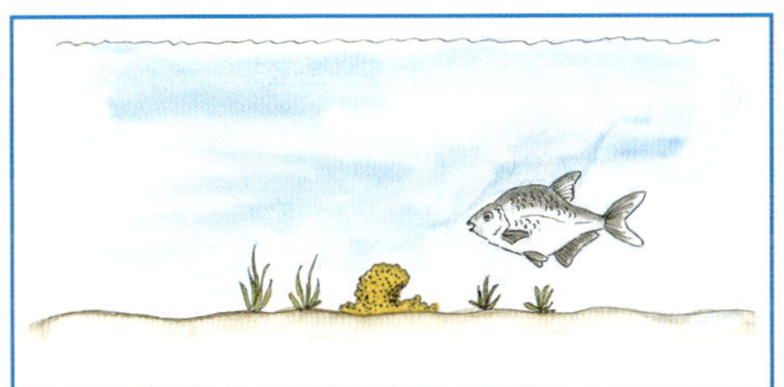

Futterball

Tipp

Die Konsistenz eines Futterballs wird durch seinen Wassergehalt bestimmt:

- Trockene Bälle zerfallen schneller
- Feuchte Bälle (mit mehr Bindemittel) lösen sich langsamer auf

Futterausbringung

Wie kommt das Futter ins Wasser? Will man die Fische in Ufernähe anlocken, kann dies durch Hand geschehen. Vor allem Futterbälle sind nun einfach zu handhaben. Man setzt sich eine Zielmarke, dann wird der Ball flach und sanft eingeworfen, ein zu hoher Wurfbogen soll vermieden werden.

Für größere Distanzen bis etwa 25 Meter benützt man für Futterbälle besser ein Futterkatapult. Damit der Einfallpunkt sich nicht verändert, müssen auch die Bällchen dieselbe Größe behalten und im gleichen Flugwinkel abgeschossen werden. Für die gleich bleibende Zugkraft gibt es Katapulte mit Zugkraft-Begrenzer. Immer muss sichergestellt

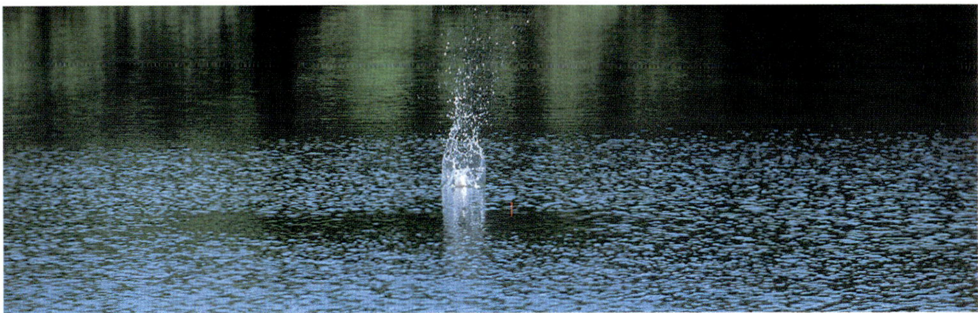

Treffer! Der Futterball fällt in unmittelbarer Nähe der Pose ein.

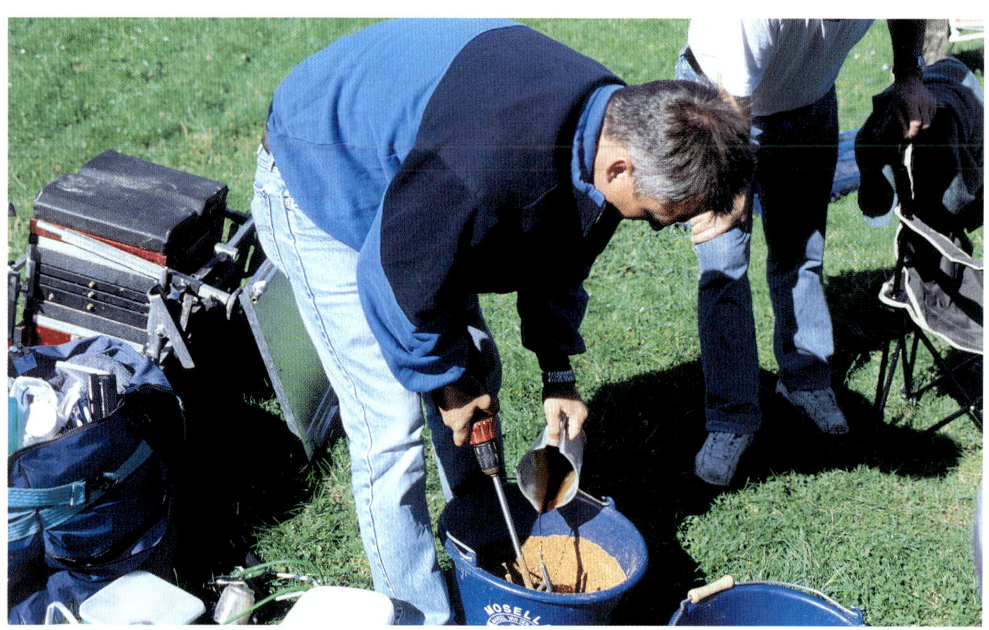

Professionelles Anrühren einer Grundfuttermischung.

werden, dass der Ball nicht schon während des Fluges auseinander bricht. Je zielgenauer er einfällt, desto erfolgreicher wird das Angeln sein. Lose Partikel können auch mit einem Wurfrohr ausgebracht werden.

Achtung!

Zu großzügiges Ausbringen von Grundfutter kann dem Fischgewässer schaden. Faulendes Futter und Überdüngung durch den erhöhten Nahrungsumsatz der Fische gefährdet vor allem Angelweiher und kleinere Seen. An einigen Gewässern ist deswegen das Ausbringen von Grund- und Lockfutter nicht erlaubt.

Wer während des Angelns beifüttert, sollte dies zwar regelmäßig, aber nicht übermäßig tun. Kleine Futtergaben genügen. Die Fische sollen nur am Angelplatz gehalten, aber nicht gesättigt werden. Vor allem in der kalten Jahreszeit, wenn der Stoffwechsel auf Sparflamme steht, sind die Fische mit weniger Futter zufrieden. Auch hier gilt: Weniger ist mehr.

Aromastoffe (Flavours)

Gerade im Grundfutterbereich sind Aromastoffe wichtig. Neben jenen, die schon im vorangegangenen Kapitel erwähnt wurden, können es auch welche aus der heimischen Küche sein. Etwa verschiedene Backaromen, auch etwas Rum, Ahornsirup, Honig etc. Auf die Fantasie kommt es an.

Angelmethoden für Friedfische

Posenangeln

Jeder kennt dieses klischeehafte Postkartenbild von einem kleinen Jungen, der mit einer selbst gebastelten Haselrute einem Stückchen Schnur und einem alten Weinkorken als Pose in einem idyllischen Dorfweiher angelt. Dieses Prinzip ist immer noch gültig, jedoch in vielfach verfeinerter Form. Wer Friedfische, vor allem Weißfische, mit einer Posenangel fangen möchte, verwendet meist eine relativ feine Stipp- oder Matchangel. Für rauflustige Karpfen oder andere kampfstärkere Fische braucht man robusteres Werkzeug.

Geeignetes Gerät

Wer mit dem Posenfischen beginnen will, muss sich eine entsprechende Ausrüstung zulegen. Die Auswahl ist wie immer groß, aber um ein bisschen Orientierung zu geben, möchte ich hier zwei Basismodelle vorstellen. Wer nur die Gelegenheit hat auf kleinere Weißfische zu angeln, dürfte durchaus mit einer etwa 4 bis 6 m langen Stipprute ohne Rolle seinen Spaß haben. Die Schnur wird dazu an der Rutenspitze befestigt. Ideal, weil preiswert und auch für Kinder geeignet. Wenn allerdings die Fische größer werden, sollte man auf die Schnurreserve einer Rolle zurückgreifen. Diese könnte man dann am Rollen-

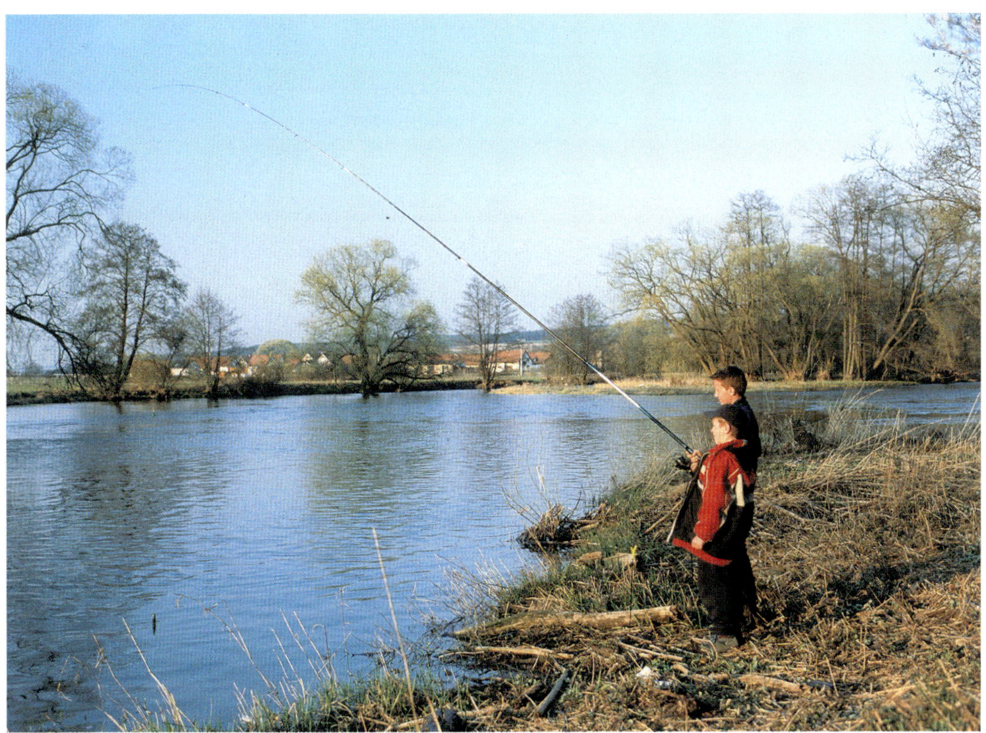

Auch junge Angler kommen mit der langen Bolognese-Rute gut zurecht.

halter einer italienischen Bolognese-Rute anbringen. Im Prinzip nichts anderes als eine teleskopische Stipprute, zwischen 6 und 8 m Länge, mit Schnurführungsringen. Allerdings erfordert ein so schlankes, fragil wirkendes Gerät etwas Erfahrung im Umgang. Für den Anfang, und nicht nur dafür, ist eine Posenrute nach englischem Vorbild die bessere Wahl. Englische Posenruten sind Steckruten zwischen 3,50 und 4,50 m Länge. Sie sind fein genug, um mit halbstarken Rotaugen seinen Spaß zu haben, aber auch kräftig genug, um mehrpfündige Karpfen zu bändigen. Es könnte sein, dass mit solch einer soliden Rute eine Freundschaft für ein ganzes Anglerleben entsteht.

Um die Feinheiten des Posenangelns zu verstehen, stellen wir uns bitte noch ein Mal die folgende Frage: Was genau ist der Sinn einer Pose?

Die Antwort ist dreifach:

1. Sie hält den Köder in einer bestimmten Tiefe.
2. Sie zeigt den Biss an, ohne dass der Fisch davon etwas merkt.
3. Sie lässt den Köder im Fließwasser kontrolliert treiben. Damit ist auch das Absuchen sonst nicht erreichbarer Stellen möglich.

Posenarten

Pose ist nicht gleich Pose. Es gibt unzählige Formen, Größen und Längen, denn die Universalpose gibt es nicht. Für den Anfänger eine recht verwirrende Angelegenheit. Aber lassen Sie sich nicht verunsichern. Wir werden nachfolgend die wichtigsten Unterschiede erklären. Grundsätzlich ist die Art der Pose nämlich auch von der Art des Gewässers abhängig.

Befestigung der Pose

Zwei Befestigungsarten an der Schnur sind verbreitet. Erstens die Zweipunkt-Befestigung oben und unten an der Pose sowie nur die Befestigung an ihrem Fuß. Letztere wird auch »Waggler-Montage« genannt.
Bei der Zwei-Punkt Montage schwimmt die Schnur an der Oberfläche. Das ist wichtig im Fließwasser oder wenn im Stillwasser viele Wasserpflanzen bis zur Oberfläche wachsen.

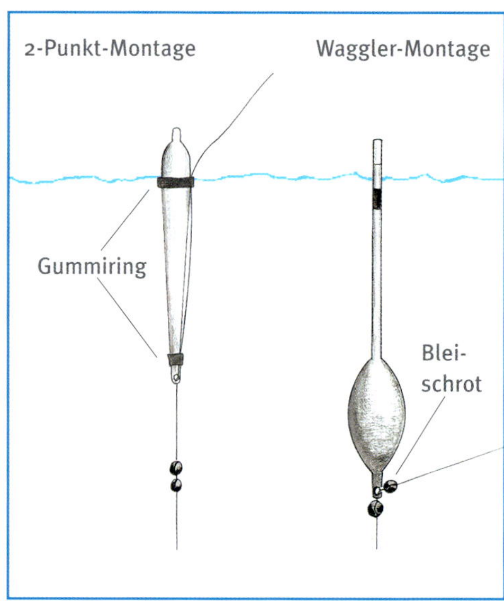

2-Punkt-Montage: Schnur wird z. B. durch Gummiringe festgeklemmt.
Waggler-Montage: Feststellen der Pose durch Bleischrote auf der Schnur.

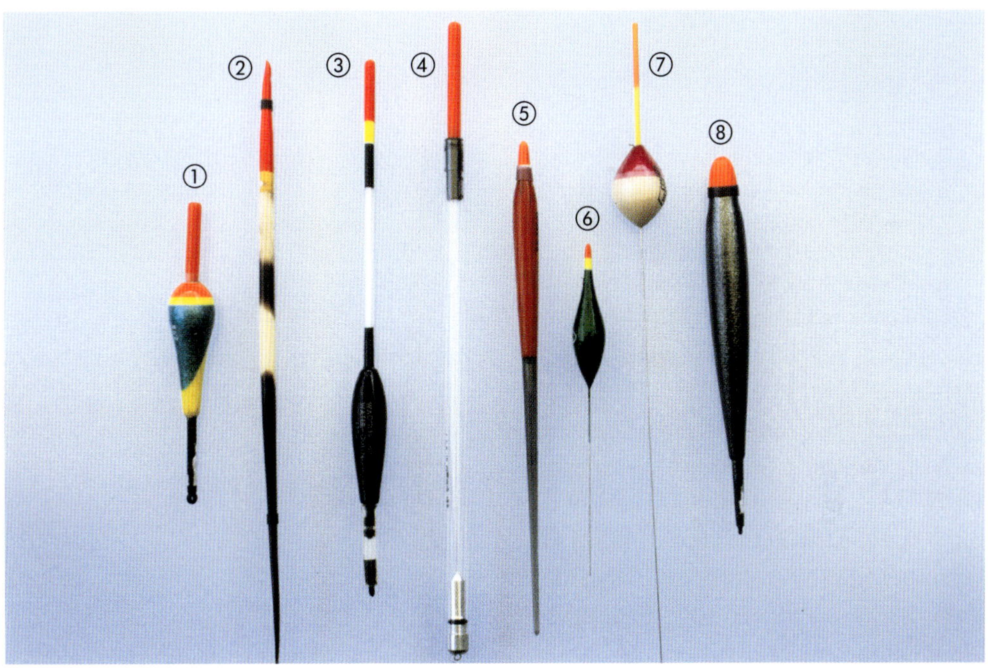

Verschiedenartige Posen

	Gewässerart/Bedingungen	Bemerkungen
① **Allround-Pose**	Universell für Still- und Fließwasser (auch unruhige Wasserverhältnisse).	Für größere Köder.
② **Stachelschweinpose**	Für feines Angeln in Ufernähe im Stillwasser bei Windstille.	Unauffällig und sehr sensibel.
③ **Driftbeater (Tiefer Tropfen) und** ④ **Crystal-Waggler**	Stillwasser, ruhiges Wetter	Waggler-Montage, Stabile Lage auch bei leichten Wellen, da Schnur zur Rute unter Wasser liegt.
⑤ **Stickpose und** ⑥ **Avonpose**	Leichte Strömung	Feines Driftangeln (Trotting) in Fließgewässern, stabile Lage durch hohen Schwerpunkt.
⑦ **Leichtes Strömungsei** (Stipp- und Bolognese-Rute)	Fließwasser, auch unruhige Wasseroberfläche.	Sehr universell, gut für kompakte Bebleiung in Ködernähe.
⑧ **Loafer** (Zapfenpose) große Köder	Raue Strömung	Durch hohen Schwerpunkt auch im unruhigen Wasser sichtbar.

Merke!

Das Vorfach bleibt grundsätzlich frei von jeder Beschwerung. Das Blei kommt immer an die Hauptschnur darüber! Auf diese Weise kann das Vorfach immer schnell ersetzt werden, ohne dass die Beschwerung erneuert werden muss.

Die Waggler-Montage findet ihren Einsatz vor allem im stehenden Gewässern. Sie erlaubt es die Schnur zwischen Rute und Pose unter die Wasseroberfläche zu ziehen, so dass sie nicht mehr vom Wind abgetrieben werden kann. In diesem Fall sollte die Schnur gut entfettet werden.

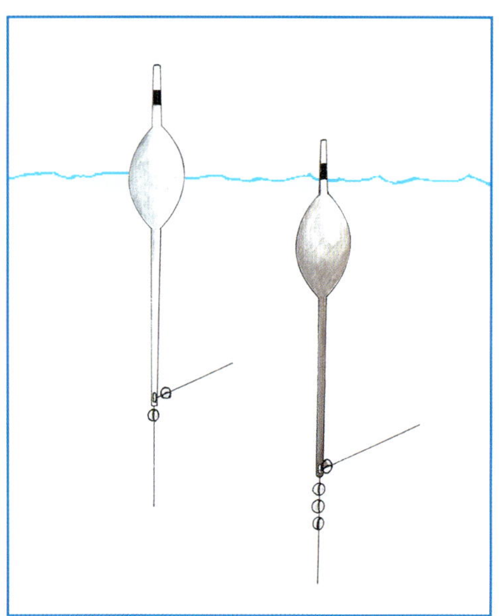

Links: Zu wenig Gewicht. Pose schwimmt zu hoch. Rechts: Richtig beschwert.

Spaltschrot – Gewichte

SSG	1,90 Gramm
SG	1,60 Gramm
AAA	0,80 Gramm
BB	0,40 Gramm
No. 1	0,30 Gramm
No. 3	0,20 Gramm
No. 4	0,17 Gramm
No. 5	0,10 Gramm
No. 6	0,08 Gramm
No. 7	0,07 Gramm
No. 8	0,06 Gramm
No. 9	0,05 Gramm
No. 10	0,04 Gramm

Posen-Montagen werden in der Regel durch eine Reihe von Spaltschroten oder Olivetten beschwert und richtig austariert. Die Pose soll nämlich grundsätzlich so tief im Wasser liegen, dass sie dem Fisch beim Nehmen des Köders keinen merkbaren Auftriebswiderstand mehr entgegensetzt. Im Handel wird dazu eine sehr große differenzierte Auswahl an Spalt- oder Klemmbleien angeboten. Das ist für Wettkampfangler wichtig, der Allround-Angler kommt sicher mit wenigeren aus.

Richtig beschweren

Nun kommt es noch darauf an, wie die Schrote auf der Schnur unter der Pose verteilt werden. Das hängt wiederum von der Strömung und von den Fischen ab. Die Tabelle auf S. 46 enthält ein paar prinzipielle Hinweise. Mehrere kleine Schrote lassen sich besser auf der Schnur verteilen als wenige große. Durch

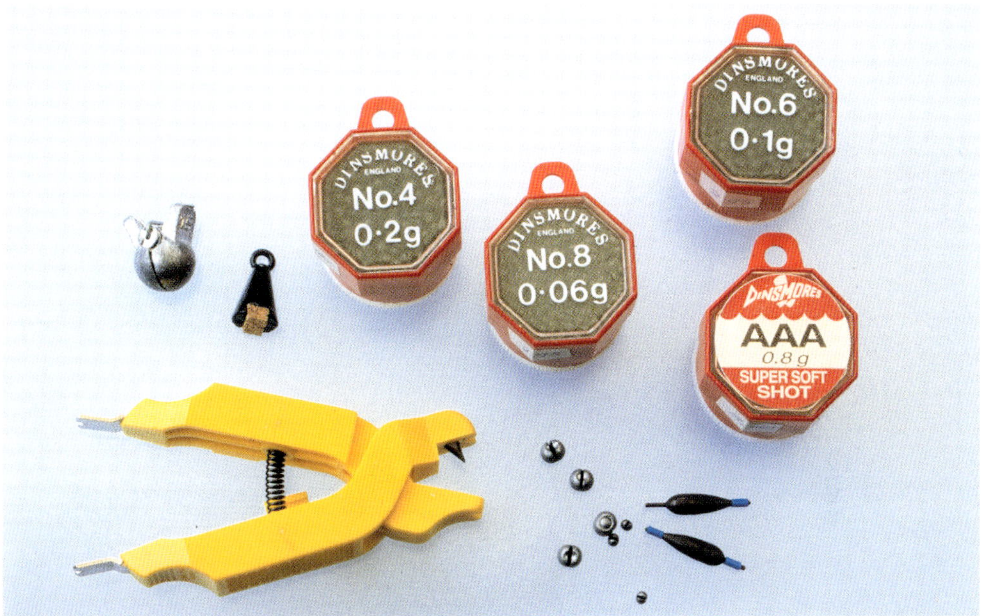

Notwendiges Zubehör zum Posenangeln: Lotblei zum Erkunden der Wassertiefe, weiche Spaltschrote und Olivetten in verschiedenen Größen, sowie eine Spezialzange zum Anbringen und Lösen der Schrote.

Verschieben der kleinen Bleie kann man das Sinkverhalten der Montage schnell verändern.

Erfolgstipps für das Posenangeln

- Loten Sie die Wassertiefe genau aus und finden Sie dann den Bereich, in dem die Fische Nahrung aufnehmen. Normalerweise beginnt man immer dicht über dem Grund. Hier hat man in der Regel die besten Erfolgsaussichten. Erst wenn man keinen Biss bekommt und sicher ist, dass es nicht am Köder liegt, versucht man es etwas höher.
- Wählen Sie immer eine möglichst leichte Pose, um das Gerät so fein wie möglich zu halten. Starker Wind, schnelle Strömung, schwere Köder, scharfer Wind und weite

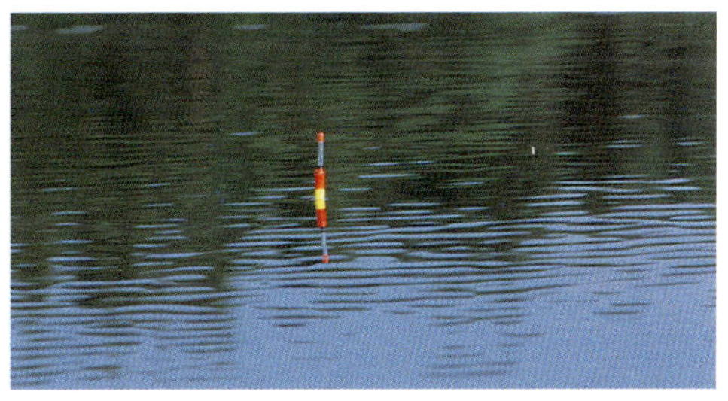

Diese Pose könnte noch etwas Gewicht vertragen.

Tipp

Verwenden Sie nur weiches »englisches« Bleischrot! Zu hartes Blei kann beim Anklemmen die Schnur beschädigen.

Anbringen der Spaltschrote

	Resultat!	Warum?
Zerstreute Anbringung Verteilung auf einer Länge von 0,5–1 m. Nach unten werden die Schrote kleiner.	• Langsames, natürliches Absinken des Köders.	• Falls die Zielfische etwas höher stehen. Der Anbiss kann schon beim Absinken erfolgen.
Konzentrierte Anbringung Torpille und Spaltschrote werden am unteren Ende der Schnur, direkt über dem Vorfach, auf wenige Zentimeter zusammengeschoben.	• Der Köder sinkt auch in schneller Strömung sicher zum Grund und wird dort gehalten.	• Der Anbiss von unerwünschten Kleinfischen im Mittelwasser wird weitgehend vermieden.

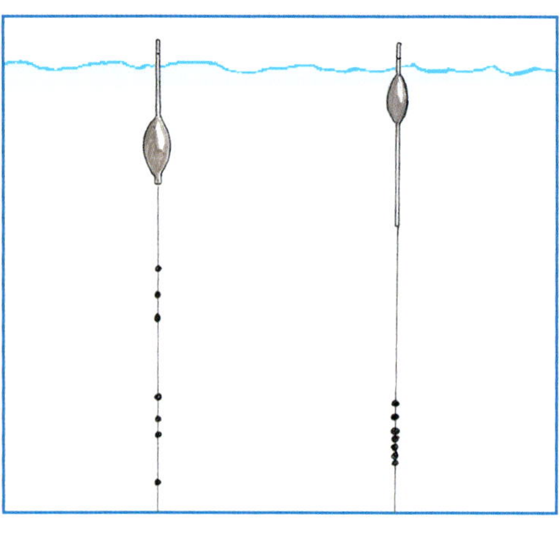

Zerstreut Konzentriert

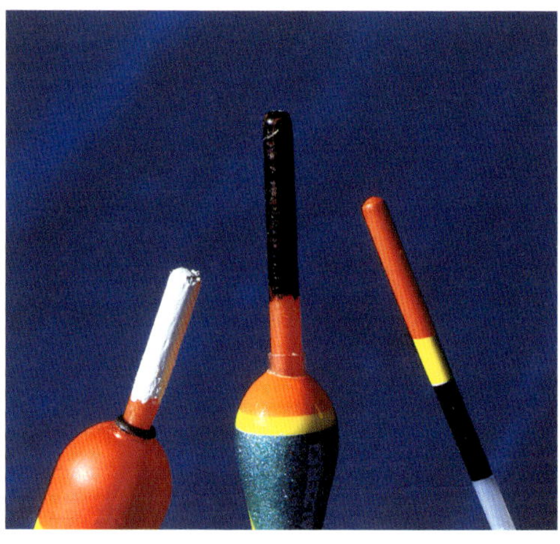

Die Farbe der Posenantenne sollte sich nach dem Hintergrund richten. Ein Fläschchen Tippex, und ein schwarzer Permanent-Filzstift gehören deswegen in den Gerätekasten.

Wurfentfernungen verlangen aber nach schwereren Posen. Ihre Sensibilität wird dann durch die entsprechende Bebleiung angepasst.

- Die Farbe der Posenantenne muss gegen den jeweiligen Hintergrund gut sichtbar sein. Je nach den Lichtverhältnissen kann sie schwarz, orange, rot, weiss oder gelb ausfallen.
- Bei richtig beschwerter Montage ist nur die Spitze (Antenne) der Pose sichtbar.
- Versuchen Sie nicht auf zu große Distanz zu angeln. Die Kontrolle über Schnur und Pose wird mit zunehmender Entfernung schwieriger.

Drei Methoden für die Pose

1. Treib- oder Driftangeln

In England heißt diese spannende und unterhaltsame Variante »Trotting«. Dabei lässt man in einem Fluss eine Posenmontage stromabwärts über die vermuteten Standplätze der Fische treiben. Besonders geeignet sind lange, gleichmäßige Strömungszüge über kiesigem Boden oder unter hohen Ufern mit überhängender Vegetation. Zielfische sind vor allem in der Strömung lebende Fische wie Barben, Döbel und Nasen.

Je nach Gewässertiefe und der Strömungsgeschwindigkeit verwendet man Avon- oder Stick-Posen in verschiedenen Größen. Und ein wenig Anfüttern gehört zum traditionellen »Trotting« dazu. Dabei genügt es, genau in der Linie in der der Köder entlang driften soll, ein paar Maden oder auch etwas zerdrücktes und angefeuchtetes Brot einzuwerfen. Vergessen sie bitte nicht, die Angelschnur vor dem Einsatz gut zu fetten. Eine auf der Oberfläche schwimmende Schnur kann während der Drift leicht korrigiert werden, sobald sie sinkt ist dies nicht mehr möglich. Auch das Abheben einer schwimmenden Schnur vom Wasser ist ein Kinderspiel. Ist sie abgetaucht, lässt sich zudem der Haken nicht richtig setzen.

Während der Abdrift stoppen Sie die Pose immer wieder ein bisschen zurück, damit der Köder wiederholt etwas nach oben schwingt und anschließend wieder zurückpendelt. Eine sehr verführerische Bewegung, die die Beißlust der Fische anstachelt. Vor allem kapitale Döbel lassen sich dadurch verführen.

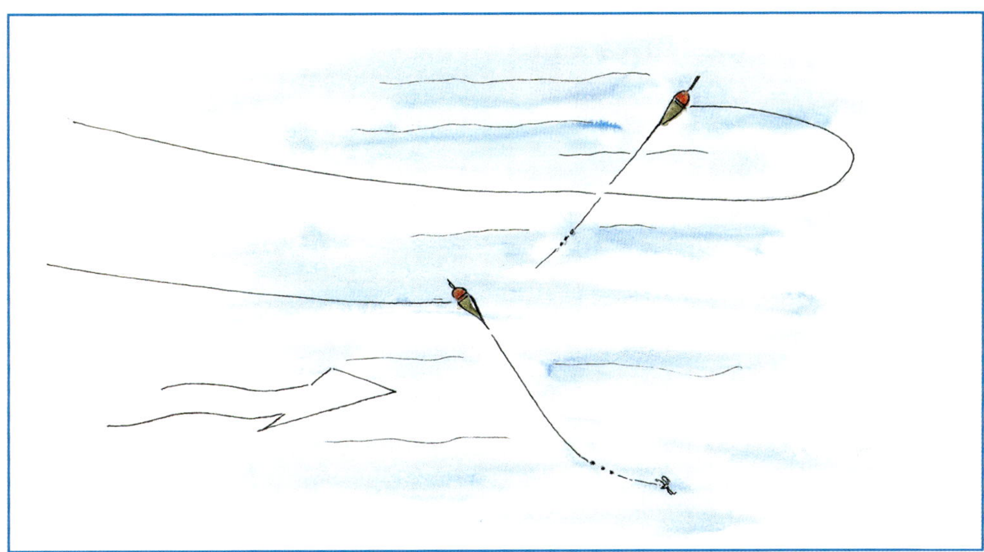

Unten: Richtig!
Oben: Falsch! Die Schnur soll keinen Bogen vor der Pose bilden.

2. Die Lift-Montage

Eine sehr präzise Methode, die sehr gerne für Schleien und Brachsen angewendet wird. Im Unterschied zum normalen Posenangeln, bei dem die Pose beim Biss untergeht, steigt sie nun nach oben. Wie ist das möglich?
Dabei wird eine Eigenart dieser beiden Fischarten ausgenützt. Nimmt nämlich ein Brachsen oder eine Schleie Nahrung vom Grund auf, stellt sich der Fisch dazu in der Regel auf den Kopf, saugt die Nahrungsbrocken oder den Köder ein und kehrt dann wieder in eine waagrechte Ausgangsstellung zurück.
Voraussetzung für den Erfolg ist allerdings das absolut exakte Ausloten der Gewässertiefe. Dann wird ein Schrotkorn, das so genannte Biss- oder Bodenblei, etwa 3 bis 8 cm vor dem Köder platziert. Mit richtig eingestellter Pose liegt dieses Blei ganz knapp am Boden auf. Der Waggler steht nun bei leicht gespannter Schnur aufrecht im Wasser und ragt nur noch knapp über die Wasseroberfläche. Nimmt ein Fisch den Köder, hebt er gleichzeitig auch das Bodenblei mit an, die Pose wird dadurch entlastet, erhält Auftrieb, und kommt wie das Sehrohr eines auftauchenden U-Bootes hoch und legt sich unter Umständen sogar flach auf die Oberfläche. Je näher das Bodenblei sich am Köder befindet, desto sensibler ist diese Methode.
Das Problem besteht darin, das Biss- oder Bodenblei so schwer zu wählen, dass zwar die Pose senkrecht steht, aber der Fisch beim Anheben das Gewicht des Bleis nicht spürt und misstrauisch wird. Wäre das der Fall, würde er nämlich den Köder meist schnell wieder ausspucken.

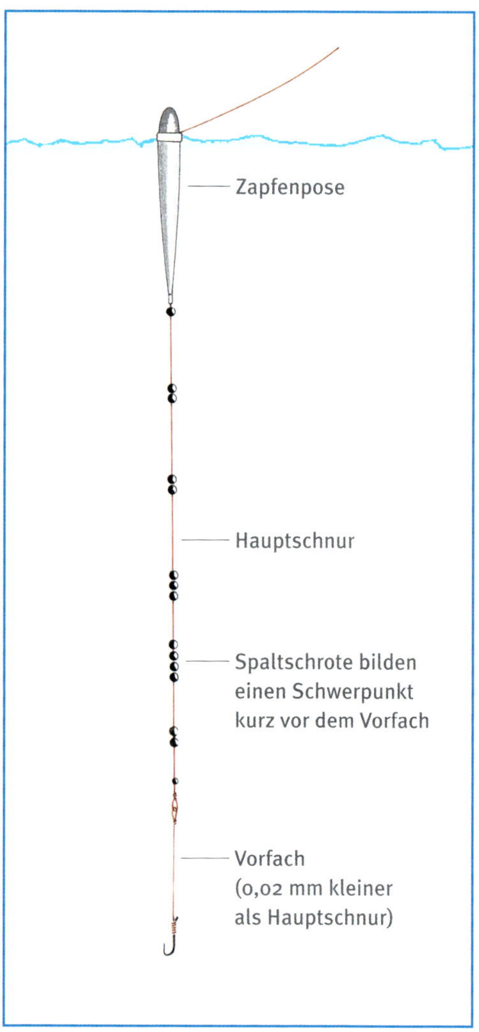

1. Treibangel-Montage (rasch sinkend)

3. Die Gleit- oder Durchlauf-Montage

Eine auf der Schnur gleitende Pose wird dann angebracht, falls die gewünschte Stelltiefe der Montage die vorhandene Rutenlänge überschreitet. Eine feste Montage würde in diesem Fall beim Ausholen am Boden schlei-

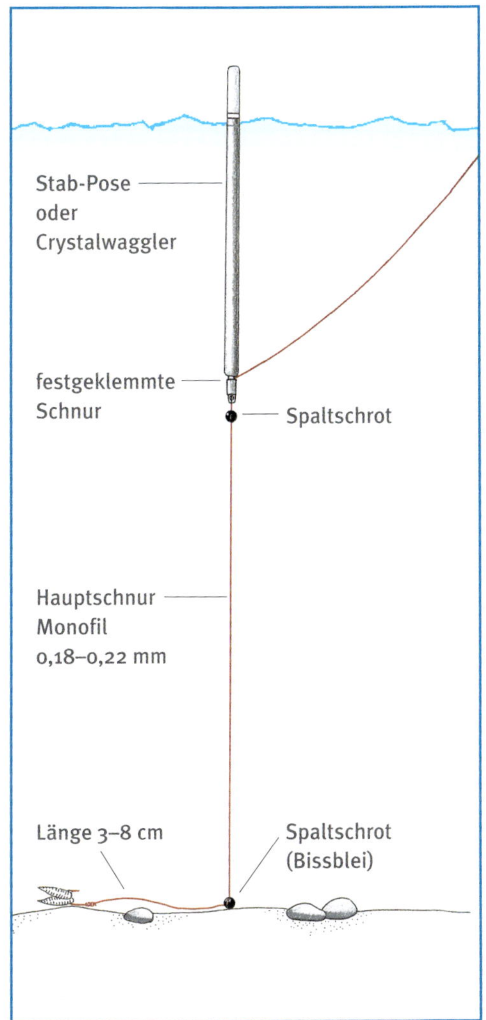

2. Lift-Methode

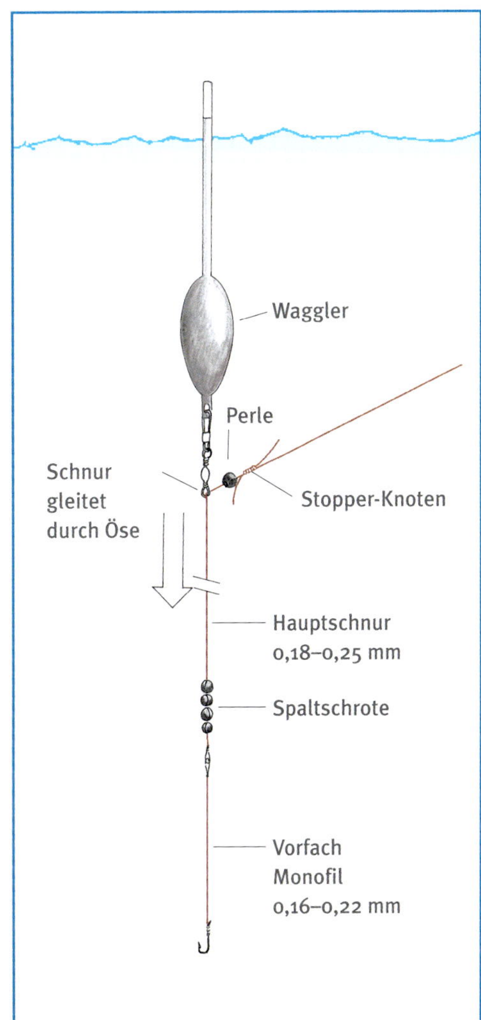

3. Gleit- oder Durchlauf-Montage

fen und sich möglicherweise in der Bodenvegetation verfangen. Oder können Sie sich vorstellen eine Montage mit einer festgestellten Pose für eine Wassertiefe von fünf Metern auszuwerfen?

Eine Gleit- oder Durchlaufpose gleitet beim Wurfvorgang bis zu einem Stopper oberhalb der Bebleiung. Im Wasser zieht diese Beschwerung die Schnur dann durch die Posenöse bis zu einem weiter oben auf der Schnur sitzenden Schnurstopper, der die Tiefeneinstellung festlegt.

Tipp

Kennzeichnen Sie die Position des Stopperknotens mit einem wasserfesten Filzstift auf der Schnur, dann finden Sie die Position auch wieder, falls sich der Knoten zwischendurch unfreiwillig verschiebt.

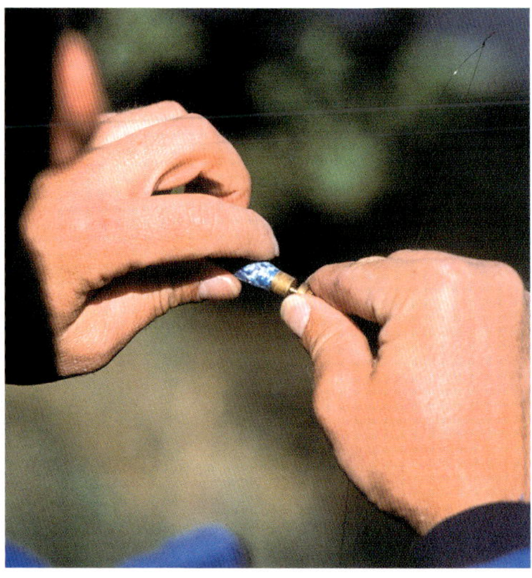

So werden die Gewichtscheiben am Fuß der »Missile-Pose« ausgetauscht.

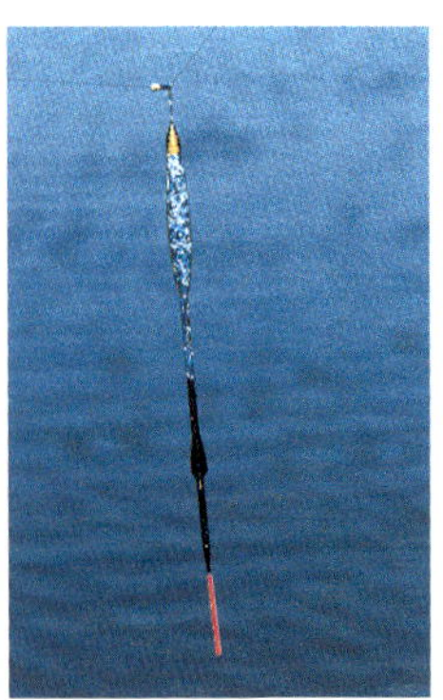

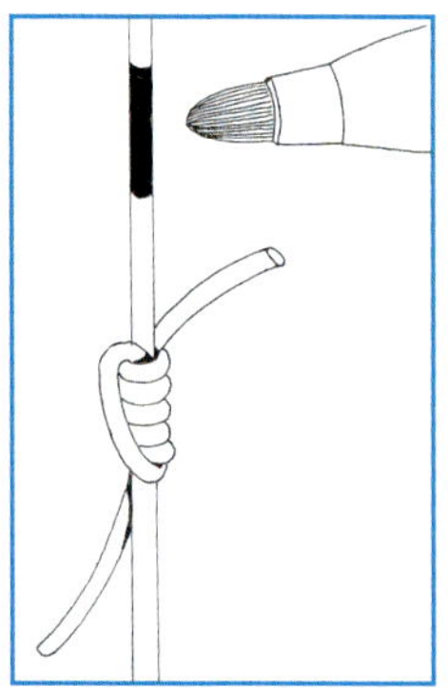

Bild links: Vorgebleite »Missile-Pose«. Sie fliegt tatsächlich wie eine »Rakete« durch die Luft.

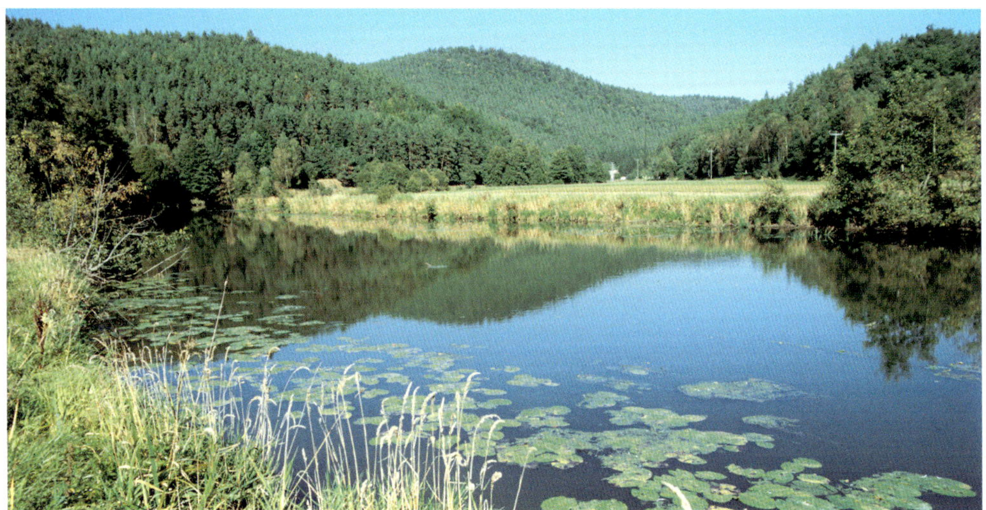

Ideales Gewässer zum Posenangeln. Hier kann man Weißfische, Schleien und Karpfen erwarten. Die Lift-Montage ist einen Versuch wert.

Verhalten der Pose

Die Pose ...

... stellt sich direkt nach dem Einwerfen nicht senkrecht auf.	Fisch hat bereits im Absinken gebissen.
... stellt sich sofort nach dem Einwerfen vollends auf.	die Montage hat sich im Flug verheddert und hängt nun dicht unter der Pose.
... zittert im Wasser.	Fisch spielt am Köder herum.
... taucht ab.	Fisch zieht mit Köder ab
... hebt sich.	Fisch hat den Köder der Lift-Montage aufgenommen und das unterste Bleischrot (Anzeigeblei) entlastet. Pose bekommt Auftrieb und legt sich möglicherweise sogar flach aufs Wasser.
... bewegt sich gegen die Strömung.	Fisch schwimmt mit dem Köder stromauf.
... bewegt sich mit der Strömung, aber schneller.	Fisch schwimmt mit dem Köder stromab.

Hinweise zur Bisserkennung
Das Verhalten der Pose verrät, was unter ihr im Wasser passiert. Zum Beispiel auch falls ein Fehler an der Montage auftritt.

Stippangeln

Das Angeln mit einer langen Rute und ohne Rolle hat in den letzten Jahren auch bei uns an Beliebtheit gewonnen. Eine Rolle ist nicht vorhanden, die relativ kurze Schnur ist direkt an die Spitze der Rute geknüpft und die feine Posenmontage wird sehr nahe unter der Rutenspitze gefischt. Der Vorteil liegt vor allem darin, dass der Köder durch die außergewöhnliche Länge der Rute auf delikate und unauffällige Weise direkt bei den Fischen präsentiert werden kann. Die Schnur zeigt mehr oder weniger gerade ins Wasser, der Angler kann auf jede verdächtige Bewegung der Pose sofort reagieren. Damit nun aber ein etwas scharfer Anhieb die feine Schnur nicht gefährdet, sollte sich zwischen dieser und der Rutenspitze ein Schockabsorber aus Gummi befinden. Er wirkt auch als Puffer, falls ein etwas größerer Fisch den Köder nehmen sollte, denn in erster Linie ist eine Stippangel ein feines Werkzeug zum Fang von kleineren Weißfischen.
Stipp-Experten legen bei ihrer Rute Wert auf eine relativ steife Spitze und ein besonders geringes Gewicht. Letzteres wird durch Verwendung von hochwertiger Kohlefaser erreicht und die ist ziemlich teuer. Daran brauchen wir Freizeitangler uns nicht orientieren. Von uns benutzte Stippruten können ruhig eine Idee schwerer sein und da wir nichts dagegen haben uns auch hin und wieder mit einem größeren Brachsen, einer Schleie oder einem kleinen Karpfen anzulegen, darf die Rutenspitze auch weicher sein. Solches Gerät ist erheblich preiswerter.

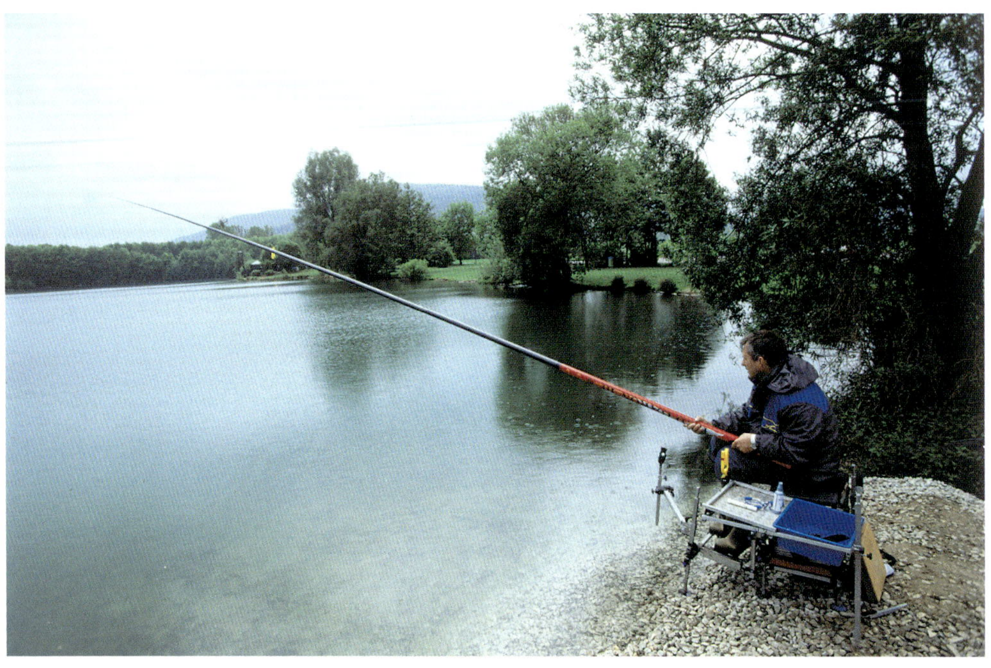

Das Angeln mit der extrem langen Stipp-Rute will gelernt sein.

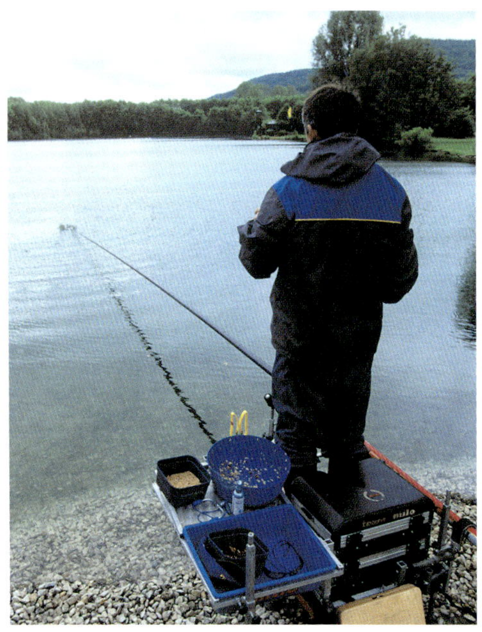

Auch beim Stippangeln müssen die Fische angelockt werden. Der Futterball soll in diesem Fall genau unter der Rutenspitze einfallen. Geworfen wird mit der Hand in nicht zu hohem, sondern mehr flachem Bogen, damit der Aufprall nicht zu laut ausfällt.

Stippruten

Sie können von 3 m bis zu fast unglaublichen 16 m lang sein. Wer gerade den Einstieg in diese feine Fischerei sucht, für den eignet sich besonders gut eine Rute zwischen 4–6 m. Mit einer solchen kürzeren »Stippe« kann ein Fisch auch mit ganzer Länge der Rute gelandet werden. Überlange Ruten müssen dagegen beim Einholen eines Fisches Teil für Teil auseinander genommen werden.

Um auch größere Fische sicher ermüden zu können, ohne dass sie sich vorzeitig verabschieden, ist bei guten Stippruten die Frage des angesprochenen Schockabsorbers pfiffig gelöst. Diese Ruten sind mit einem Gummizug ausgerüstet, der im entspannten Zustand im Inneren der Rute ruht und an deren Spitze austritt. Er puffert nicht nur den Anschlag ab, auch größere Fische müssen nun gegen diesen Zugwiderstand ankämpfen. Versierte Stippangler drillen damit auch mehrpfündige Karpfen. Gummizüge gibt es in verschiedenen Zugstärken. Die Tragkraft reicht von etwa 1 kg bis über 7 kg und wird der Schnurstärke angepasst.

Stipp-Posen

Posen zum Stippangeln unterliegen den gleichen Regeln wie normale Posen, sie sind aber viel feiner und sehen fragiler aus.

Für Stillwasser greift man im Allgemeinen zu einer Tropfenform mit dem Auftriebskörper im unteren Bereich und langer Antenne für die Stabilität. Für langsame Strömung in Kanälen oder sehr trägen Fließwassern ist eine klassische schmale ovale Pose oder eine Stäbchen-Pose ideal. In schnellerem Wasser ist die typische Avon-Pose mit dem Tropfen im oberen Bereich besser. Stipp-Posen sind allerdings erheblich kleiner und es gibt eine geradezu unglaubliche Auswahl. Die meisten Stippangler führen ihre Montagen vorbereitet auf kleinen »Leiterchen« mit sich, um sie bei Bedarf schnell austauschen zu können.

Lebensgefährlich!

Kohlefaser leitet Elektrizität. Es gibt Stippangler, die ihre Unvorsichtigkeit im Bereich von Hochspannungsleitungen mit dem Leben bezahlt haben.

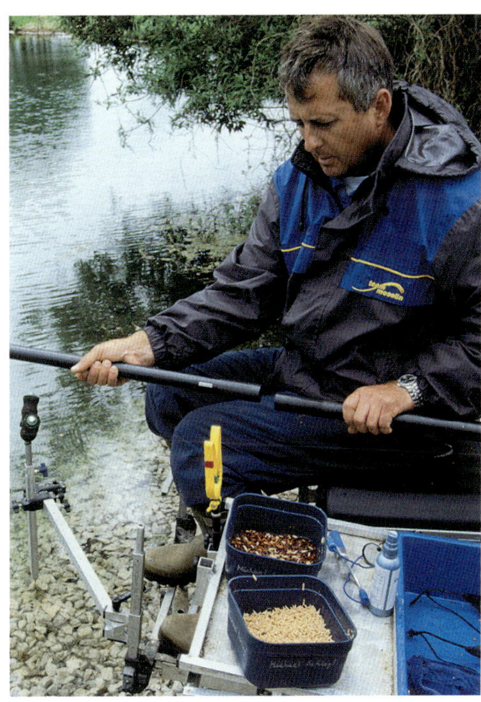

Überlange Ruten werden beim Einholen geteilt.

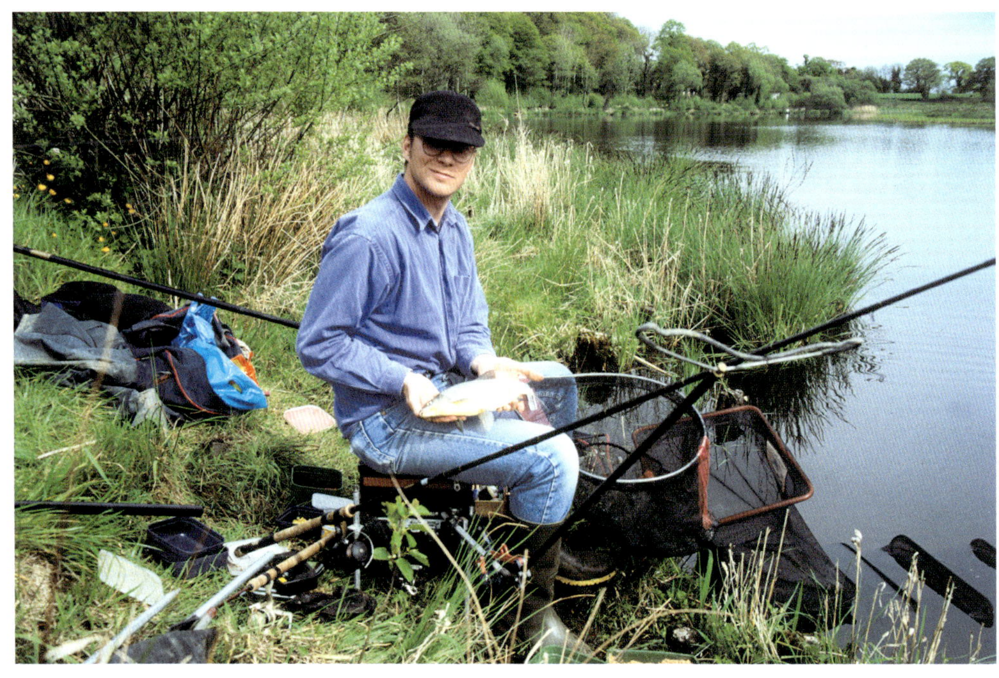

Friedfischangler müssen einiges Gerät bis ans Wasser tragen. Aber der Spaß entschädigt für die Mühen.

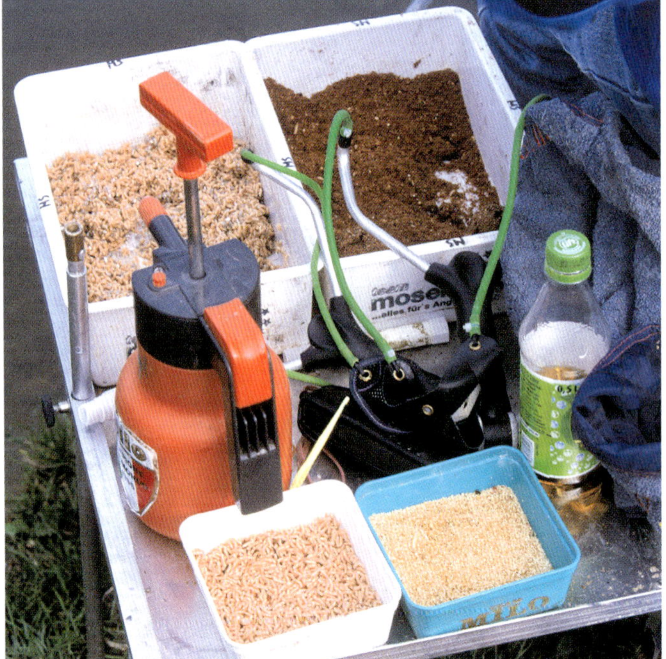

Hier ist für jeden »Fisch-Geschmack« etwas dabei. Der rote Zerstäuber dient zum maßvollen Befeuchten der Ködermischung.

Auch wenn sich die Pose einmal auf der Schnur verschieben sollte, die Kennzeichnung hilft die richtige Einstellung wieder zu finden. Halten Sie den Haken an das Ende der Rute und schieben sie die Pose bis zur Markierung auf dem Rutenblank.

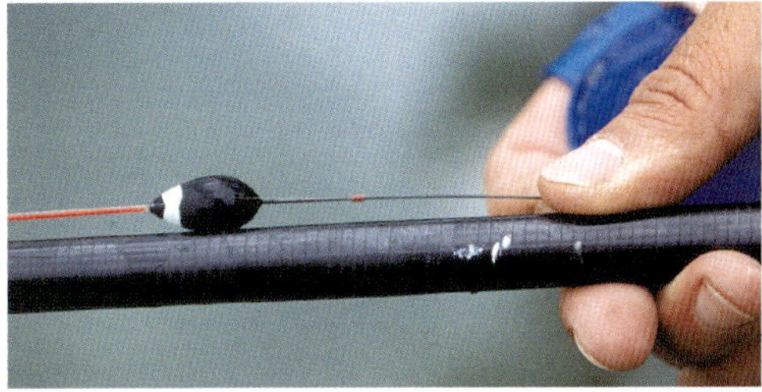

Mit dieser Schleuder werden beispielsweise Maden angefüttert.

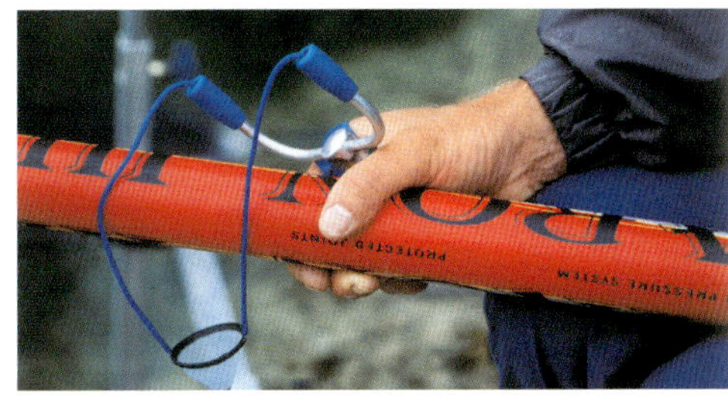

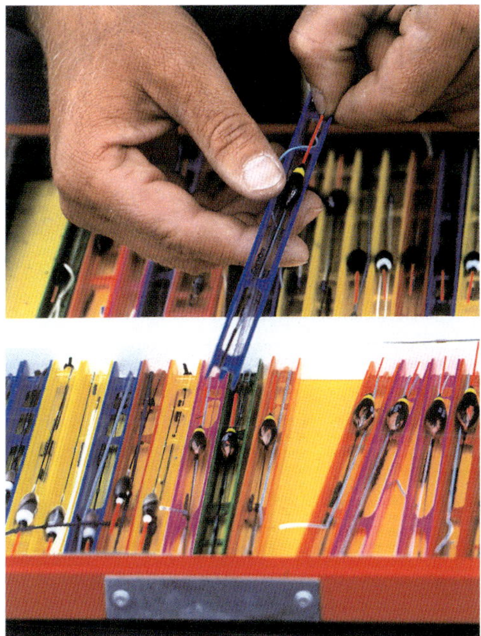

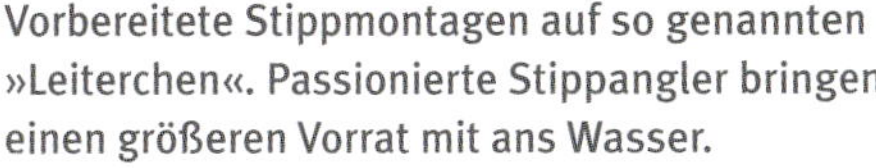

Vorbereitete Stippmontagen auf so genannten »Leiterchen«. Passionierte Stippangler bringen einen größeren Vorrat mit ans Wasser.

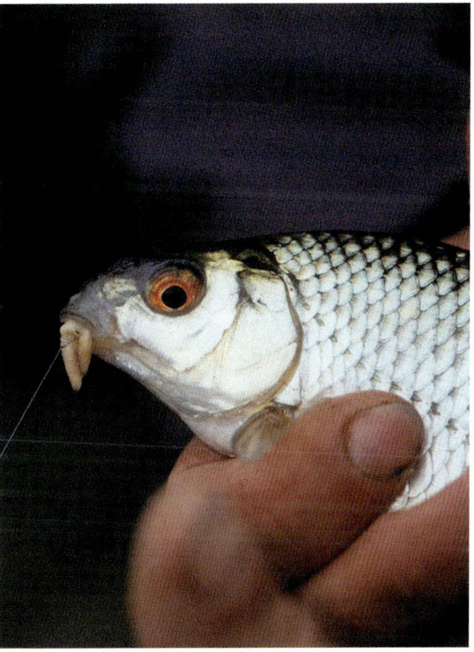

Ideal gehaktes Rotauge. Der Haken kann leicht entfernt und die Maden wieder verwendet werden.

Stippangeln im Fluss

Der Unterschied zum Treibangeln mit Rute und Rolle ist nicht groß. Auch in diesem Fall halten Sie mit kleinen, aber regelmäßigen, Futtereinwürfen an die gleiche Stelle die Fische möglichst in einer Strömungslinie. Setzen Sie Köder und Pose etwas oberhalb davon ein und folgen Sie mit der Rutenspitze der abtreibenden Pose. Sobald Sie dann mit der Rutenspitze das Ende der Drift erreicht haben, heben Sie den Hakenköder an. Wieder erfolgt oft genau in diesem Moment der Biss. An kleinen und mittleren Flüssen mit Schilfrändern stehen die Fische oft sehr nah an den Pflanzen. Mit einer Stipprute kann ein passender Köder exakt dort angeboten werden, ohne die Wasseroberfläche zu beunruhigen. Aber Vorsicht! Wählen Sie die Schnur und den Gummizug in der Rute nicht zu schwach. An solchen Stellen sollten Sie nicht nur mit Rotaugen oder Rotfedern rechnen, sondern auch mit stärkeren Brachsen, Döbeln und Karpfen.

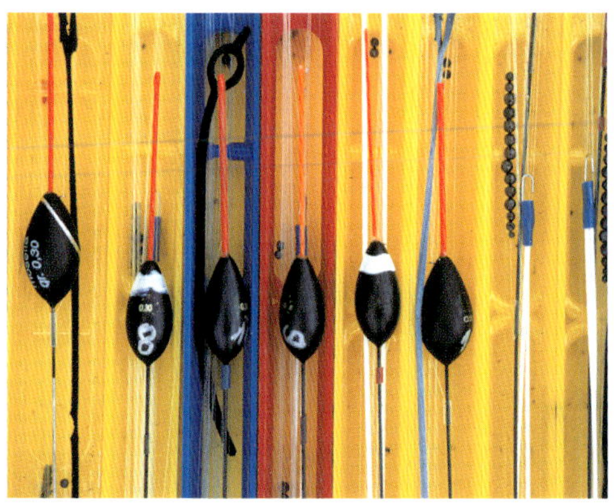

Stipp-Posen müssen exakt ausgebleit werden.

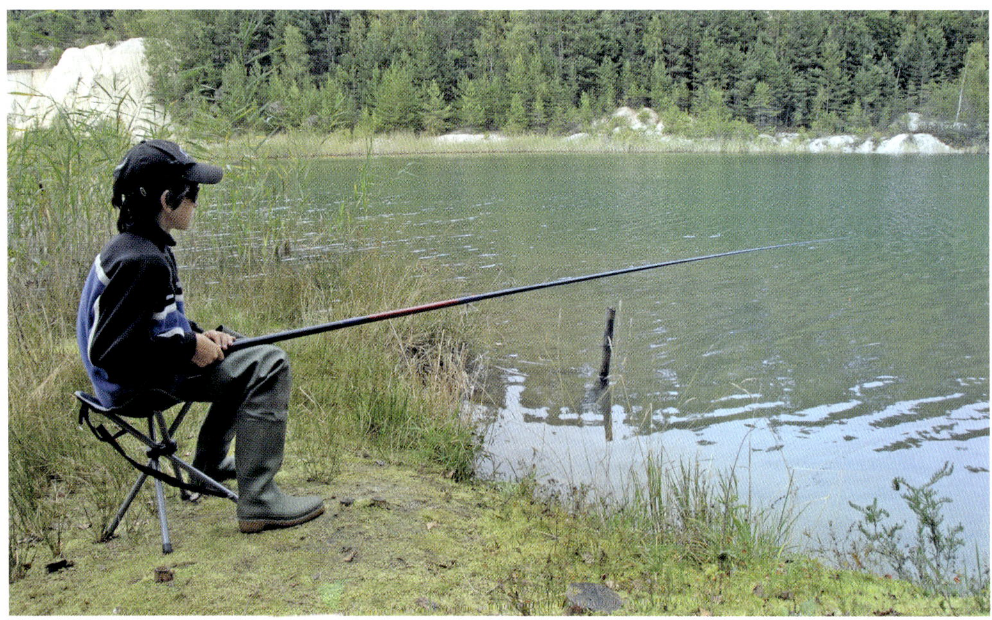

Mit der kurzen Stipprute am Waldsee auf Rotaugen und Rotfedern.

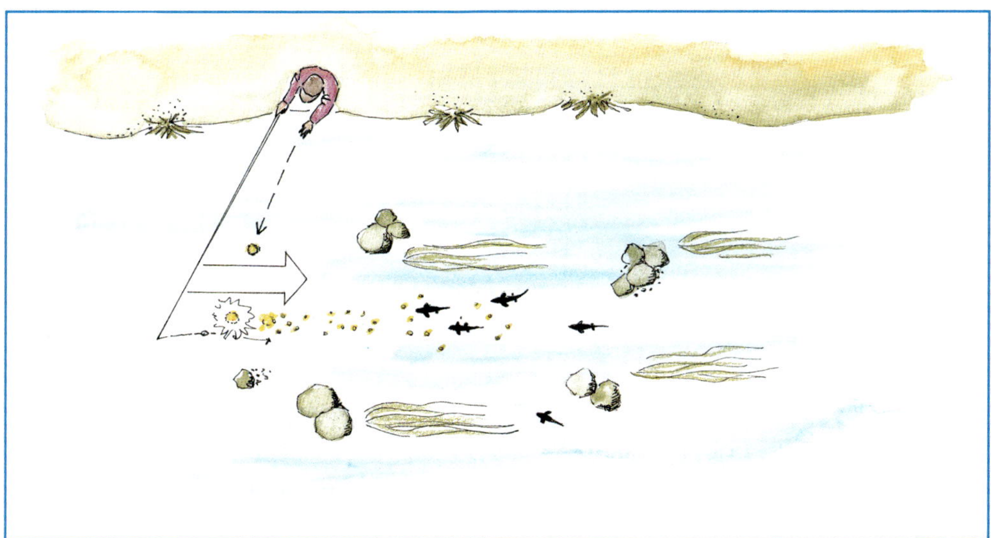

So wird im Fluss beigefüttert.

Mit Schwimmköder und »Controller«

An den warmen Tagen im Sommer und im Frühherbst kann man einige Fischarten wie Karpfen, Döbel oder Graskarpfen dicht unter der Wasseroberfläche beobachten. Oft scheinen sie apathisch in der Sonne zu baden, aber manchmal ziehen sie auch gemächlich auf der Suche nach etwas Fressbarem knapp unter der Wasseroberfläche umher. Das ist die Zeit für einen Schwimmköder. Jetzt wird ein auftriebsstarker Köder, z. B. ein Stückchen Brotkruste, mithilfe eines so genannten»Controllers« bzw. einer »Wasserkugel« einem kleinen, halb mit Wasser gefüllten durchsichtigen Plastikball, ausgeworfen. Es ist eine wahnsinnig spannende Methode.

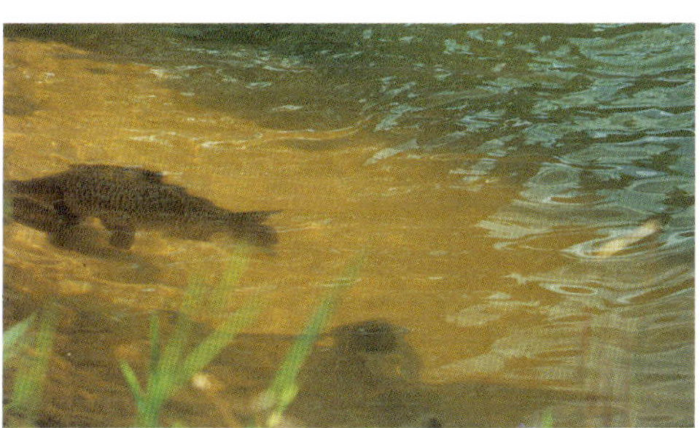

Wenn Karpfen an der Oberfläche ziehen ...

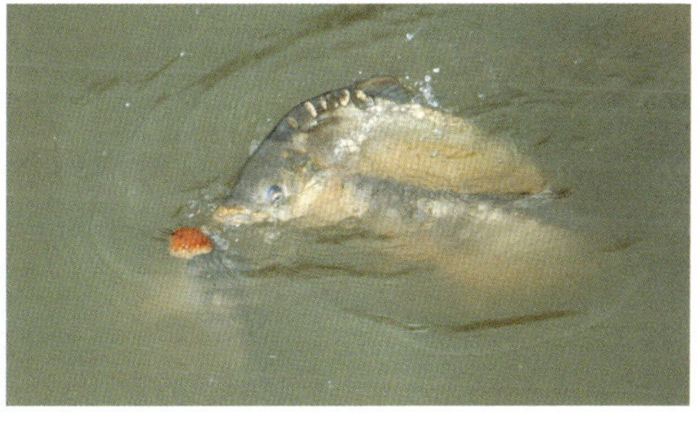

... können sie mit Schwimmködern überlistet werden.

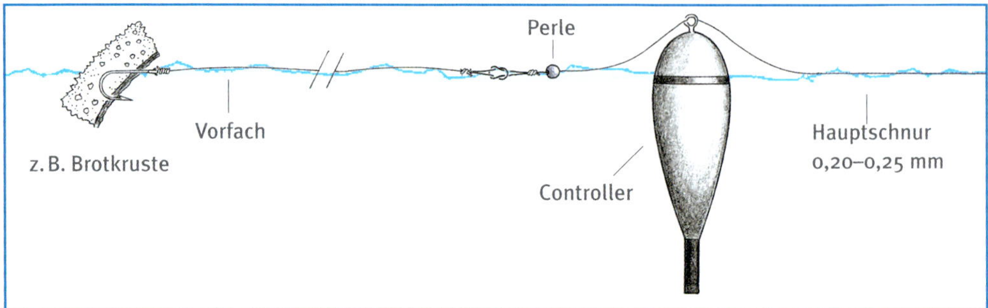

Controller-Montage für Schwimmköder.

Der Controller

Ein Controller ist eine Spezialpose, bei der sich der Schnurlaufring an der oberen Spitze befindet. Er dient als Wurfgewicht und Signalpunkt, aber nicht als Bissanzeiger. Der Abstand zwischen Controller und Köder kann je nach Erfordernissen zwischen 0,5 und 3 m betragen. Den Blick auf Controller und Köder gerichtet, nimmt man die Rute spätestens dann in die Hand, wenn sich Fische den Ködern nähern.
Auch für diese Methode hat sich eine etwa 4 m lange englische Posenrute mit einem Wurfgewicht von etwa 10–40 g bewährt. Auf der mittelgroßen Stationärrolle befinden sich etwa 100 m gut gefetteter Monofilschnur in der Stärke 0,20–0,25 mm.

Köder

Besonders beliebt sind Brotkruste, Brotflocke oder ein Schwimmboilie. Manche Spezialisten schwören auf Marshmallows. Die süßen Zuckerbällchen gelten nicht nur bei Kindern, sondern auch bei manchen Karpfen als Leckerbissen. Ein bisschen Anfüttern hilft, falls die Fische diesen etwas ungewöhnlichen Köder noch nicht kennen. Experimentieren Sie auch mit anderen Ködern.

Grundangeln

Das Gegenstück zum Posenangeln ist das Angeln mit dem Grundblei. Wo liegt aber der Vorteil gegenüber dem Einsatz einer Pose? Einmal gibt es sicher Situationen, in denen man den Köder direkt an einer bestimmten Stelle halten möchte, etwa wenn er in schnellerer Strömung nicht abtreiben soll. Außerdem werden mit dem Grundblei ganz andere Wurfdistanzen erreicht als mit dem viel leichteren Posengerät, und zudem kann man problemlos in tiefem Wasser immer direkt am Gewässerboden angeln.
Welche Bleiform, welches Gewicht und welche Montage eingesetzt werden, hängt vom Gewässer, der Strömungsgeschwindigkeit, aber auch von der Fischart ab. Der Einsatz der teilweise recht schweren Bleie mag dabei täuschen. Auch wenn ein relativ schweres Grundblei verwendet wird, kann die Methode an sich durchaus sehr fein sein. Selbst sehr scheue, den Köder sehr vorsichtig aufneh-

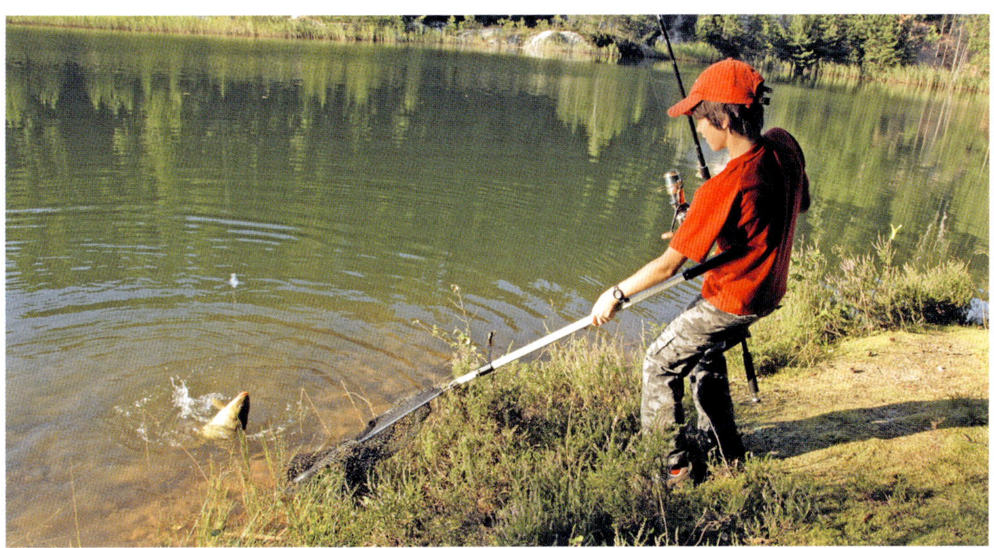

Schöner Karpfen auf Schwimmbrot und Wasserkugel.

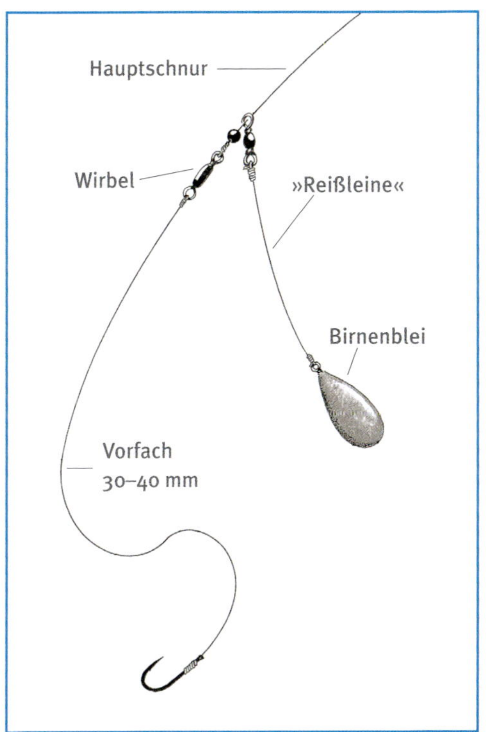

mende Fische können damit gefangen werden. Es kommt dabei nur auf die Zusammenstellung des Geräts an. Prinzipiell gibt es zwei verschiedene Möglichkeiten, um das Blei auf der Schnur anzubringen. Man unterscheidet zwischen einer Durchlauf- und einer Festblei- bzw. Flucht-Montage.

Durchlauf-Montagen

Bei dieser Art der Montage liegt das gleitend an der Schnur angebrachte Blei prinzipiell fest auf dem Grund, es kann aber, abhängig vom Gewicht, auch langsam von der Strömung über den Gewässergrund bewegt werden. Die Schnur läuft durch ein Loch oder durch eine Öse am Blei. Dahinter steckt die Idee, dass der Fisch nach dem Aufnehmen des Köders damit wegschwimmen kann und die Schnur durch das Öhr zieht, ohne besonderen Widerstand zu spüren.

Es gibt eine Menge verschiedenartiger Durchlauf-Montagen. Nachfolgend werden drei sehr beliebte Varianten vorgestellt:

Birnenblei-Montage

Wenn man auf größere Entfernung angeln möchte oder die Strömung etwas stärker ist, braucht es mehr Gewicht, um die Montage bis an den gewünschten Einsatzort zu bringen. Ein Birnenblei ist dazu gut geeignet. Es lässt sich auf einfache Weise an der Schnur befestigen und weit werfen. Beim Bau der Montage wird zuerst eine Gleitperle mit Karabiner aufgefädelt, im Fachjargon der Angler auch »Ledger-Bead« genannt. Den Karabiner hängt man später in das Blei ein. Zwischen Wirbelöse und dem Wirbel zum Vorfach kommt noch eine Gummiperle als Puffer, damit der Wirbel am Blei beim Werfen nicht ständig auf den Knoten zum Vorfach knallt und ihn beschädigt.

Schaltet man ein Stückchen schwächeres Nylon als »Reißleine« zwischen Laufwirbel und Blei, erhält man eine Sollbruchstelle. Sie soll brechen, falls sich das Blei während des Drills unlösbar in einem Hindernis verhängt. Sie ist auch hilfreich, falls am Grund eine Schlammauflage liegt, weil dann zwar das Blei darin versinkt, aber Vorfach und ein leichterer Köder obenauf liegen bleiben.

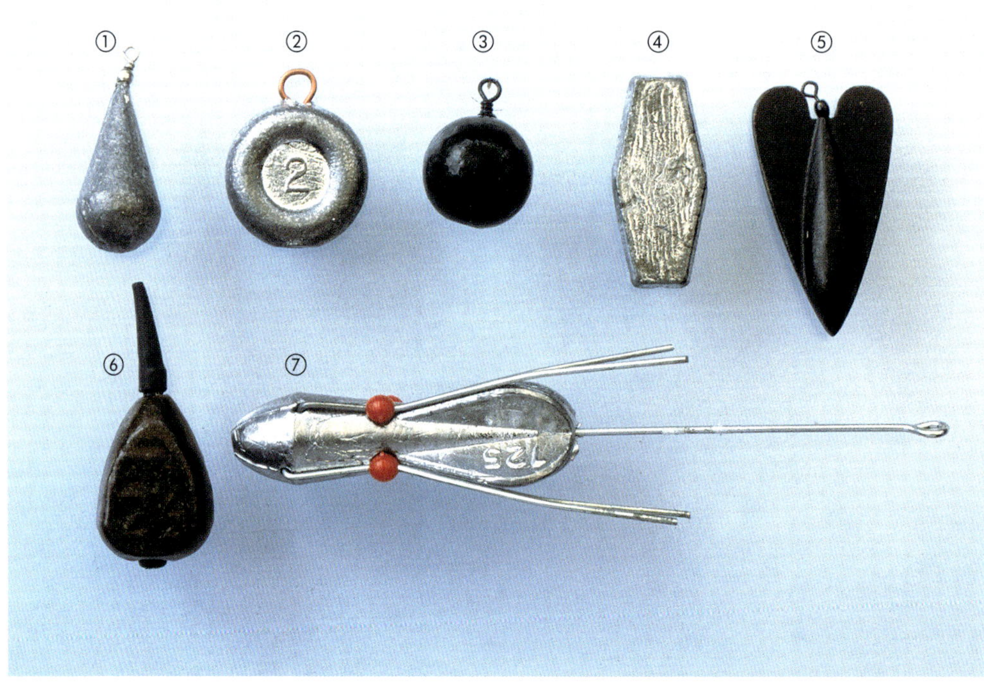

Grundbleitypen

Blei-Typ	Verwendung
① **Arlesey Bombe, Birnenblei**	Aerodynamisches Blei mit eingegossenem Wirbel. Sehr vielseitig verwendbar.
② **Tellerblei**	Bleibt auch in stärkerer Strömung sicher liegen.
③ **Kugelblei**	Mittig durchbohrt oder mit Seitenöse.
④ **Sargblei, Durchlaufblei**	Gebrauch eher rückläufig
⑤ **Raiserblei, Trilobe**	Steigt beim Einholen der Schnur schnell nach oben.
⑥ **Inline-Blei**	Der Vorfachwirbel wird in das Blei eingezogen. Bei Fluchtmontagen.
⑦ **Krallenblei**	Blei mit Drahtkrallen, die es auch in starker Strömung am Platz halten (Ströme, Brandung). Beim Einziehen klappen die Krallen um und geben das Blei frei.

Futterkorb-Montage

»Feeder«-Angeln ist der gebräuchliche englische Ausdruck für das Angeln mit einem Futterkörbchen. Es ist eine sehr erfolgreiche Methode für größere Fische, vor allem starke Brachsen werden immer wieder damit gefangen. Statt eines normalen Grundbleis übernimmt ein beschwertes Futterkörbchen die Aufgabe den Köder auf dem Gewässergrund festzulegen. Da es mit Grundfutter oder Partikeln wie Maden oder ähnlichen für die Fische appetitlichen Leckerbissen gefüllt ist und diese langsam herausgespült werden, entwickelt es eine gezielte Lockwirkung in nächster Nähe des Hakenköders. Wenn es gelingt, das Körbchen immer wieder an möglichst der gleichen Stelle zu platzieren, gewöhnen sich die Fische aus der Umgebung an diesen Ort und werden sich in größerer Anzahl dort einfinden und auch an der Stelle bleiben, solange immer wieder nachgelegt wird.

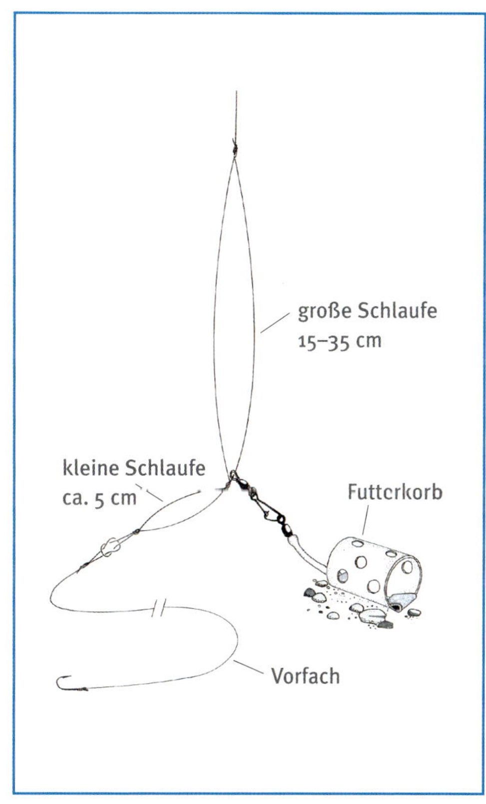

Bau einer Feeder-Montage

Fädeln Sie zuerst eine Perle und dann einen Wirbel auf das Ende der Hauptschnur. Binden Sie nun eine große Chirurgen-Schlaufe (20–40 cm Länge) und dann zusätzlich eine kleine Schlaufe in das Ende der großen Schlaufe. Wirbel und Perle müssen sich nun in der großen Schlaufe befinden. In den Wirbel wird der Futterkorb bzw. das Blei eingehängt.

Die Doppelschlaufe erfüllt mehrere Zwecke:

- Beim Nachfüllen, wenn der Angler die Montage in der Hand hält, kann der Futterkorb nicht außer seiner Reichweite bis zur Rutenspitze zurück gleiten.
- Die Montage hat möglicherweise die Wirkung eines Bolt-Rigs. Will ein Fisch schnell mit dem Köder wegschwimmen, dringt die Hakenspitze in sein Maul ein, sobald der obere Schlaufenknoten auf den Widerstand des Korbes trifft.
- Der Korb drückt in der Wurfphase die kleine Schlaufe im 90° Winkel nach außen weg und beugt dadurch Verwicklungen während des Wurfvorgangs vor.

Futterkörbe

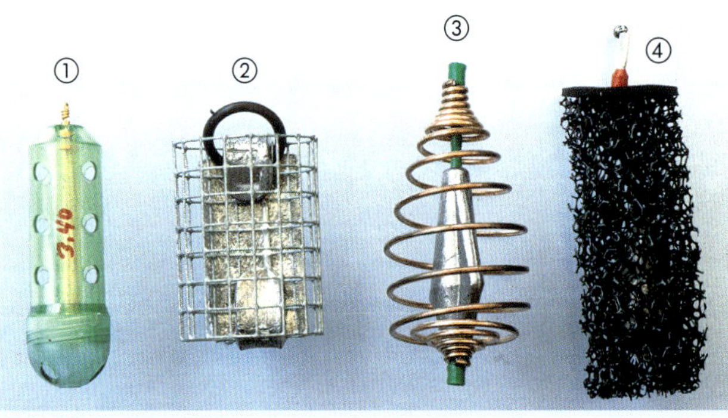

Futterkörbe, auch in Deutschland hat sich der englische Ausdruck »Feeder« eingebürgert, gibt es in vielen Ausführungen für unterschiedlichste Anforderungen.

Futterkorb (Feeder)-Typ	Beschreibung	Verwendung
① **Block-end Feeder**	Meist aus Plastik und nur an einer Seite offen. Kleine Seitenöffnungen.	Ideal für Maden: sie kriechen langsam heraus.
② **Open-end Feeder**	An beiden Enden offen. Aus Draht oder Plastik.	Im Fluss spült die Strömung das Futter heraus. Sehr beliebte Form.
③ **Futterspirale**	Spiraldraht um Spindelblei.	Futterball wird um das Blei in die Spirale geknetet.
④ **Madenschwamm**	Mittelfeines Knäuel aus Kunststoffdrähten.	Füllt sich in der Köderbox selbst mit Maden.

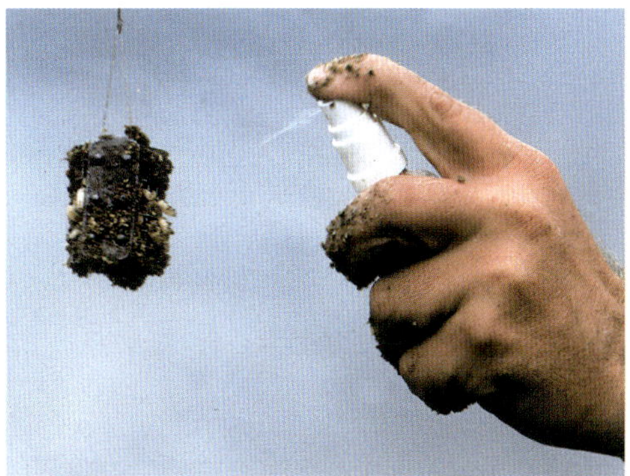

Etwas Lockstoff wird auf den gefüllten Futterkorb aufgesprüht.

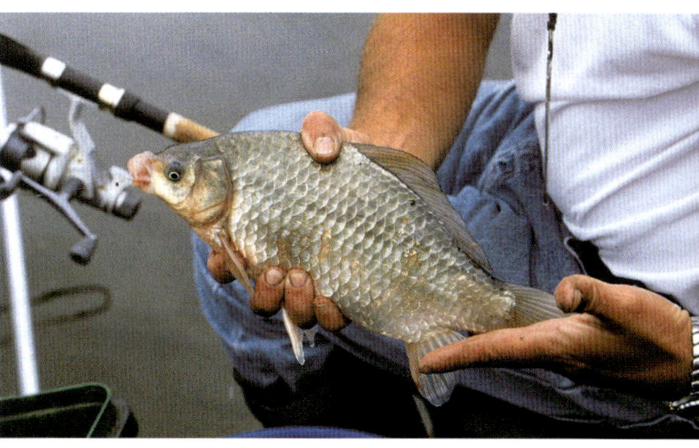

Ein Giebel, ein naher Verwandter der Karausche, ging beim feinen Angeln mit dem Futterkorb an den Haken.

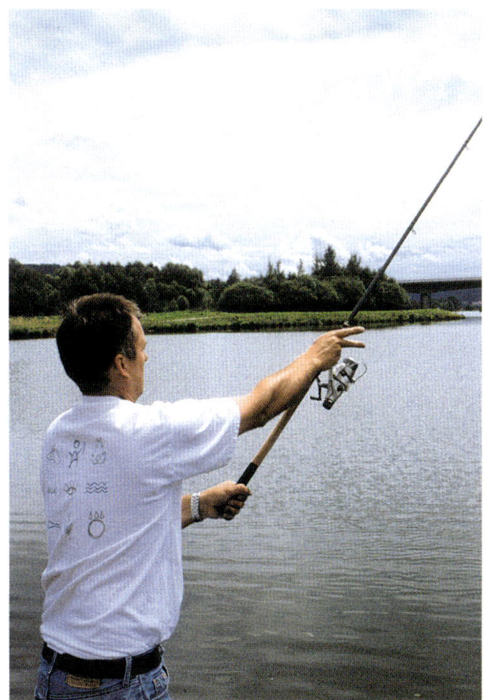

Zielgenaues Auswerfen mit der Feeder-Rute. Nur wenn der Futterkorb immer an der gleichen Stelle einfällt, ist die Lockwirkung groß genug.

Flucht-Montagen oder Bolt-Rigs

Diese spezielle Grundblei-Montage wird heute von vielen Karpfenanglern angewendet. Bei Flucht- oder Selbsthakmontagen kann der Fisch nicht einfach mit dem Köder abziehen, wie das bei der Durchlaufmontage der Fall ist. Das meist recht kurze Vorfach ist nämlich »halbfest« mit einem schweren Blei (70–120 g) verbunden. Auf welche Weise wird der Fisch nun gehakt? Warum lässt er nicht sofort los, sobald er Widerstand spürt? Dazu muss man

Tipp

Bevor man mit dem Angeln beginnt, sollten vier bis fünf volle Futterkorb-Ladungen an die gleiche Stelle ausgebracht werden, um die Fische anzulocken. Erst dann wird ein Vorfach mit »scharfem« Köder eingehängt.

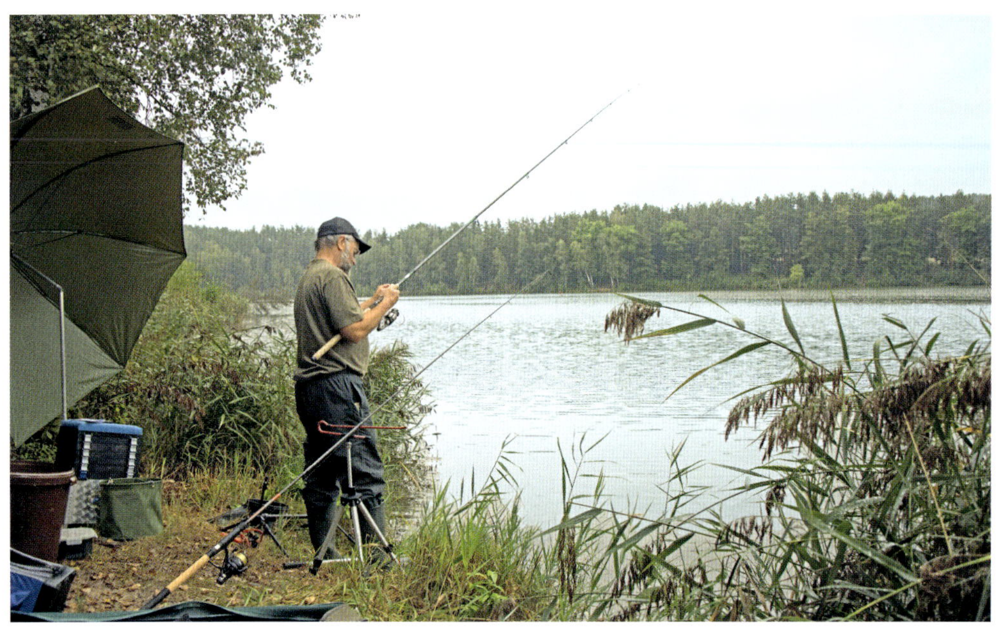

Nach dem Auslegen der Köder heißt es warten.

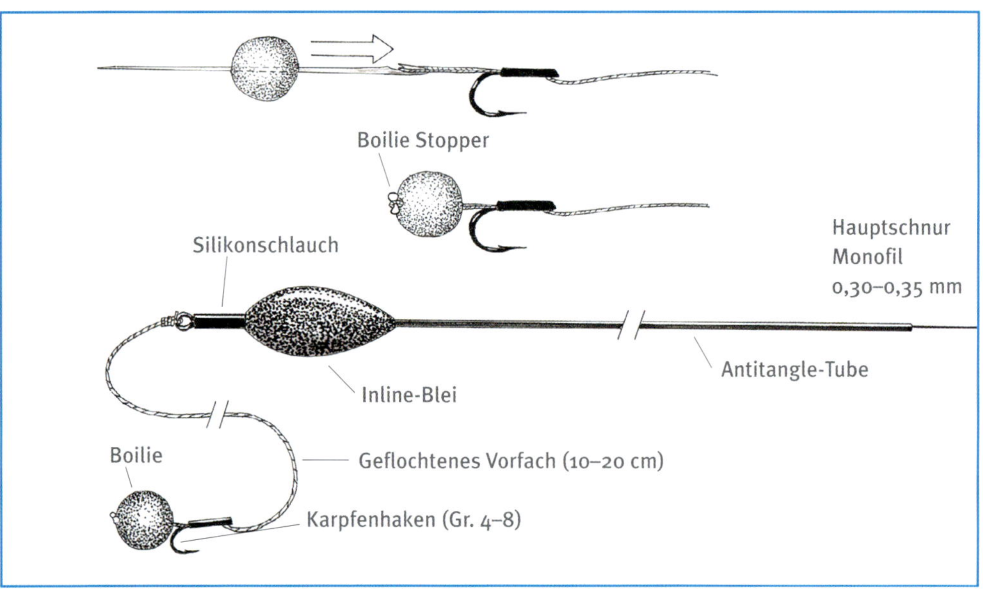

Oben: Auffädeln eines Boilie mit der Ködernadel auf die Haarschlaufe.
Unten: Inline-Rig (Flucht-Montage)

wissen wie ein Karpfen Nahrung sucht. Er »gründelt«. Das bedeutet, er »bläst« in den feinen Grundschlamm, um dort alles Fressbare erst ein Mal hoch zu wirbeln, das er dann einsaugen kann. Auf diese Weise nimmt der Karpfen auch den schmackhaften Köder auf. Er will ihn dann zu seinen Schlundzähnen führen. Jetzt spannt sich das kurze Vorfach gegen den Widerstand des Bleis, der Fisch fühlt die Spitze des Hakens in seinem Maul. Er erschrickt und wendet sich abrupt ab, dabei dringt der Haken tiefer ins Maul ein. Der Karpfen hakt sich ohne weiteres Zutun des Anglers selbst und rast in Panik davon. Die Rolle muss in diesem Fall unbedingt freien Schnurabzug gewähren. Das geschieht bei entsprechenden Modellen mittels der »Freilauf-« oder »Baitrunner«-Funktion. Der Angler nimmt die Rute aus dem Halter, hebt sie und schließt den Freilauf. Ein Anschlagen ist nicht mehr nötig, der Fisch hängt ja bereits am Haken.

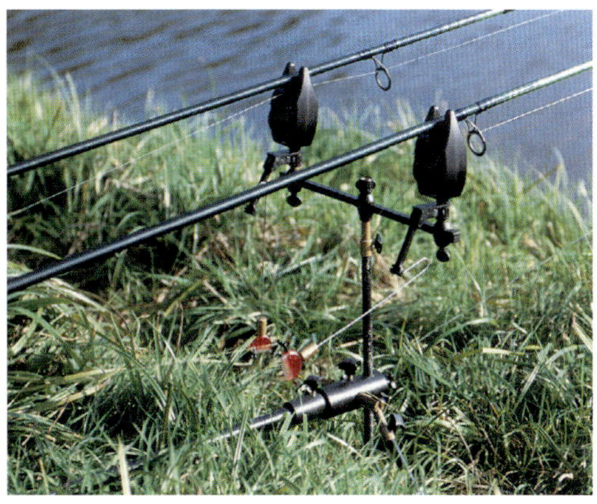

Karpfenruten auf einem Rutenhalter, dem »Rod-Pod«.

Am »Haar«

Für Bolt-Rigs wird in der Regel die so genannte Haar-Montage verwendet. Köder sind Boilies, Erd- und Tigernüsse, Bohnen, Kichererbsen u. ä.

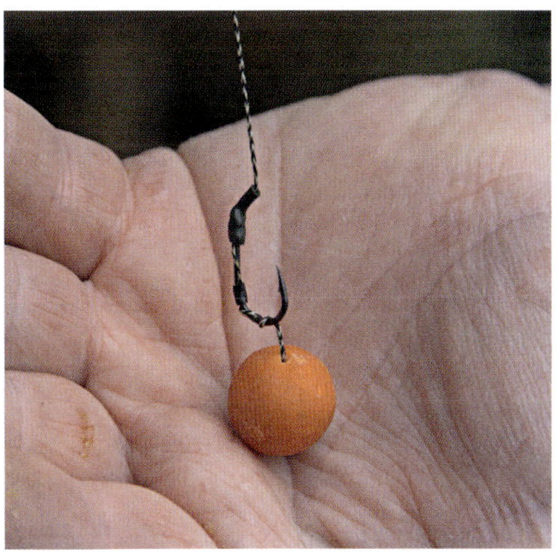

Boilie am Haar.

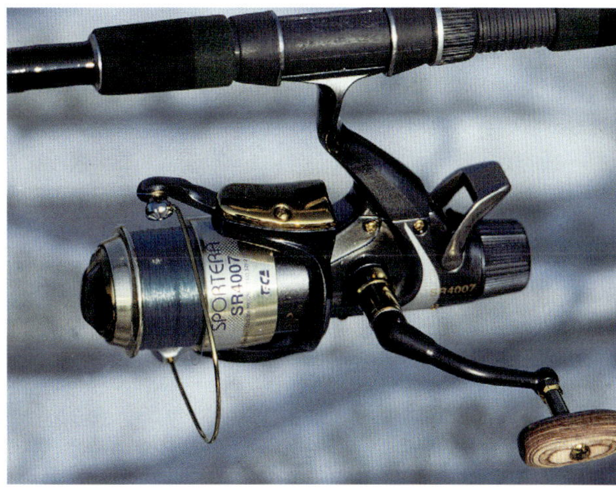

Freilaufrolle. Deutlich sichtbar der Kipphebel für die Freilaufschaltung über dem Heck der Rolle.

Das »Inline-Rig« (s. Seite 64 unten)

Ein klassisches Bolt-Rig. Weil die Schnur in gerader Linie durch das Blei führt, wird diese Kombination vor allem für pflanzenreiche Gewässer empfohlen. Oberhalb des Bleis befindet sich ein auf die Schnur geschobenes »Antitangle-Röhrchen«, das immer etwas länger sein muss als das Vorfach. Wie die englische Bezeichnung verrät, soll es während des Wurfes das Verhängen des Vorfachs mit der Hauptschnur verhindern.

Zusammenbau: Stecken Sie das Antitangle-Röhrchen und das Blei zusammen und fädeln Sie beide auf die Schnur. Bringen Sie dann den Wirbel an der Hauptschnur an und hängen Sie das Vorfach ein. Nun wird der Wirbel in die Öffnung des Inline-Bleis »halbfest« eingezogen. Diese Verbindung bildet den Widerstand beim Biss.

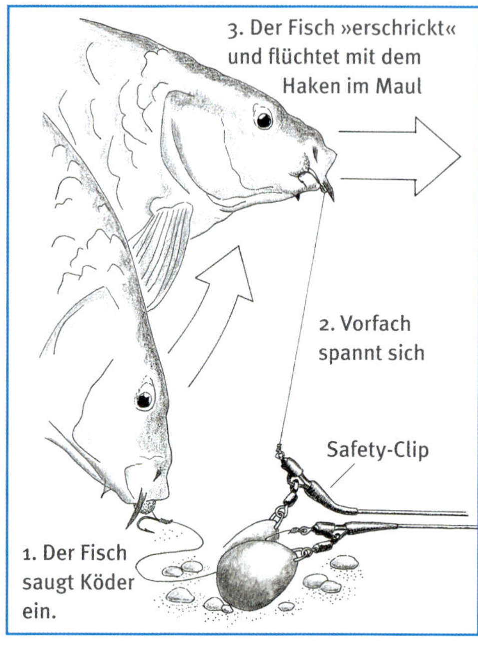

So funktioniert eine Fluchtmontage. Der Safety-Clip ist eine raffinierte Einrichtung, damit der Fisch das Blei los wird, falls im Drill unerwartet die Schnur reißen sollte.

Was bedeutet »halbfest«?

Bei einer »halbfesten« Verbindung, ist das Blei so montiert, dass sich der Fisch im Notfall von dem Gewicht lösen kann. Dafür gibt es verschiedene Möglichkeiten. Der Wirbel des Vorfachs kann z. B. mit Hilfe eines kurzen Stückchens Silikonschlauches auf dem Blei stecken oder mittels eines so genannten »Safety-Clips« damit verbunden sein. Sollte die Hauptschnur im Drill oberhalb der Endmontage reißen und sich das Blei in einem Hindernis festsetzen, löst sich diese Verbindung. Das Blei fällt ab und der Fisch ist wieder frei.

Bisserkennung beim Grundangeln

Da keine Pose zur Verfügung steht, muss die Anzeige des Bisses auf andere Weise erfolgen. Im Allgemeinen geschieht dies über die Rutenspitze oder die Schnur.

Aalglöckchen

Ein traditionelles Hilfsmittel bei Verwendung eines normalen Grundbleis ist ein an die Rutenspitze geklemmtes Glöckchen. Es wird vor allem nachts eingesetzt, weil es akustisch wirkt. Allerdings wirkt es meist nur bei kräftig zupackenden Fischen, z. B. Aal und Barbe im Sommer.

Zitterspitze

Diese sehr feine Methode der Bissanzeige kommt zum Einsatz bei den so genannten Winkle-Picker Ruten, in der kräftigeren Form wird sie bei Feeder-Ruten, in Verbindung mit Futterkörben, verwendet. Im Prinzip ist es eine flexible Verlängerung, die in die spezielle Rutenspitze eingeschoben wird. Sie eignet sich auch für vorsichtig und sanft nehmende Fische z. B. Weißfische, aber auch noch etwas wintermüde Karpfen im Frühjahr. Die Spitze schlägt bei einem Biss je nach Fischart mehr oder minder kräftig aus, der Angler muss die Rutenspitze genau im Auge behalten und auf den feinsten Ausschlag schnell reagieren.

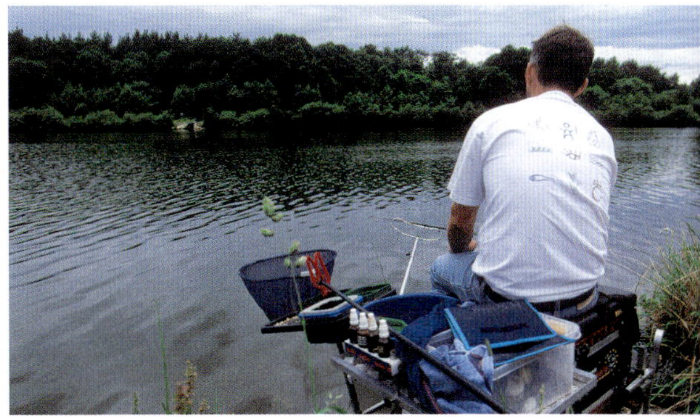

Volle Aufmerksamkeit beim Angeln mit Feeder-Rute und Zitterspitze.

Schwingspitze

Ebenfalls eine Verlängerung, die lose mit der Rutenspitze verbunden ist und schräg nach unten hängt. Hebt sich die Spitze, schwimmt der Fisch von der Rute weg. Das Senken der Spitze zeigt, dass der Fisch auf die Rute zu schwimmt. Dieser Vorgang wird auch »Fallbiss« genannt.

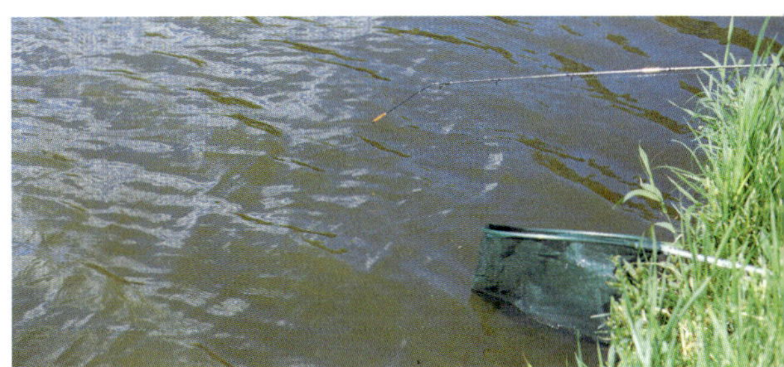

Eine Schwingspitze im Einsatz.

Einhänger oder »Bobbin«

Für diesen Zweck lassen sich verschiedenste Gegenstände wie Teigbällchen, Filmdöschen, Kugelschreiber oder ähnliche Objekte verwenden. Ein »Bobbin« wird in der Regel zwischen den beiden untersten Ringen in die Schnur eingehängt. Schwimmt ein Fisch mit dem Köder weg, streckt sich die Schnur und der Bobbin geht nach oben. Schwimmt er auf die Rute zu, sinkt der Bobbin nach unten (Fallbiss).

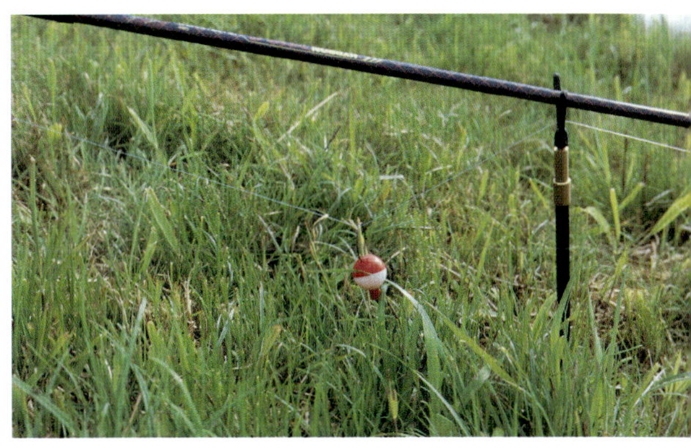

Universeller und beliebter Bissanzeiger: Der Schnureinhänger. Dafür können verschiedene Kleingegenstände verwendet werden: z. B. Filmdöschen, Kugelschreiber etc.

Elektronische Bissanzeiger

Elektronische »Piepser« zeigen mittels eines akustischen Alarms das Auslaufen der Schnur an. Sie sind meist kombiniert mit *Swinger* und *Kletteraffe*, die vor allem der Schnurstraffung dienen. Das ist besonders wichtig bei einem Fallbiss, denn das nach unten gleitende Gewicht zieht die Schnur durch den Bewegungsmelder und löst dadurch den akustischen Alarm aus.

Geräteempfehlung

Beim Grundangeln hängt das Gerät zwar auch von den zu erwartenden Fischen, aber noch mehr vom Gewässer ab. Wer also z. B. am Rhein oder der Donau zuhause ist und dort in der relativ starken Strömung angeln möchte, braucht sicher anderes Gerät als jener, der im stillen heimatlichen Baggersee fischt.

Stromauf oder stromab?

Die meisten Angler werfen im Fluss ihre Grundangel schräg stromabwärts und warten bis ein Fisch am Köder ruckt. Oft kommt es nur zu ein paar vorsichtigen Zupfern, weil der Fisch wegen der gespannten Schnur sofort misstrauisch wird. Außerdem fallen unverhältnismäßig viele Fehlbisse an, da beim Anschlag der Köder oft aus dem Maul herausrutscht. In vielen Fällen wäre es besser mit einer Grundblei-Montage schräg stromauf zu angeln. Dabei sollte ein Bleigewicht verwendet werden, das den Köder gerade am Boden hält, aber sich bei leichtem Zug, z. B. einem Anbiss, sofort löst. Dann verliert die Schnur an Spannung und der Fisch behält den Köder länger im Maul, da er wenig Widerstand spürt. Auch der Haken kann besser gesetzt werden, da er nach hinten in den Maulwinkel gezogen wird. Außerdem kann der Angler durch vorsichtiges Ziehen an der Leine den Standort des Köders schrittweise verändern und damit in stromabwärtiger Richtung verschiedene Stellen absuchen. Gut geeignet ist ein Kugel- oder Birnenblei, das sich durch seine rundliche Form nicht so schnell am Grund festsetzt. Es sollten auch Köder verwendet werden, die sicher und zäh am Haken haften, z. B. Tau- und Rotwürmer oder Maden. Hartkäse und Frühstücksfleisch ist ebenfalls geeignet, Teig weniger.

Leichte Grund-Montage zum Wanderangeln

Wer an einem kleineren Fluss angelt, der sollte zwischendurch eine superleichte Grund-Montage probieren. Legen Sie dazu einfach ein 10 cm langes Stück Monofilschnur über der Verbindung zum Vorfach um die Hauptschnur herum und klemmen Sie die gedoppelte Schnur mit einigen Spaltschroten fest. Damit können Sie am Ufer entlang pirschen und unterschiedlich tiefe Gumpen erkunden. Ohne Pose wird der Köder immer direkt am Grund angeboten. Verhängen sich die Schrote am Boden können sie durch Ziehen von der Schnur gestreift werden und die Montage ist wieder frei.

Am besten eignet sich für das feine Grundangeln eine leichte, sensible Posenrute, die Schnur hält man in der Hand, den Biss fühlt man.

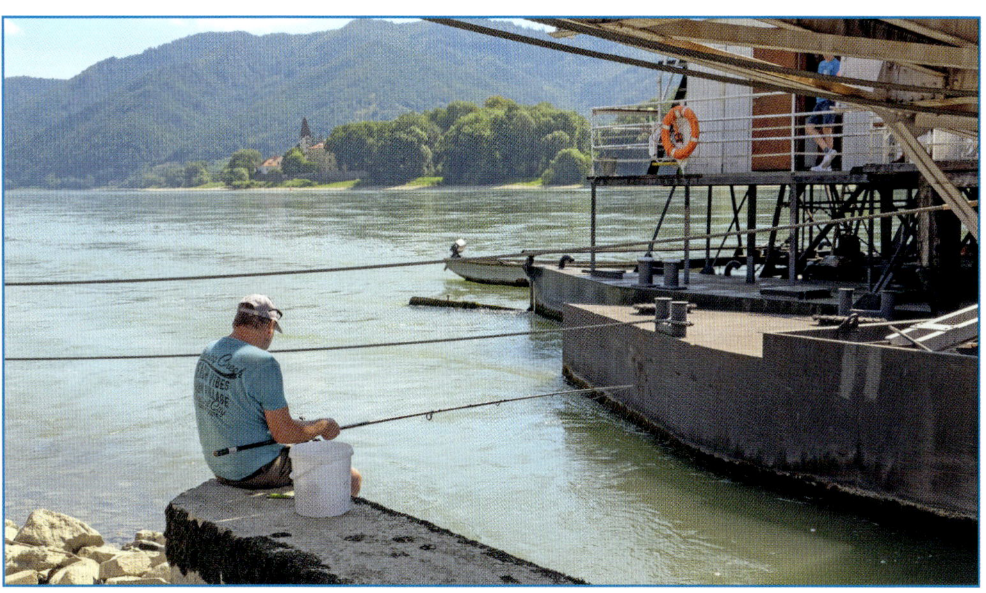

Am großen Fluss ist der Fähranleger ein idealer Angelplatz. Barben suchen hier zwischen den groben Steinen nach Nahrung. Dieser Angler bietet ihnen kleine Käsestückchen an.

Drei verschiedene Grundausrüstungen

Rute	Länge in Meter	Wurf- gewicht	Schnurstärke (Monofil)	Wurfweite	Bedingungen
Leichte Grundrute oder Winkel-Picker (auch mit Schwing- spitze).	2,70–3,30	15–30 g	0,16–0,20	bis 40 m	Stillwasser, lang- same Strömung. Leichtes Grund- blei
Mittlere Grundrute, Medium-Feeder- Rute.	3,30–3,90	15–40 g	0,20–0,25	40–60 m	Stillwasser, langsam zügige Strömung. Ver- wendung eines mittelschweren Futterkorbes.
Schwere Grund-, Karpfen- oder Feeder-Rute.	3,30–3,90	30–90 g	0,25–0,30	40–80 m	Zügige bis schnelle Strö- mung (große Flüsse). Schwere Grundblei-, Futterkorb- oder Fluchtmontage.

Raubfische

Das Überlisten und Fangen eines Hechtes, Zanders oder Welses stellt für Angler immer einen besonderen Reiz dar, vor allem weil der Fang eines kapitalen Exemplars in vielen Gewässern möglich ist und zu den krönenden Momenten im Leben eines Anglers gehört. Hechte mit einer Länge von über einem Meter leben nicht nur in großen Seen, sondern werden gar nicht selten in so manchem Dorfweiher gesichtet. Hat man sich doch schon lange Zeit gewundert, warum die Entenmutter nie alle ihrer Jungen durchbringt.

Manche Angler fischen eigentlich nur noch auf Raubfische und unternehmen teilweise auch weite Reisen zu interessanten Gewässern, so hat sie die Fischwaid auf diese faszinierenden, geheimnisvollen Piraten der Unterwasserwelt in den Bann geschlagen.

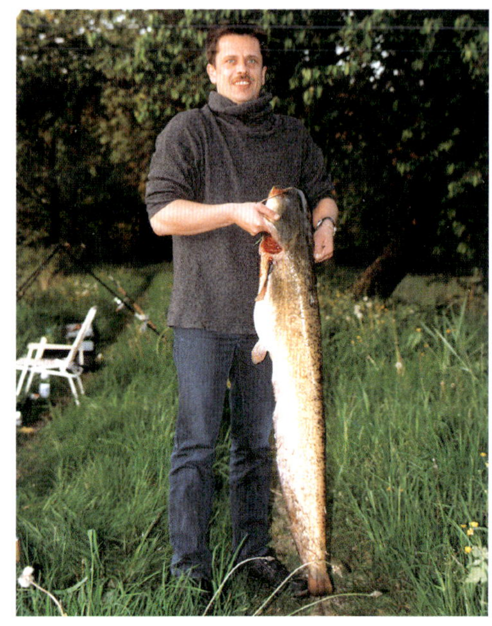

Der Traum eines jeden Anglers: Ein großer Wels.

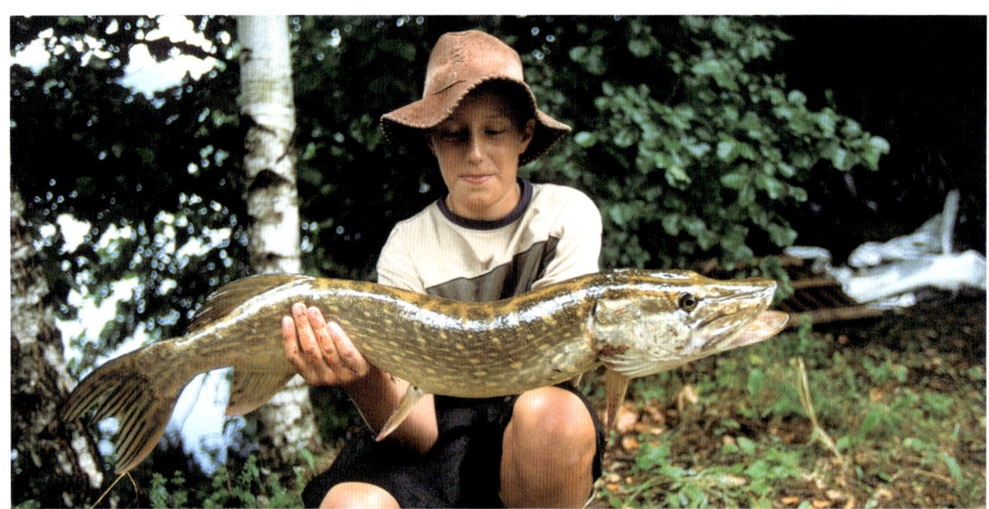

Kapitaler Hecht. Gefangen mit einem toten Köderfisch.

Fische als Köder

Einer der besten Köder für Raubfische ist ein echter Fisch. Allerdings dürfen in Deutschland keine lebenden Köderfische verwendet werden. Es ist auch nicht notwendig. Tote kleine Fische stellen sehr gute Köder dar.
Für den König unter unseren heimischen Raubfischen, den Hecht, werden vor allem Rotaugen, Rotfedern, kleine Döbel und Barsche verwendet. Im Boddenbereich der salzwasserarmen Ostsee, wo Fische des Meeres jenen des Süßwassers begegnen, kommen auch Heringe, Sardinen oder die stark duftenden, sehr ölhaltigen Makrelen zum Einsatz. Übrigens verwenden englische Angler die genannten Meeresfische auch im richtigen Süßwasser – mit Erfolg. Wer die Gelegenheit dazu hat, sollte es ausprobieren und sich überraschen lassen. Kleinfische wie Elritzen, Mühlkoppen, Gründlinge, kleine Rotaugen oder Hasel, sind für vor allem für Zander, Barsch, Aale oder Döbel attraktiv. Tatsächlich lässt sich auch ein großer Wels gerne von einem solch winzigen Leckerbissen verführen und auch Barben, die eigentlich nicht zu den Raubfischen zählen, können hin und wieder kleinen toten Köderfischchen nicht widerstehen.

Halbierte Makrele

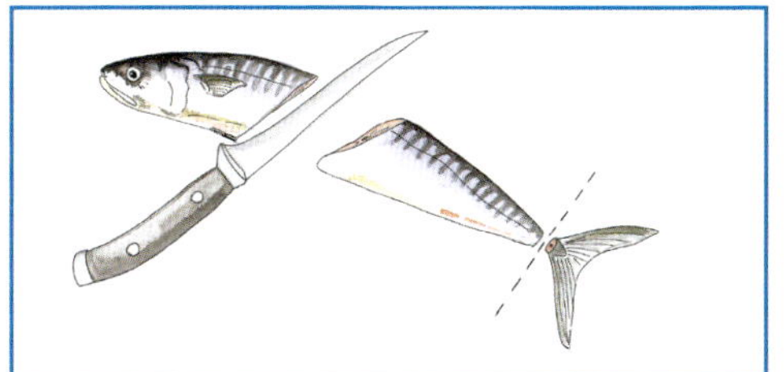

Tipp

Meeresfische wie Hering oder Makrele besitzen ziemlich weiches Fleisch. Montieren Sie diese Köderfische bereits zuhause und legen Sie die fertigen Vorfächer dann in die Tiefkühltruhe. Den Ködervorrat nehmen Sie in einer Kühlbox mit ans Wasser. Jetzt brauchen Sie die vorbereitete, noch halbgefrorene Ködermontage nur noch in die Hauptschnur einzuhängen und können sie sehr weit werfen. Im Wasser taut der Fisch schnell auf und ist einsatzbereit.

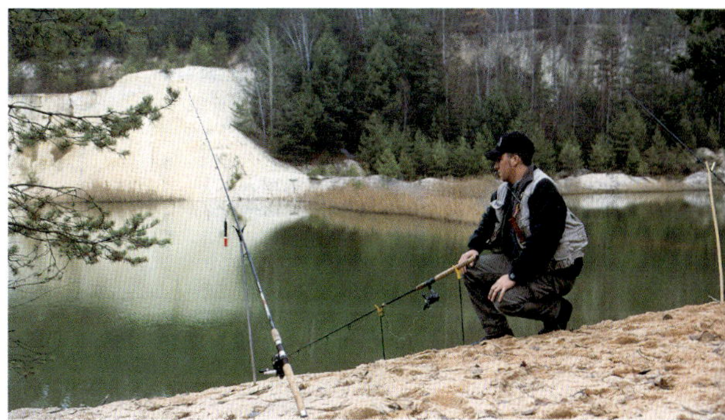

Raubfischangler am Baggersee. Bei einer richtig zusammengestellten Schnappmontage wird sofort angeschlagen, sobald der Fisch den Köder genommen hat und bevor er ihn schlucken kann. Untermaßige Fische wären damit zum Tode verurteilt.

Gerätevorschlag

Rute: Hechtrute, Länge 3,30–3,90 m, Wurfgewicht 60–100 g.
Rolle/Schnur: Mittlere bis große Stationärrolle mit 150 m Monofil 0,35–0,40 mm.

Köderfisch-Schnappmontage für Hecht

Eine klassische solide Montage zum Fang von größeren Raubfischen, vor allem von Hechten. Bei einem Anbiss wird sofort angeschlagen.

Im Stillwasser empfiehlt sich eine mittige Anbringung des Hakensystems unter der Rückenflosse, damit der tote Köderfisch möglichst waagrecht unter der Pose im Wasser schwebt. Zuerst wird der Endhaken knapp unter der Rückenflosse durchgestochen und dann komplett durchgezogen. Danach hängt man den zweiten Haken unter die Rückenflosse. Im fließenden Wasser steckt der obere Haken besser in der Oberlippe. Der untere Haken wird in der Wurzel der Bauchflosse befestigt. Die Hakenspitze muss immer frei sein und nach außen weisen, damit sie im Maul des Raubfisches Halt findet. Wenn Wind und Wellen die Pose auf und nieder hüpfen lassen, überträgt sich dies auf den toten Köderfisch und lässt ihn lebendig wirken.

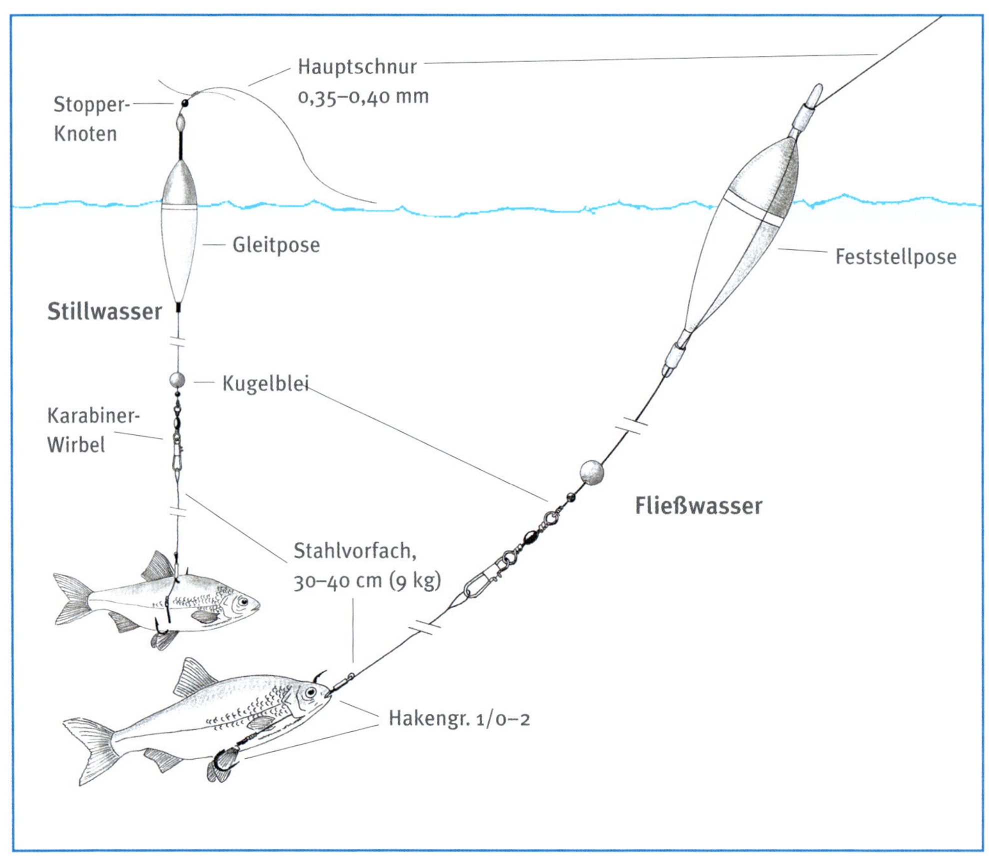

Flavours und tote Köderfische

Es kann sich durchaus lohnen, einen toten Köderfisch etwas zu »parfümieren«. Raubfische können riechen, auch wenn ihr Sinn dafür bei weitem nicht so entwickelt ist als der von Friedfischen. Fisch- oder Krabbenöl ist sehr beliebt. Um einen Hechtköder damit zu »impfen«, reibt man den öligen Duftstoff an die Innenseiten eines verschließbaren Plastikbeutels und gibt dann jeweils einen Fisch in den Beutel. In dieser Form wandert alles in den Gefrierschrank, wo beim Einfrieren der Duftstoff in den Fisch eindringt. Am Angeltag pinselt man den Fisch vor dem Auswerfen noch einmal rund herum mit dem Duftöl ein oder spritzt mit einer Injektionsnadel etwas Öl in das Leibesinnere.

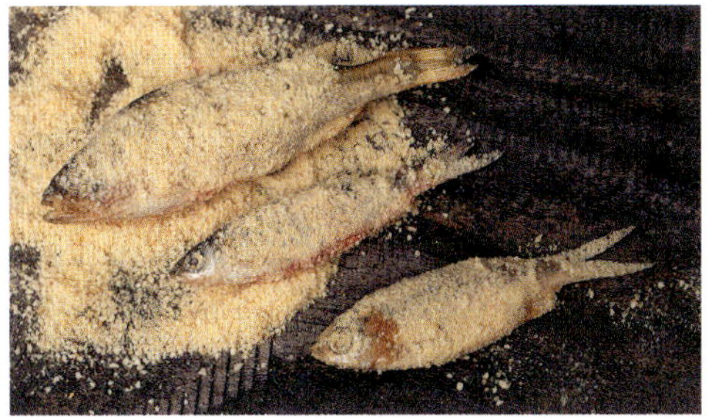

Werden die Fischchen vorher mit Maismehl paniert, können sie gemeinsam eingefroren werden.

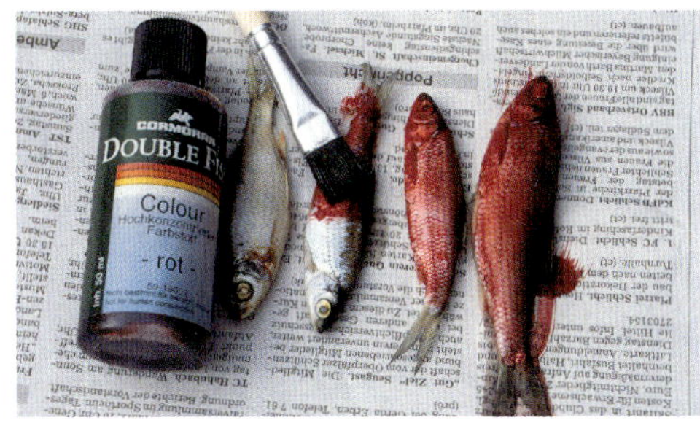

Nicht nur Aroma- sondern auch Farbstoffe können Köderfische attraktiver machen.

Raubfisch-Haarmontage

Auf Grund gelegte Köderfischchen werden von Zander und Aal Kopf voran aufgenommen. Viele Angler ziehen den Fisch mit der Ködernadel in ganzer Länge auf und der Haken sitzt dann in dessen Maulwinkel. Gefährlich für kleine Raubfische, die den Köder tief schlucken können. Besser ist auch hier eine Haar-Montage, sie erhöht den Fangerfolg und der Haken sitzt in der Regel weit vorne im Kiefer der Beute.

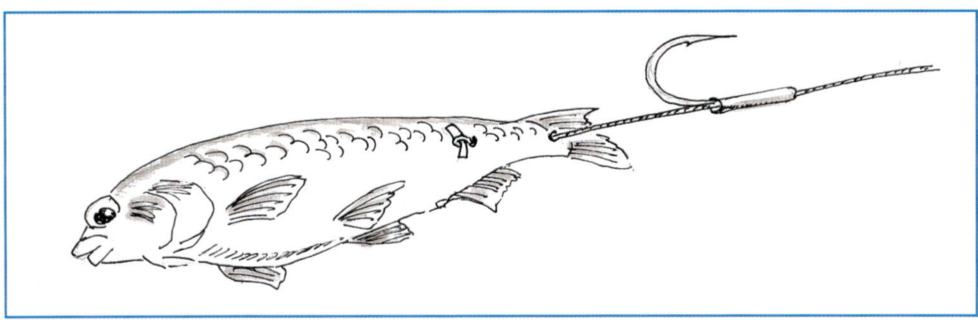

Köderfisch am »Haar«

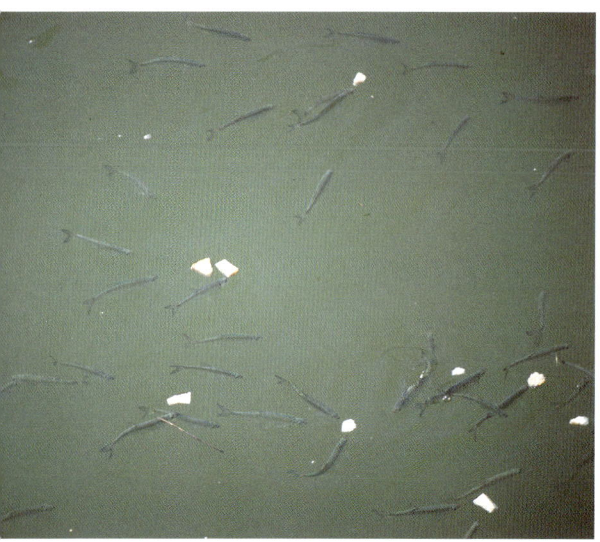

Lauben balgen sich um kleine Brotkrusten in einem Altwasser der Donau. Wenige Momente nachdem dieses Foto gemacht wurde, stieß ein großer Rapfen in die unvorsichtige Versammlung der kleinen Fische.

Anfüttern von Raubfischen?

Wo sich die Beute drängt, sind die Räuber nicht weit. Auch Raubfische lassen sich anlocken. Wer zum Beispiel an einer bestimmten Stelle seinen Köderfisch ausgelegt hat und nicht sicher ist, ob ein Raubfisch aufmerksam wird, kann ein wenig nachhelfen. Werfen Sie ein paar Maden oder kleine Futterbällchen aus leicht angefeuchteten Brotkrustenstücken ins Wasser. Es werden sich schnell viele kleine Interessenten wie Rotaugen, Lauben u. a. Kleinfische einfinden. So viel Getümmel bleibt auch einem in der Nähe lauernden Raubfisch nicht verborgen. Schlägt er zum ersten Mal in den Schwarm, schießen die Fischchen wild auseinander. Nur unser Köder bleibt natürlich an Ort und Stelle. Raubfische sind sehr pragmatische Tiere. Wetten, dass sie dieses Angebot nicht links liegen lassen.

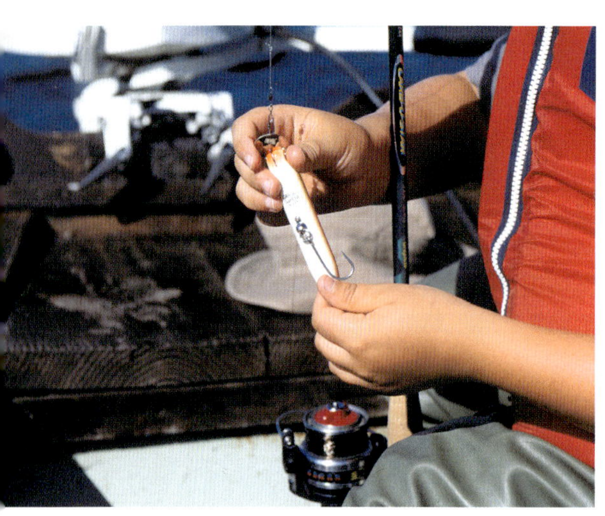

Wobbler mit Einzelhaken. Sie sind auch für den Angler ungefährlicher.

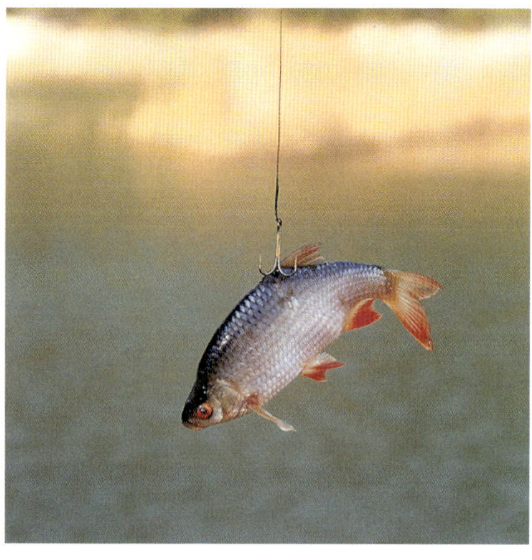

Ein totes Rotauge ist ein sehr guter Hechtköder. Allerdings wäre ein Einzelhaken schonender für kleinere Hechte, die wieder zurückgesetzt werden sollen.

Gegen den Drilling!

Offenbar ist der Glaube nicht auszurotten, dass Raubfische nur an einem Dreifachhaken hängen bleiben, denn nur sehr wenige Köder-Systeme oder Kunstköder sind von vorneherein mit einem Einzelhaken bestückt. Viel zu viele junge Raubfische fallen aber dieser Hakenart zum Opfer. Wer bereits einmal versucht hat einen kleinen Hecht oder eine kleine Forelle von einem Drilling zu lösen, weiß sicher, was gemeint ist. Selbst wenn der Fisch auf den ersten Blick putzmunter wegschwimmt, seine Maulpartie ist immer gravierend verletzt. Wer will dann wissen, ob und wie er den Tag überlebt. Deshalb sollten zur Schonung unseres Fischnachwuchses auch Raubfisch-Montagen und Kunstköder mit einem Einfachhaken ausgestattet werden. Der beste Beweis für ihre Fängigkeit sind Hechtstreamers und Spinnerbaits. Mit deren Einzelhaken werden durchaus auch kapitale Exemplare gefangen.

Spinnangeln

Im Gegensatz zu Friedfischen, reagieren Raubfische besonders auf optische und mechanische Reize. Beim »Spinnangeln« macht sich das ein Angler zunutze, indem er einen künstlichen Köder, der in der Regel ein Beutefischchen imitieren soll, durch das Wasser bewegt. »Spinnen« bedeutet soviel wie »drehen« und tatsächlich rotieren viele der für Raubfische verwendeten Kunstköder um ihre eigene Achse. Der Köder wird zuerst mit der Angelrute mehr oder weniger weit ausgeworfen und dann durch Einkurbeln der Schnur wieder zurückgeholt. Der Fangerfolg hängt allerdings viel vom Geschick des Anglers ab. Zum Ersten muss er den Spinnköder in der richtigen Tiefe anbieten und zum Zweiten auch durch entsprechende Bewegung der Rutenspitze verführerisch spielen lassen, um die Fische zu reizen. Wenn dann ein Fisch zugreift »explodiert« oft das Wasser, denn der Anbiss eines Kapitalen ist gar nicht so selten.

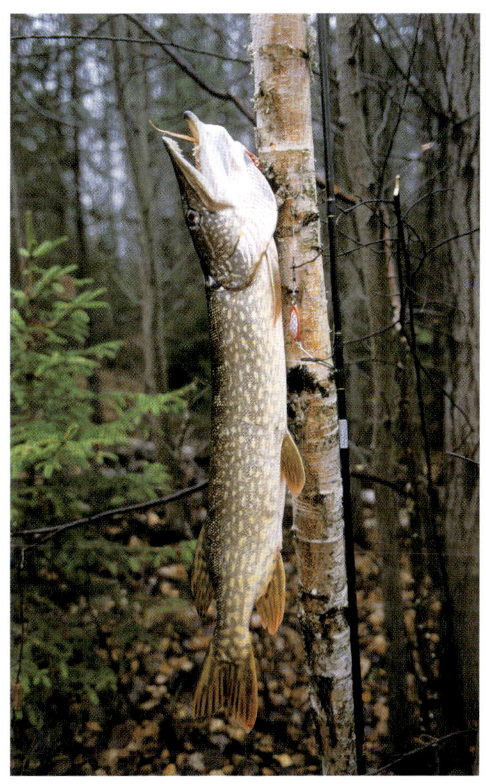

Ein schöner »Esox« gerade richtig für die Küche. Der Köder: Blinker mit Einzelhaken.

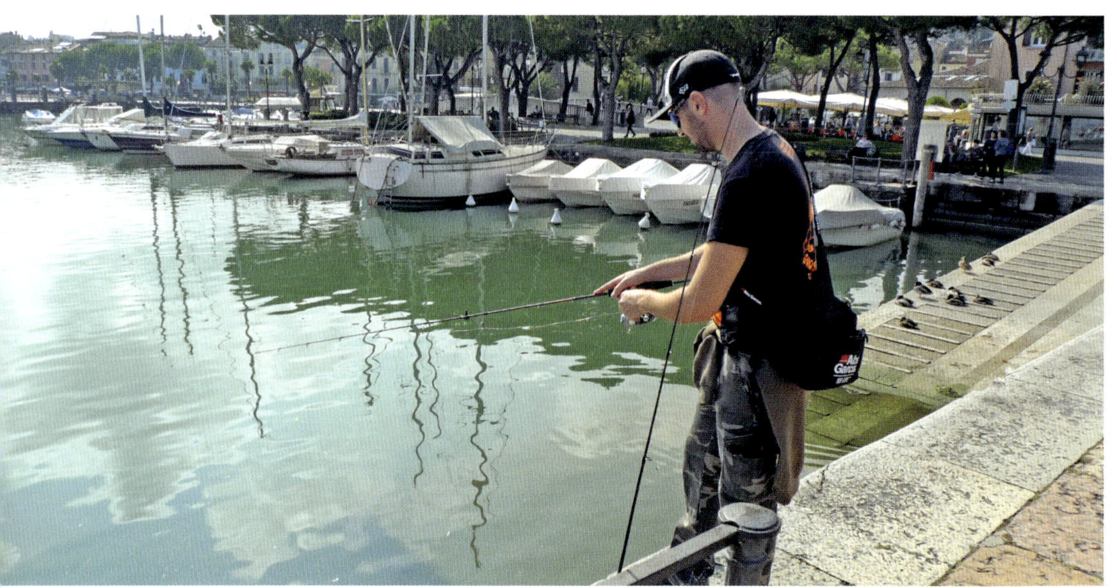

Ein Angler sucht mit der Spinnrute in einem Bootshafen am Gardasee nach den hier vorkommenden Schwarzbarschen.

Kunstköder richtig einsetzen

Das Angeln mit Blinker, Spinner oder Wobbler ist eine überaus beliebte Methode, da man mit wenig Gepäck am Wasser entlang wandern kann. Eine sehr aktive Fischerei, bei der man gar nicht in Versuchung kommt, an einer Stelle lange zu verweilen. Hat man sie gründlich abgefischt, lockt schon der nächste viel versprechende Platz.

Wer aber einfach ans Wasser geht und gedankenlos seinen Köder nach vorne auswirft, schmälert seine Fangchancen erheblich. Schon vorher muss man sich über die möglichen Standplätze der Fische Gedanken machen und das Wasser »lesen«. Versuchen Sie vor allem nicht von Anfang an so weit wie möglich zu werfen. Die schönsten Fische stehen nämlich oft sehr nahe am Ufer.

Rutenhaltung

Halten Sie die Rute eher tief und direkt nach vorne. So entsteht ein besserer Kontakt zum Köder, als wenn die Rute schräg nach oben weist. Erwartet man harte Bisse, z. B. von größeren Hechten, hält man die Rute ebenfalls tief, aber in einem stumpfen Winkel zur Schnur. Die Elastizität der Rute puffert dann den Anbiss ab. Das ist vor allem wichtig, wenn man eine geflochtene Schnur mit wenig Dehnung benutzt. Bewegen Sie den Köder mit Phantasie, versuchen Sie einen verletzten Kleinfisch nachzuahmen. Das gelingt durch ruckende Bewegungen mit der Rutenspitze und unregelmäßige Einzugsgeschwindigkeiten. Aufpassen, vor allem Hechte haben die Angewohnheit den Köder bis kurz vor das Ufer zu verfolgen und dann erst zuzuschlagen.

Mit der Strömung

Die meisten Angler werfen im Fluss den Blinker oder Spinner schräg stromab und holen ihn dann gegen die Strömung zurück. Versuchen Sie doch auch ein Mal flussaufwärts zu werfen und dann den Köder etwas schneller als die vorherrschende Strömung zurückzuholen. Auf Raubfische wirkt das oft sehr anregend, denn die meisten Kleinfische flüchten vor einem Räuber eher stromab- als stromaufwärts.

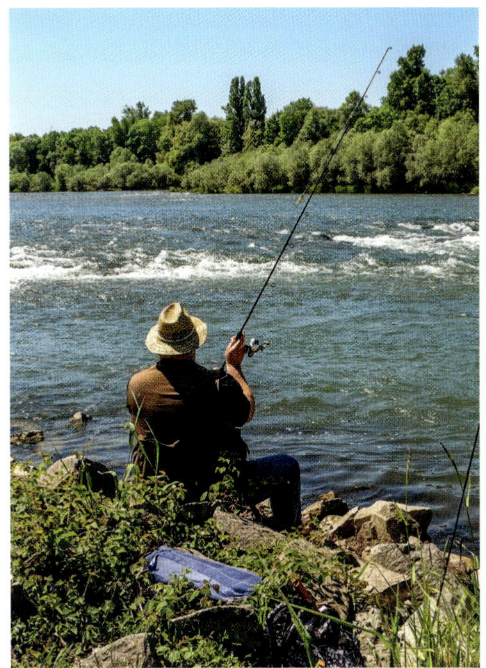

Werfen Sie den Spinnköder zwischendurch auch einmal stromauf und holen Sie ihn mit der Strömung ein, nicht immer nur dagegen.

Die Count-Down Methode

Die klassische Methode, um in einem tieferen Stillwasser den Bereich zu finden, in der sich gerade Fische aufhalten, ist das Mitzählen im Sekundentakt, während der Blinker, Spinner oder sinkende Wobbler abtaucht. So lassen sich verschiedene Tiefenzonen erforschen. Zählen Sie in bestimmten Intervallen, z. B. bis 5 beim ersten Service und holen Sie dann

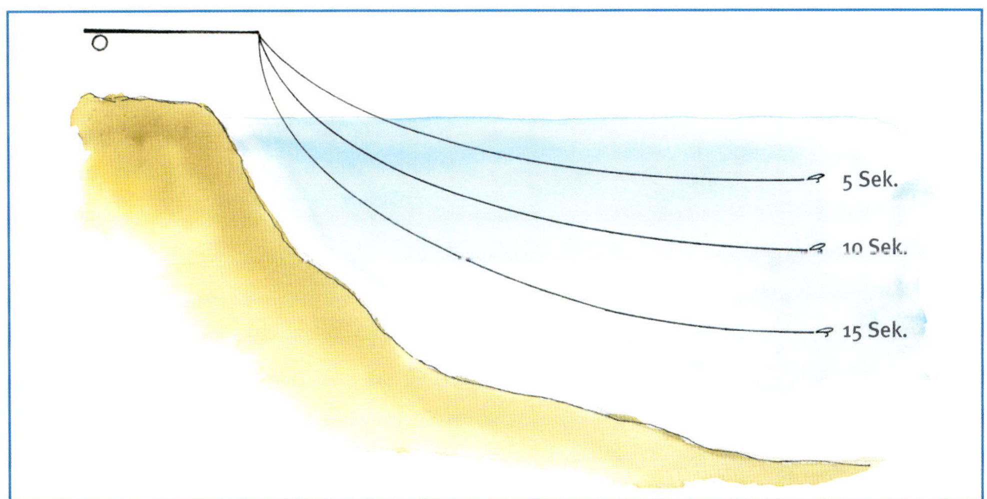

Count-Down Methode

Spinn-Grundausrüstung

Rute: Kräftige Spinnrute,
Länge 2,40–2,70 m, Wurfgewicht 40–60 g.
Schnur: Mittlere Stationärrolle mit 150 m Monofil 0,30–0,35 mm.

den Köder ein. Beißt kein Fisch an, zählen Sie beim nächsten Wurf bis 10 beim dritten bis 15 usw. Wenn z. B. auf der »25er Linie« ein Fisch zupackt, finden Sie auf diese Weise diesen Tiefenbereich leicht wieder.

Beliebte Köder

Die Auswahl an Kunstködern, die sich mit einer Spinnrute werfen lassen, ist zu groß um alle vorzustellen. Hier nur die allerwichtigsten:

Spinner

Sie besitzen eine feste Achse auf der frei drehbar ein flaches löffelförmiges Blatt angebracht ist. Beim Einholen rotiert dieses Blatt durch den Strömungsandruck um die Achse. In Seen verwendet man größere ovale Blätter, in schnell strömenden Gewässern eher lanzettförmige. Der entstehende Wasserdruck wirkt vor allem auf das Seitenlinienorgan. Somit eignen sich Spinner auch für trübes Wasser in dem optische Reize weniger wirken.

Blinker

Es gibt sie in den unterschiedlichsten Ausführungen und sie werden wegen ihrer Form auch »Löffel« genannt. Sie taumeln unregelmäßig durch das Wasser und sollen vor allem einen kranken oder verletzten Köderfisch imitieren.

Wobbler

Sie sind aus Holz oder Plastik und bewegen sich flatternd von einer Seite zur anderen. Je nach Größe und Stellung der Tauchschaufel läuft ein Wobbler in den oberen oder unteren Wasserschichten. Je steiler die Tauchschaufel nach unten gerichtet ist, desto näher bleibt er an der Oberfläche. Je länger und flacher die Stellung der Schaufel, desto tiefer taucht er auf Zug ab. Es gibt schwimmende und sinkende Ausführungen.

Jerkbaits

Das sind Holzwobbler ohne Tauchschaufel, die ruckweise an der Oberfläche, oder dicht darunter, geführt werden. Dazu verwendet man eine in der Spitze eher härtere Rute. Der Handel bietet spezielle Jerkbait-Ruten an.

Gummiköder

Grundlage ist ein Haken mit Bleikopf auf den verschiedene Gummischwänze aufgesteckt werden können. Sehr beliebt sind Twisters und Gummifische (Shads). Der Formenreichtum ist immens. Twisterschwänze bewegen sich lebhafter als Schaufelschwänze. Diese Köder sind gut zum »vertikal« angeln geeignet. Also zum Beispiel vom Boot oder einer hohen Ufermauer aus, mehr oder weniger senkrecht nach unten.

Spinnerbaits

In den USA werden diese Köder gerne in verkrauteten Gewässern auf Schwarzbarsche verwendet. Durch die besondere Konstruktion und den Einzelhaken verhängen sie sich weni-

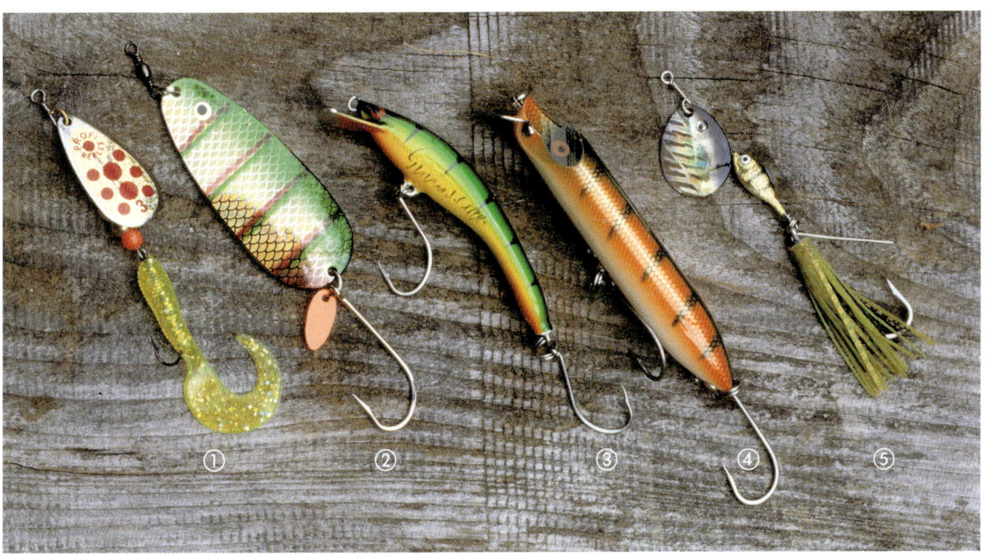

① Spinner; ② Blinker; ③ Wobbler (tieftauchend); ④ Wobbler (verstellbare Tauchschaufel);
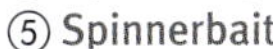
⑤ Spinnerbait

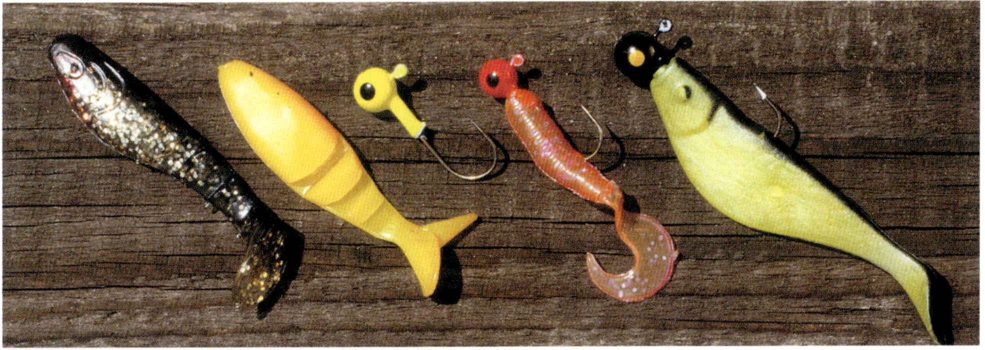

Twister und Wackelschwänze gehören zu den beliebtesten künstlichen Raubfischködern.

ger in den Pflanzen. Bei uns auch für Barsche und Hechte geeignet.

Spinnfischen Spezial – Der Spirolino

Der Spirolino (Sbirullino, Bombarde) ist ursprünglich eine italienische Erfindung. Es handelt sich dabei um eine spezielle Wurfpose zum sehr weiten Auswerfen von leichten und kleinen Ködern, zum Beispiel Streamers oder leichten und kleinen Wobblern, Blinkern oder auch Gummiködern. Der Köder kann damit in allen Wassertiefen angeboten werden, denn Spirolinos gibt es in verschiedenen Größen und Gewichten sowie in schwimmenden bis schnell sinkenden Ausführungen. Die Methode eignet sich für viele räuberische Fischarten, selbst im Meer kann man damit angeln. Die Vorfachlänge vor dem Spirolino beträgt ein bis zwei Meter. Je nach Art des Köders holt man dann die Schnur langsamer oder schneller ein. Zielfische sind im Süßwasser z. B. Hecht, Saibling, Regenbogenforelle, Zander und Barsch. Im Meer lassen sich u. a. Pollack, Makrele, Dorsch oder Hornhecht damit fangen.

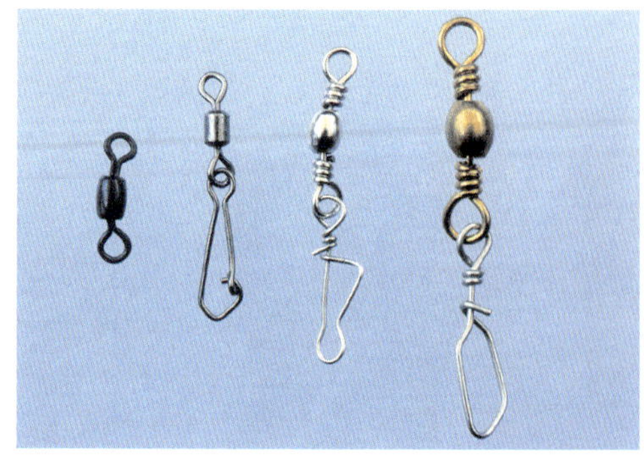

Wirbel mit oder ohne Karabinerhaken dienen als Verbindung von der Hauptschnur zum Vorfach oder vom Vorfach zum Kunstköder. Die hier gezeigten Modelle besitzen eine hohe Tragkraft.

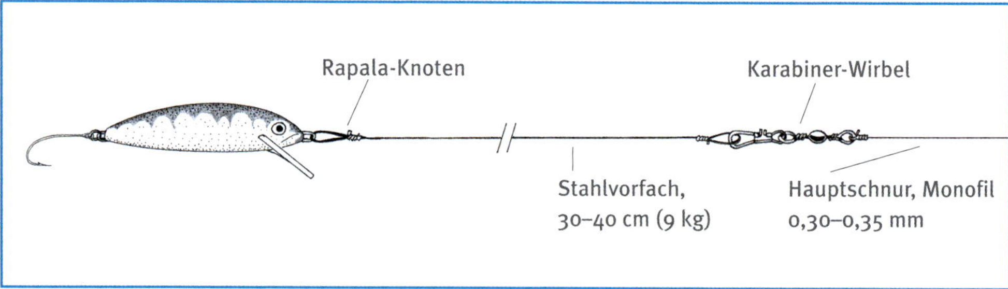

Universelle Spinn-Montage

Auch eine einfache Wobbler- oder Blinker-Montage muss richtig aufeinander abgestimmt sein, damit der Köder sich so natürlich und lebhaft bewegen kann wie möglich. Es empfiehlt sich, einen Wobbler oder Blinker mit einem offenen Schlaufenknoten an der Öse anzuknüpfen. Ein Karabinerwirbel direkt am Köder würde zwar das schnelle Auswechseln des Köders erleichtern, aber irgendwie unnatürlich wirken. Für die Hechtpirsch ist ein zusätzliches Stahlvorfach Pflicht. Heute gibt es dafür sehr weiche Ausführungen, die sich auch knoten lassen. Das Vorfach sollte mindestens 30 cm lang sein, da es sich beim Drill mitunter um den Kiefer des Hechtes wickelt und dann möglicherweise weit oberhalb des Köders mit den Zähnen des Fisches in Berührung kommt. Würde sich an dieser Stelle einfache Monofilschnur, statt Stahlseide befinden, könnte diese leicht durchgebissen werden. Das Vorfach wird mit einem guten Karabinerwirbel in die Hauptschnur eingehängt, oder an einen einfachen Wirbel angeknotet.

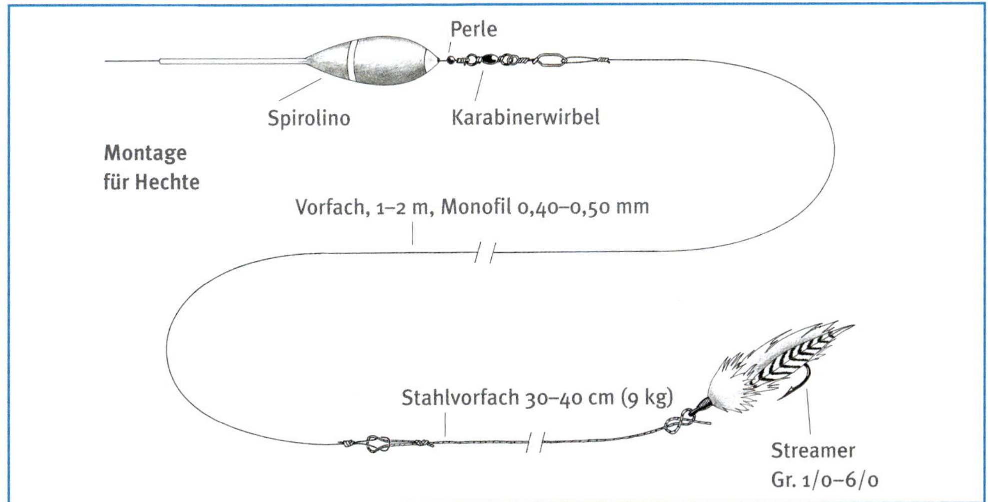

Spirolino-Montage

Zuerst wird der Spirolino auf die Schnur geschoben, gefolgt von einer Gummi-Stopperperle, die den Knoten am Vorfachwirbel vor dem Druck der Wurfpose schützt. Für Zander und Barsch nimmt man kleinere Streamers und wechselt das Stahlvorfach gegen etwa 25 cm 0,20–0,25mm starkes Monofil aus. Das steife längere Vorfachmonofil belässt man als Schutz gegen Verwicklungen.

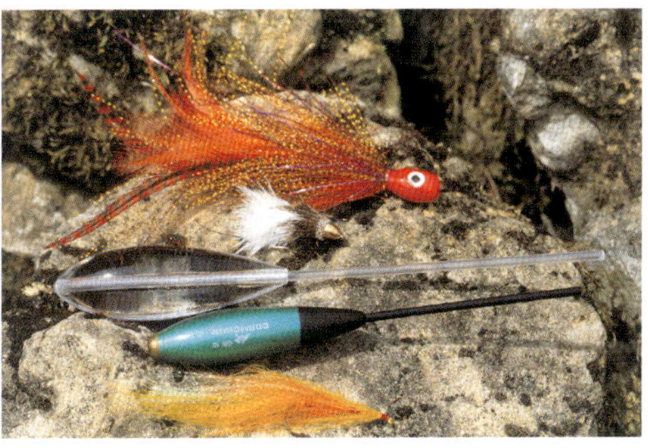

Mit einem Spirolino können Streamers auch an der Spinnrute geworfen werden.

Spirolino-Gerätevorschlag für Hecht

Rute: Spinnrute, Länge 2,70–3,60 m, Wurfgewicht: 30–50 g.
Schnur: 200 m Polyfil 0,15–0,20 mm oder Monofil 0,25–0,30 mm mit ca. 6 m monofiler Schlagschnur (0,35 mm) auf mittelgroßer Stationärrolle. Köder: Streamers Gr. 1/0 bis 3/0. Für andere Raubfische kleinere Streamers, Gummischwänzchen etc.

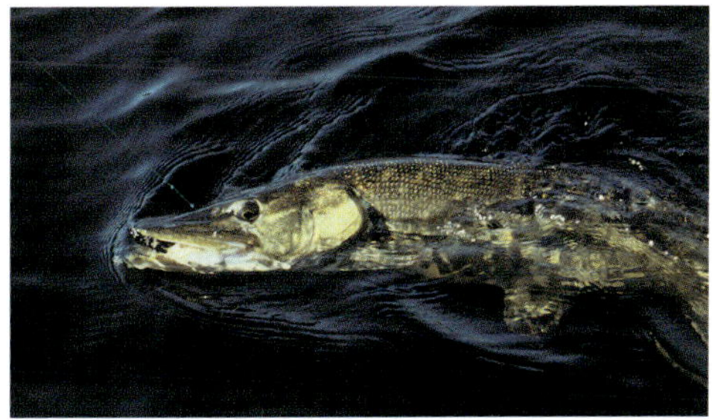

Ein Stahlvorfach schützt gegen die scharfen Hechtzähne.

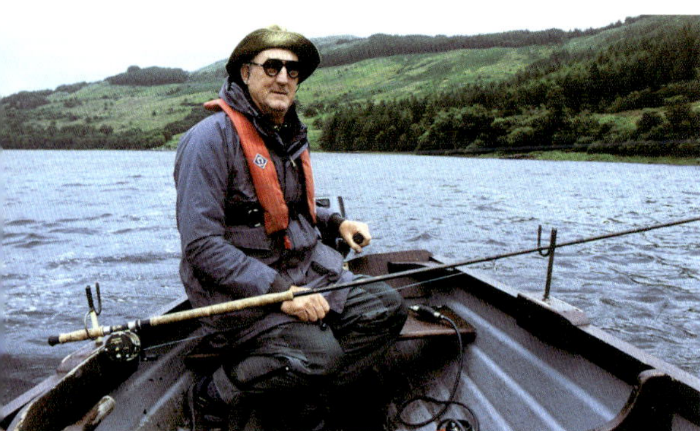

Schleppangeln auf einem irischen See. Zielfische sind hier Forelle, Lachs und Hecht.

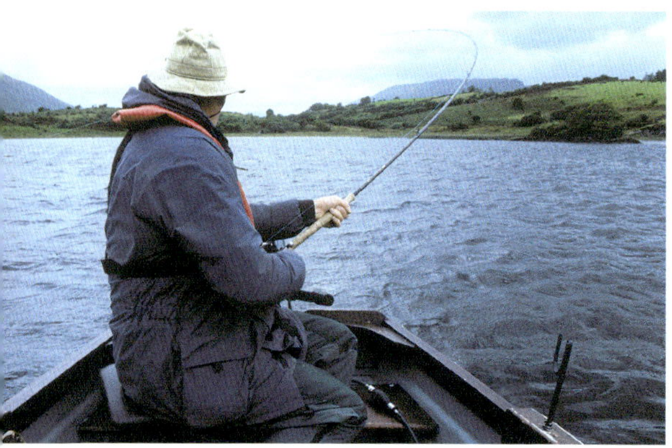

Anbiss! Ein Hecht hat zugeschlagen.

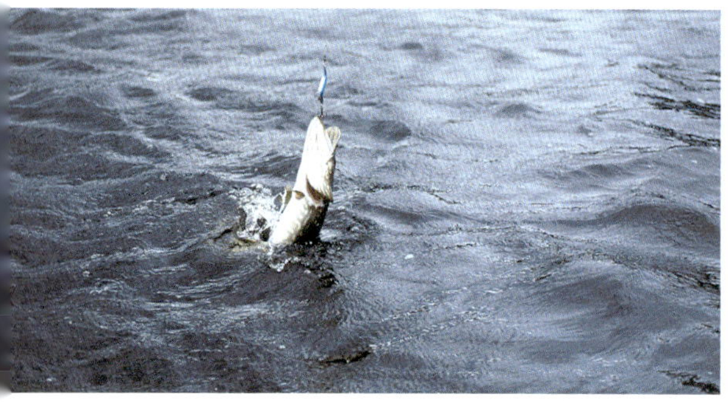

Leider schlecht gehakt! Beim nächsten Sprung wird er den Haken wieder abschütteln.

Schleppangeln

Unter dem Begriff Schleppangeln versteht man das Nachziehen eines natürlichen oder künstlichen Fischköders hinter einem Ruder- oder Motorboot.

Einfaches Schleppangeln

In diesem Fall wird ein künstlicher (Blinker, Wobbler) oder natürlicher Köder (toter Fisch am System) ohne besondere Zusatzmittel hinter einem Boot nachgeschleppt. Ohne zusätzliche Hilfsmittel laufen die Köder aber recht nahe an der Oberfläche. Auch ein Wobbler mit entsprechender Tiefenschaufel schafft es dann meist nicht tiefer als zwei bis drei Meter. Und selbst durch das Anbringen einer Bleibeschwerung gewinnt man nicht allzu viel an Tiefe. Der Zug der Schnur bringt Blei und Köder wieder nach oben.

Die Schleppentfernung beträgt meist zwischen zwanzig und fünfzig Metern hinter dem Boot, selten mehr. Gegen die Verdrallung der Leine beugt man mit guten Wirbeln vor, einem so genannten »Antikink-Plättchen« oder einem exzentrisch eingehängten Schleppblei. Das Laufverhalten des Köders wird bei bestimmten Geschwindigkeiten direkt neben dem Boot geprüft. Mit dieser Montage lassen sich abhängig von Bleigewicht und -form, Köderart und Fahrgeschwindigkeit Tiefen bis drei Meter erreichen.

Schleppdistanz festlegen

Natürlich möchte man gerne wissen, wie weit sich der Köder hinter dem Boot befindet. Kommt eine Multirolle zum Einsatz, ist das

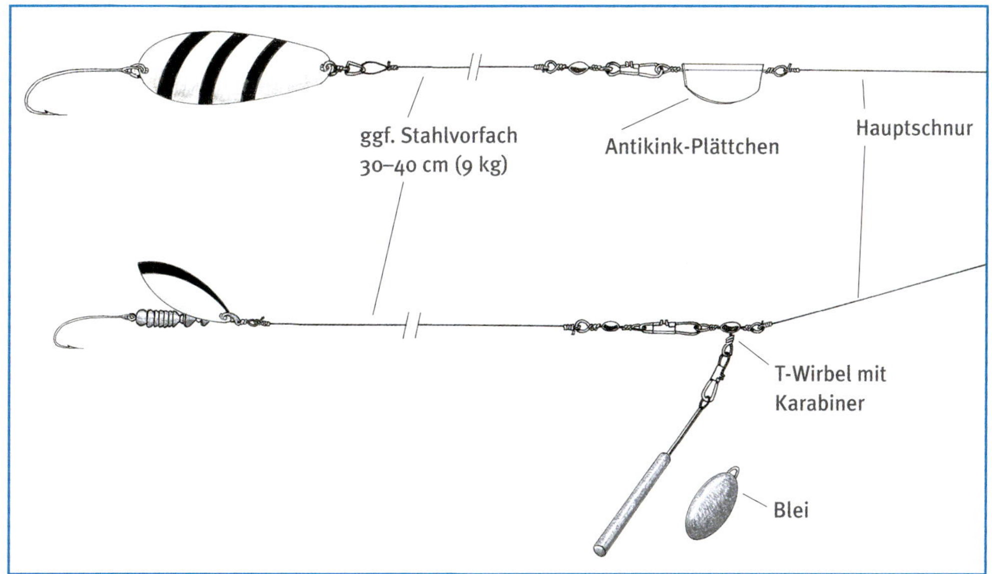

Schleppangel-Montagen

relativ leicht zu überprüfen, auch wenn sie kein entsprechendes Zählwerk besitzt. Stellen Sie einfach grundsätzlich fest wie viel Leine eingeholt wird, wenn der Schnurführungsstift der Spule ein Mal von einer Seite zur anderen wandert. Nehmen wir an es wären z. B. genau

Gerätevorschlag

Rute: Steife Spinnrute 2,70 bis 3,60 m, Wurfgewicht: 40–80 g
Rolle: Multirolle oder mittlere bis große Stationärrolle mit Monofil 0,35–0,40 mm oder Polyfil 0,15–0,20 mm.
Multirollen eignen sich besonders zum Schleppangeln, da die Schnur gerade von der Spule kommt und sich deshalb, vorausgesetzt der Köder läuft richtig, nicht verdrallt.

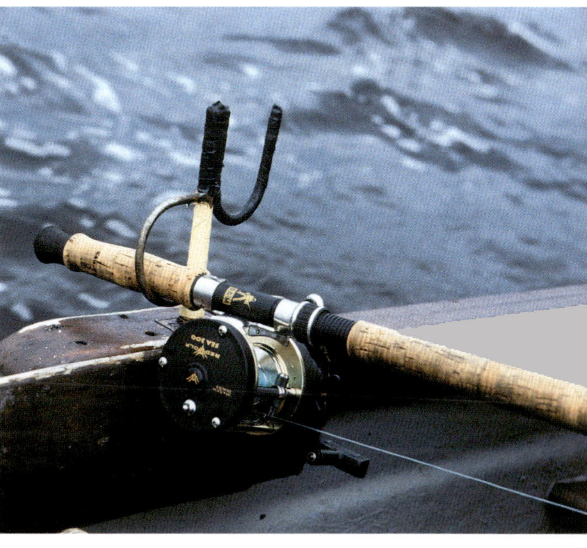

Für das Schleppangeln eignen sich Multirollen besonders gut. Die Schleppdistanz lässt sich leicht bestimmen und die Schnur neigt weniger zum Verdrallen. Den Köder lässt man im Kielwasser bis zur gewünschten Entfernung auslaufen.

1,50 m. Man braucht jetzt beim Auslaufen des Köders nur mitzuzählen wie oft sich die Leinenführung hin und herbewegt und diese Zahl mit dem Grundwert zu multiplizieren. Soll der Köder 60 Meter hinter dem Boot herlaufen, muss man folglich 40 Wanderungen des Stiftes abzählen.
Besitzt die Rolle keinen Schnurführungsstift oder verwendet man eine Stationärrolle, kann man die Leine mit einem wasserfesten Filzstift kennzeichnen, z. B. bei der 10-Meter-Marke hinter dem Köder einen Strich, bei 20 Meter zwei 2 Striche usw.

Schleppen im Kielwasser
Viele Angler glauben, dass der Lärm des Propellers die Fische vertreibt. Oft ist genau das Gegenteil der Fall. Erfahrene Schleppfischer bieten oft einen Köder sehr nahe am Boot und direkt im oder neben dem Propellerstrom an. Woran es wirklich liegt ist zwar unklar, aber es steht fest, dass sich sehr viele Fische, vor allem Salmoniden, von dem Strom der von der Schraube erzeugten Luftbläschen angezogen fühlen. Man muss nur die Rute sicher im Boot befestigen oder in der Hand halten, sonst könnte sie bei einem Biss über Bord gehen.

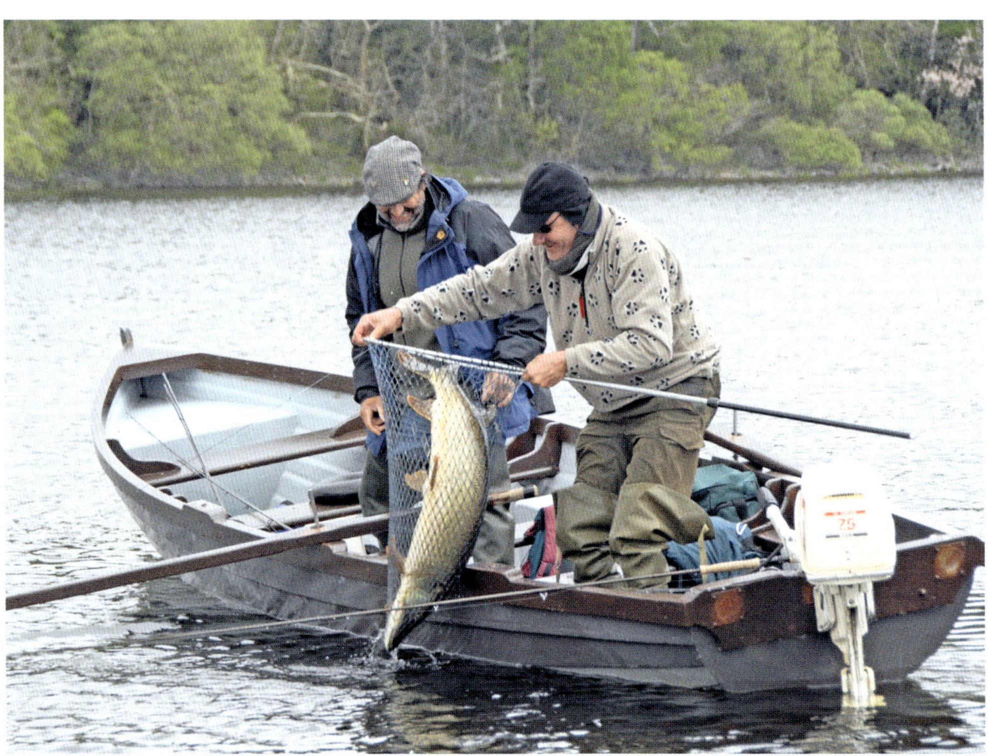

Ist man mit dem Boot auf Angeltour, weiß man nie, wie der Fang ausfällt. Nehmen Sie besser einen etwas größeren und stabilen Kescher mit.

Fliegenfischen

Der Umgang mit der filigran erscheinenden Fliegenrute, gilt allgemein als die eleganteste Angelmethode. Wir beschäftigen uns hier in einem eigenen Kapitel damit, da es sich doch sehr deutlich von allen anderen Angelarten unterscheidet.

Warum kann man überhaupt mit einer »Fliege« angeln? Weil die im und am Wasser lebenden Insektenlarven und Insekten zur Hauptnahrung vieler Fische gehören. Sind diese Larven reif, um sich in geflügelte Landinsekten zu verwandeln, schwimmen sie zur Wasseroberfläche. Der Weg dorthin ist für sie äußerst gefährlich, denn sobald sie ihre Verstecke am Gewässerboden verlassen haben, werden sie für die Fische sichtbar und sind ihren Angriffen hilflos ausgeliefert. Auch wenn sie es bis zur Wasseroberfläche geschafft haben, werden sie noch bei der Umwandlung in das Fluginsekt und kurz danach, sobald sie auf der Wasseroberfläche sitzen und ihre Flügel trocknen lassen, von den Fischen gefressen. Diese verschiedenen Insektenstadien werden von Fliegenfischern nachgebildet. Aber auch das Fischen mit Nachbildungen von kleinen Beutefischen, so genannten »Streamers«, zählt zum Obergriff Fliegenfischen.

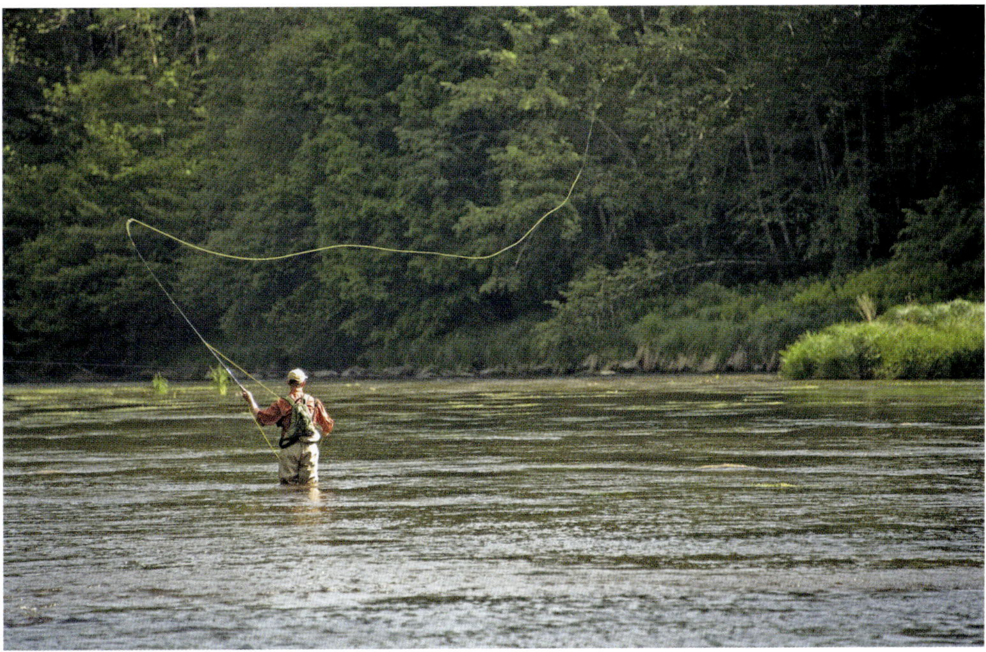

Die Fliegenschnur dient als Wurfgewicht für die so gut wie gewichtslosen Kunstfliegen.

Kunstfliegen als Köder

Es gibt Tausende von verschiedenen Fliegenmustern für die unterschiedlichsten Fischarten. Prinzipiell lassen sie sich auf wenige Hauptgruppen reduzieren, die in der Tabelle auf S. 87 aufgelistet sind.

Imitation oder Reizfliege?

Manche künstliche Fliegen werden sehr detailgenau imitiert, sie sollen ein bestimmtes Insekt oder ein anderes kleines Lebewesen darstellen. Sie werden z. B. dann eingesetzt, wenn gerade Insekten einer bestimmten Art schlüpfen und die Fische offenbar so darauf geprägt sind, dass sie kein anderes Insekt beachten.
Andererseits reagieren die Fische mitunter auch auf reine Phantasiefliegen, die wegen bestimmter Schlüsselreize, z. B. ein deutliches rotes Schwänzchen, für den Fisch attraktiv sind. Man sucht mit ihnen Stellen ab, wo man Fische vermutet und einen von ihnen zum Anbiss provozieren möchte, obwohl er vielleicht gar nicht auf Nahrungssuche ist.
Passionierte Fliegenfischer stellen ihre Fliegen selbst her. Für sie ist es das ultimative Erlebnis einen Fisch mit einer »Selbstgebundenen« zu fangen.

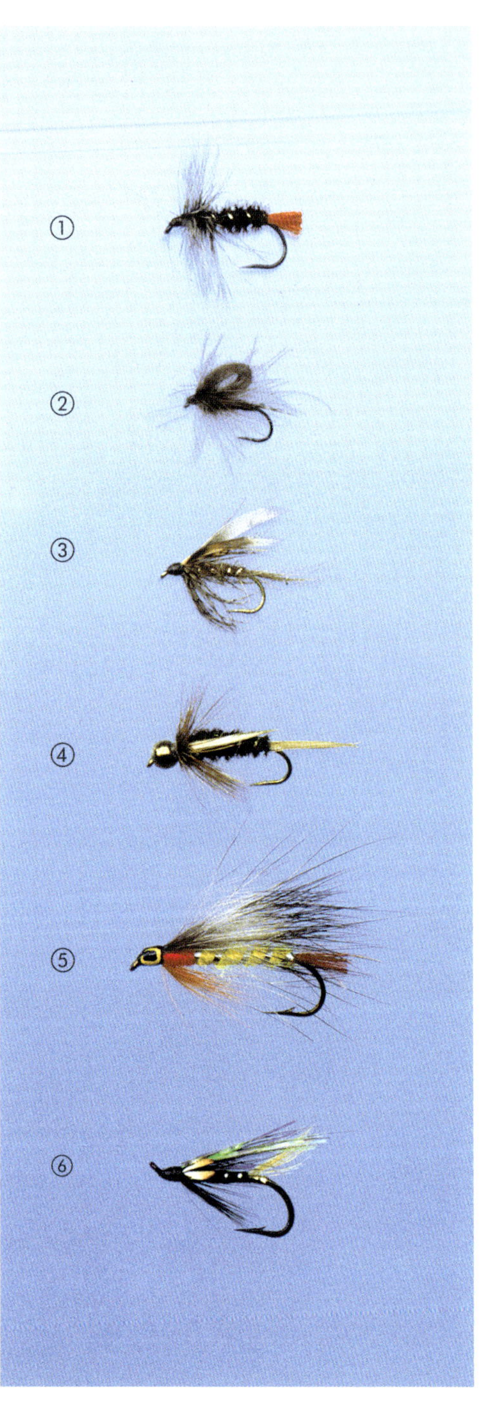

① Red Tag (Trockenfliege)
② Entenbürzel-Emerger (Ausschlüpfer)
③ Märzbraune (Nassfliege)
④ Goldkopf (Nymphe)
⑤ Professor (Streamer)
⑥ Stoat's Tail (Lachsfliege)

Verschiedene Fliegentypen

	Nachahmung	Wo wird das Muster angeboten?
Trockenfliege	● Ein gerade geschlüpftes Insekt, das sich an der Wasseroberfläche die Flügel trocknet. ● Ein Insekt legt Eier auf der Wasseroberfläche ab.	▶ Schwimmend auf der Wasseroberfläche.
Emerger (Ausschlüpfer)	● Schlüpfendes Insekt, das sich gerade die Nymphenhaut abstreift.	▶ Unter Wasser: Knapp im oder unter dem Oberflächenfilm eingetaucht.
Nassfliege	● Ertrunkenes totes Insekt. ● Zum Schlüpfen aufsteigendes Insekt. ● Schwimmender Käfer o. ä.	▶ Meist in den oberen Wasserschichten.
Nymphe	● Zum Schlüpfen aufsteigendes Insekt. ● Am Gewässergrund lebende Insektenlarve.	▶ In allen Wasserschichten je nachdem was imitiert wird.
Streamer	● Kleinfisch, (auch Egel, Frosch, Maus u. ä.)	▶ Alle Wassertiefen.
Lachsfliege	● Sonderform des Streamers, reine Reizfliege für Lachse.	▶ Alle Wassertiefen, je nach Jahreszeit. ▶ Regel: Kaltes Wasser tief. Warmes Wasser hoch.

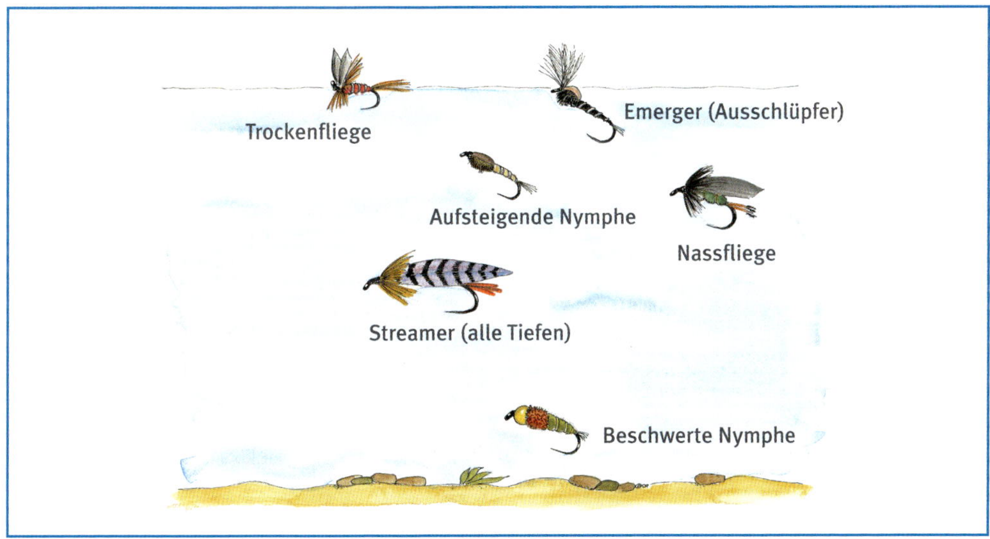

Unterschiedliche Fliegentypen für verschiedene Wasserschichten.

Methoden mit der Fliege

Fliegenfischen ist sehr abwechslungs- und variantenreich.
Früher waren fast ausschließlich Salmoniden, also Forelle, Äsche, Saibling, Lachs die Ziele der Fliegenfischer. Aber weil sich nur die Wohlhabenden den Zugang zu den entsprechenden Gewässern leisten konnten, galt das Fliegenfischen lange Zeit als elitär. Das hat sich sicher geändert, denn die Fliegenfischer haben sich neue Fischarten erschlossen. Heute stellt man erfolgreich Hecht, Zander, Barsch, auch Karpfen und anderen Cypriniden nach. Und das Fischen mit der Fliege ist längst nicht mehr auf das Süßwasser beschränkt. Auch im Salzwasser wird erfolgreich mit dieser Methode geangelt und das nicht nur in exotischen Tropenmeeren. Hier in Europa erschließen sich experimentierfreudige Angler das »Salz« und fischen erfolgreich von Klippen und Stränden aus auf Meerforelle, Pollack, Hornhecht und Dorsch.

Die Trockenfliege

Die Trockenfliege wird entweder stromauf- oder stromabwärts angeboten. Im Idealfall wirft der Fliegenfischer einen vorher festgestellten Fisch an. Etwa eine Forelle, die an einer bestimmten Stelle immer wieder zur Oberfläche kommt, um Insekten einzuschlürfen. Dies wird von vielen als die spannendste Variante des Fliegenfischens angesehen. Wichtig ist, dass die Fliege selbst sich möglichst frei bewegen kann, um nicht unnatürlich zu wirken. Spannt die Strömung die Schnur und das Vorfach, beginnt die Fliege sofort unnatürlich über die Oberfläche zu furchen. Aus diesem Grund muss der Fliegenfischer immer bestrebt sein, eine gezielt »lockere« Schnur auf dem Wasser abzulegen. Dafür gibt es eine Reihe von »Trickwürfen«. Der Schlangenwurf ist einer der Einfachsten und eignet sich vor allem zum stromab angeln.

Die Nassfliege

Die Nassfliege wird in der Regel schräg stromab ausgeworfen, worauf man die Leine mit der Strömung herum schwingen lässt. So kann man systematisch die ganze Breite eines kleinen Flusses absuchen. Es werden ertrunkene Insekten oder Nymphen imitiert, die sich gerade auf dem Weg zur Wasseroberfläche befinden.

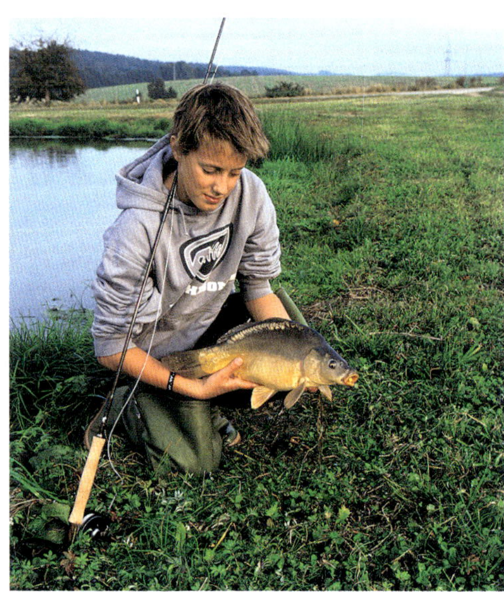

Auch Karpfen können mit Fliegengerät gefangen werden. Sein Verhängnis war eine künstliche »Maiskorn-Fliege«.

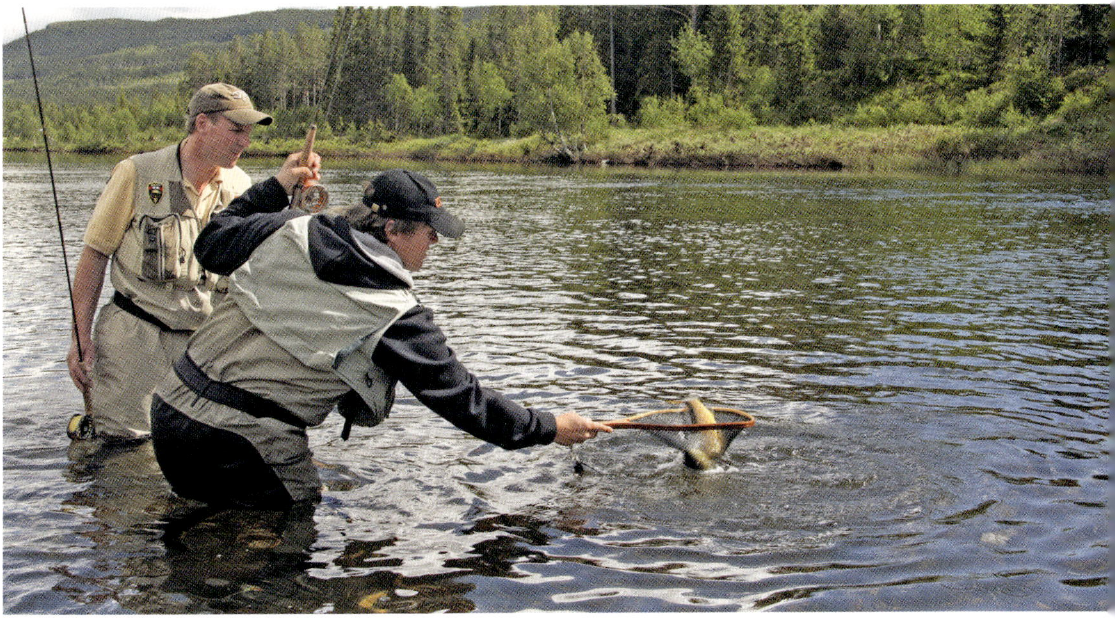

Hat ein starker Fisch angebissen, muss der Fliegenfischer alle Tricks aufbieten, um ihn auch zu landen.

Die Nymphe

Eine Nymphe kann man in allen Wasserschichten anbieten, je nachdem wo man die Fische auf der Nahrungssuche vermutet. Bei schweren Nymphen, die tief am Grund dahin treiben, wird der Biss oft nur über das Verhalten der Schnurspitze sichtbar. Viele Fliegenfischer verwenden deshalb Sichthilfen oder Bissanzeiger. Bleiben diese in Strömung stehen oder verhalten sich sonst unnatürlich, wird die Rute gehoben, um den Haken zu setzen.

Der Streamer

Ein Streamer ist eine Nachbildung eines kleinen Fisches oder anderen Kleintieres, eines Molches oder Egels. Manchmal wird sogar eine kleine Maus imitiert. Streamerfischen er-

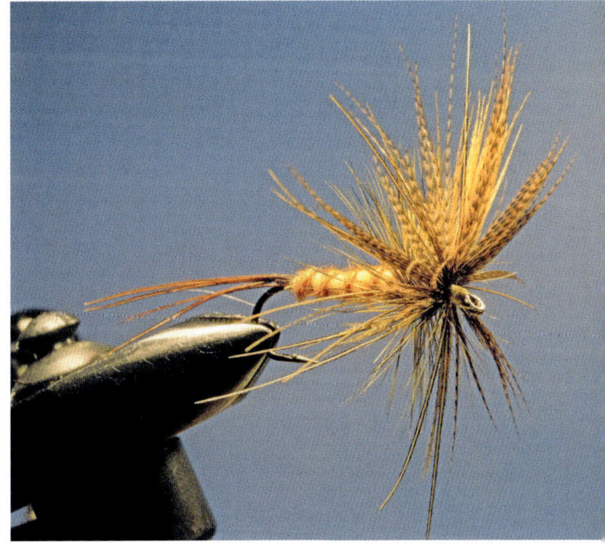

Das Angeln mit der Trockenfliege gilt als die Königsdisziplin.

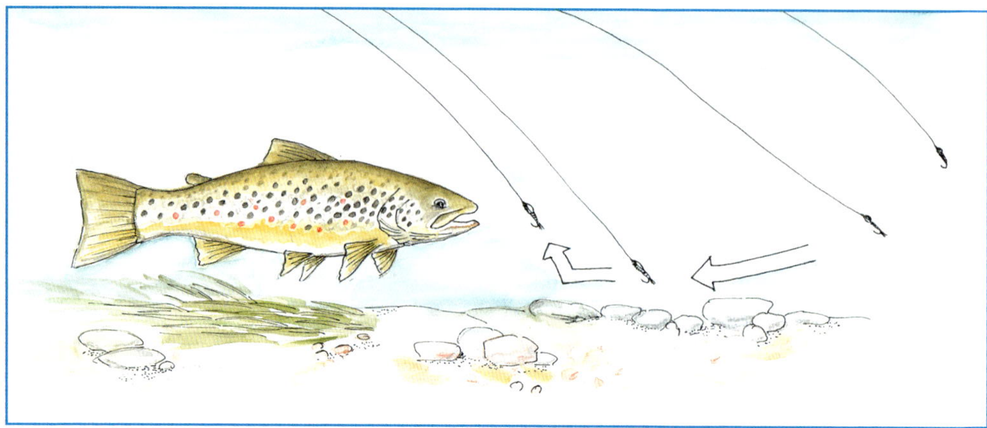

Reizauslöser: Der Fliegenfischer zupft die Nymphe vor dem Fisch nach oben.

fordert oft eine aktive Führung, vor allem wenn nur eine langsame bzw. gar keine Strömung vorhanden ist. Die Bewegung reicht von langsamen Rucken an der Schnur bis zu langen schnellen Zügen. Es kommt darauf an, welches Tierchen man nachahmen möchte, und man sollte sich am normalen Verhalten orientieren. Streamers werden oft an einer Sinkschnur angeboten, damit sie entsprechend tief abtauchen. Mit dem entsprechenden Gerät können auch schwerste Hechte überlistet und gelandet werden.

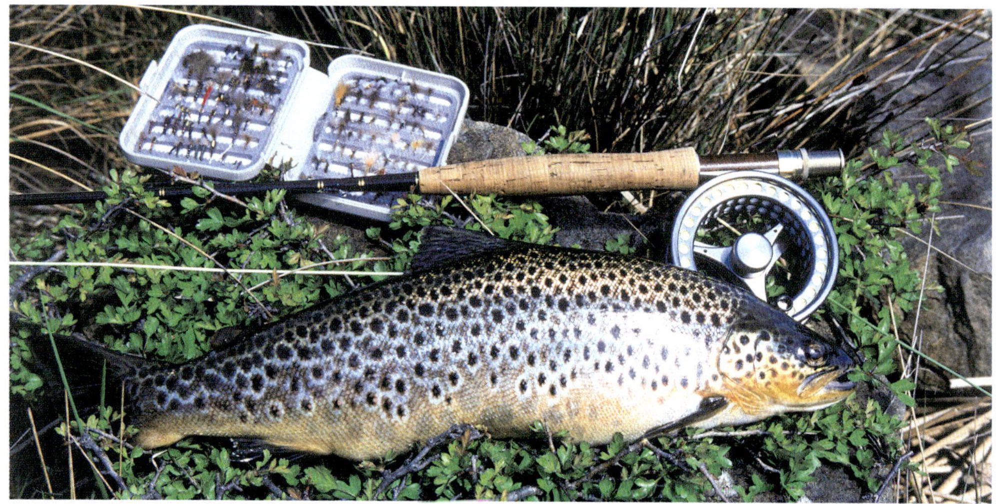

Der Traum eines jeden Fliegenfischers: Eine wunderschöne Bachforelle von eineinhalb Kilo Gewicht.

Das Gerät

Das Fliegengerät besteht aus folgenden Bestandteilen:
Fliegenrute, Fliegenrolle, Fliegenschnur, Vorfach, künstliche Fliege. Da sich diese Zusammenstellung und die Art des Geräts doch sehr deutlich von einer gewöhnlichen Angelausrüstung unterscheidet, soll es hier ein wenig eingehender besprochen werden.

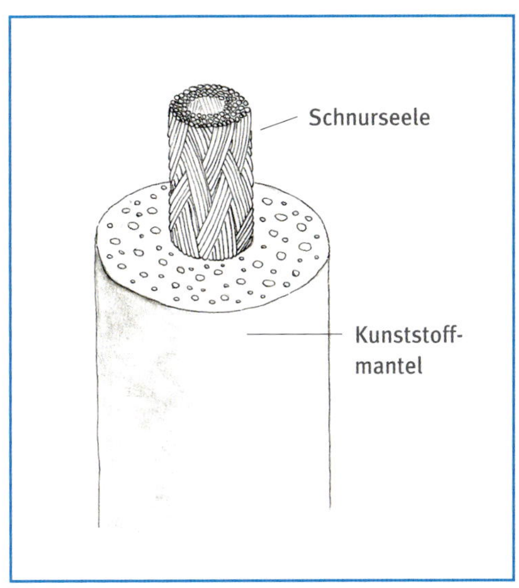

Querschnitt einer Fliegenschnur.

Die Fliegenschnur

Die Fliegenschnur wurde eben erst an dritter Stelle genannt, allerdings ist bei ihr der Unterschied am intensivsten. Mancher uneingeweihte Zuschauer hat diese farbige Schnur schon für eine Art Wäscheleine gehalten und sich gewundert, wie man damit überhaupt Fische fangen kann. Aber die auffällige Leine dient dem Angler als Sichthilfe und ihre Masse dient als Wurfgewicht, das die mehr oder weniger gewichtslosen Fliegen durch die Luft transportieren muss. Das Werfen dieser speziellen Wurfleine verlangt etwas Übung. Auch darin liegt ein Grund für den besonderen Reiz des Fliegenfischens.
Im Prinzip ist der Aufbau bei allen Fliegenschnüren gleich. Eine geflochtene oder monofile Seele ist mit einem Mantel aus Kunststoff (meist PVC) umgeben. Die Länge beträgt zwischen 25 und 30 Meter.

Die zwei wichtigsten Schnurtypen

Eine normale Fliegenschnur ist nicht parallel, sondern wird zur Spitze hin dünner, sie »verjüngt« sich, um optimale Flugeigenschaften und eine gute Präsentation der Fliege zu gewähren.

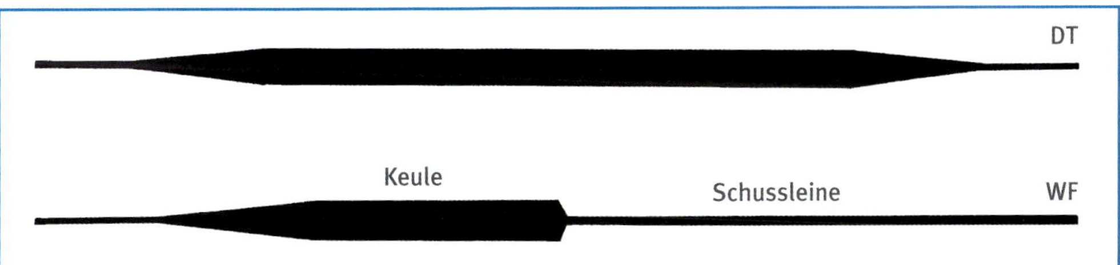

Längsschnitt von verschiedenen Fliegenschnüren.

Früher war die **doppelt verjüngte Schnur,** engl. DT (Double Taper) der meistverwendete Schnurtyp. Sie läuft an beiden Enden konisch aus. Auf diese Weise lässt sich die Schnur auf der Rolle wenden, wenn eine Spitze abgenutzt ist. Trotzdem ist der Gebrauch dieser Schnur eher rückläufig.

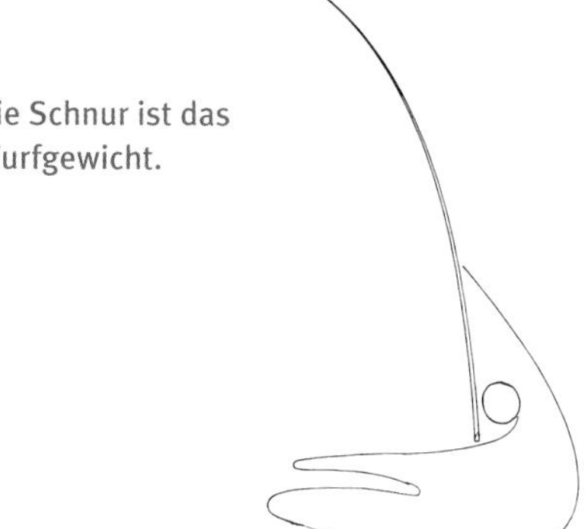

Die Schnur ist das Wurfgewicht.

Die **Keulenschnur**, engl. WF (Weight Forward) erfreut sich dagegen steigender Beliebtheit. Der Schwerpunkt befindet sich im so genannten »Bauch«, im vorderen Teil (9,15 m), anschließend folgt eine dünnere **Schussleine,** die beim Werfen die Reibung in den Rutenringen verringert.

Es gibt Schnurarten für verschiedene Einsatzzwecke. Die Trocken- oder Schwimmschnur ist die Wichtigste, sie wird zu 95 % verwendet. Als Ergänzung und für bestimmte Anwendungsgebiete kommen voll sinkende Schnüre oder solche mit einer sinkenden Spitze zum Einsatz. Verschiedene Sinkeigenschaften werden allgemein durch unterschiedliche Beimischung von Blei- oder Wolfram-Partikel in die Mantelmasse gesteuert.

Die Fliegenrute

Das Gewicht der Schnur ist auf ihren ersten 9,15 Metern auf die Kraft der Rute abgestimmt. Dazu werden Ruten und Schnüre in verschiedene »Schnurklassen« eingeteilt. Die Skala reicht von 1 bis 15. Die Klasse 1 ist aber nur etwas für Spezialisten, die besonders leicht fischen wollen, und die Klasse 15 benötigt man nur zum Big-Game-Fliegenfischen auf Segelfisch oder Marlin. Für uns Normalangler sind die relativ leichten Schnurklassen 4 bis 6 die Interessantesten, damit lassen sich Forellen, Äschen und Döbel, sowie kleinere Karpfen fangen. Zu Schnurklasse 8 oder 9 sollte man greifen, wenn man es auf größere Zander und Hechte abgesehen hat. Dazu braucht man dann auch die entsprechende Rute. Auf deren Handteil ist immer die dazugehörige Schnurklasse abzulesen.

Zusätzlich sollte man beim Kauf einer Rute aber auf die jeweilige Rutenaktion achten. Was damit gemeint ist, lässt sich am besten in einer kurzen Tabelle darstellen (S. 93 oben):

Werfen mit der Fliegenrute

Das Werfen mit der Fliegenrute wird oft als sehr schwierig angesehen. Unter der Anleitung eines guten Lehrers kann aber eigentlich

Unterschiedliche Rutenaktionen

Sehr **weiche** auch **parabolische** Ruten biegen sich bei Zug bis in das Handteil durch und bilden annähernd einen Halbkreis	▶ Langsameres Werfen, Fischen mit Nassfliegen u. ä. Präzise Zielwürfe sind auf Distanz schwierig.
Semiparabolische (mittelschnelle) Ruten biegen sich bei Zug auf 3/5 der Rutenlänge von der Spitze her. Ein kräftiges Handteil sorgt für genügend Drillkraft.	▶ Gute Allround-Rute zum Trocken- und Nassfischen. Für Anfänger und Fortgeschrittene gut geeignet. Vereint Schnelligkeit mit Sensibilität. Drillt Fische sehr sicher. Empfehlenswert!
Ruten mit **Spitzenaktion (schnell, hart)** biegen sich hauptsächlich im Spitzenbereich	▶ Für weite, schnelle Würfe, etwas für erfahrene Werfer. Aber ein Fisch schlägt sich leichter los.

jeder innerhalb eines halben Tages die Grundschritte erlernen. Alles andere ist dann einfach Training. Üben kann man sehr gut auf einer frisch gemähten Wiese. Ein Sportplatz ist ideal.

Prinzipiell gibt es zwei Grundwürfe:

Standard-Über-Kopf-Wurf

Bei diesem Wurf wird die Rute über dem Kopf-Schulterbereich hin und her geführt, die Schnur folgt und streckt sich über das Wasser. Schließlich lässt der Fliegenfischer die Schnur fallen und die Fliege senkt sich auf die Wasseroberfläche.

Rollwurf

Wenn die Schnur bereits einmal ausgelegt wurde, kann der Werfer die Schnur auch rollieren. Dazu hebt er die Rute und zieht die Schnur zu sich heran. Sobald die Schnur im Bogen hinter ihm durchhängt, schlägt er sie in einer fließenden Bewegung nach vorne. Dabei läuft die Schnur in einer Rolle nach vorne aus.

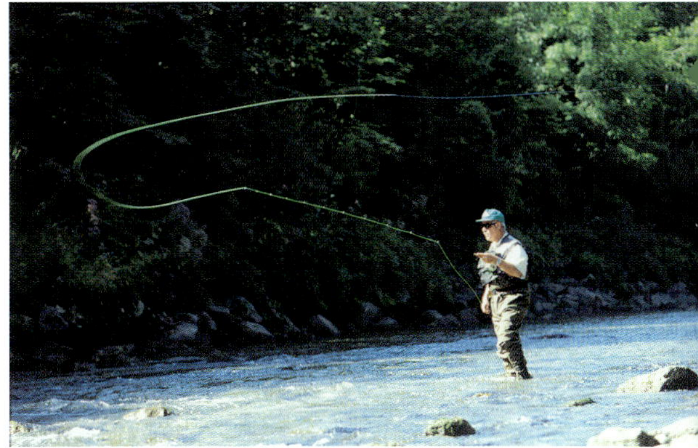

Über-Kopf-Wurf

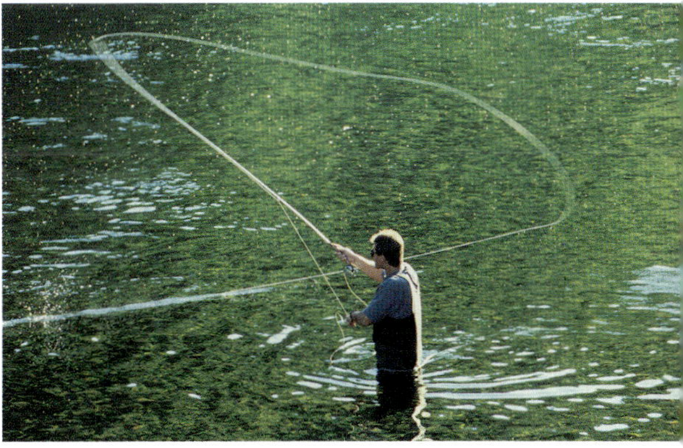

Rollwurf

Das Fliegenvorfach

Natürlich kann man die Fliege nicht direkt ans Ende der dicken Fliegenschnur binden. Man benötigt ein Zwischenstück aus Monofil: Das Fliegenvorfach. Es soll mehr oder weniger unsichtbar sein, und hat die Aufgabe die Fliege sanft auf das Wasser abzulegen, zu »präsentieren«. Deswegen verjüngt es sich, wie die Fliegenschnur, zu seiner Spitze hin. Die Energie aus dem Wurf wird langsam abgebremst. Damit werden vor allem Trockenfliegen angeboten, die besonders sanft auf dem Wasser aufsetzen sollen. Je ruhiger und klarer das Wasser, desto länger sollte dieses Vorfach sein. Vor allem die parallele Vorfachspitze muss lang genug ausfallen, damit sie sich in kleinen Kurven ablegt und die Fliege nicht durch die Oberfläche furcht, sondern ganz natürlich abtreibt. Bei Fliegenmustern, die tief unter Wasser geführt werden, erübrigt sich eine Verjüngung, und das Vorfach kann erheblich kürzer sein, um eine direktere Köderführung zu erreichen.

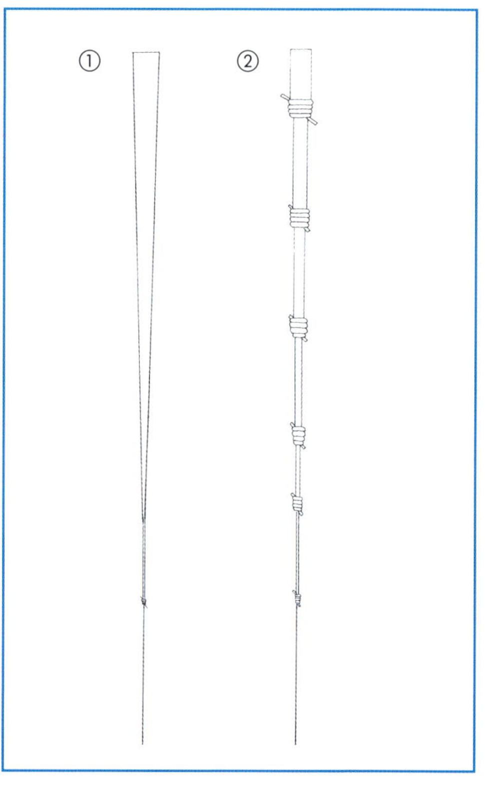

Vorfächer kann man kaufen ① oder selbst knoten ②.

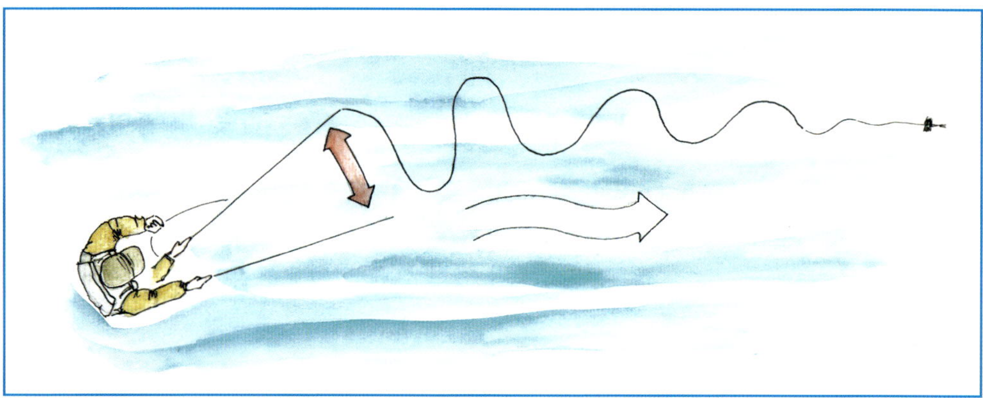

Durch verschiedene Trickwürfe erreicht der Fliegenfischer eine natürliche Drift seiner Fliege. Hier der »Schlangenwurf«.

Vor dem Fang – nach dem Fang

Es ist geschafft, der Fisch ist am Haken und kämpft nun um seine Freiheit, aber es kann noch viel passieren, bis er glücklich an Land ist. Vom richtigen Verhalten des Anglers und dem fachgemäßen Einsatz des Geräts hängt es ab, ob die Landung letztlich glückt. Und wenn es gelingt, liegt der Fisch nass und glänzend, und vor allem noch lebend, vor dem Angler im Gras. Wie wird er nun weiterbehandelt? Was ist zu tun, um ihn optimal für die Küche vorzubereiten.

Drill und Landung

Vielleicht ist es schwer zu glauben, aber die meisten verlorenen Fische gehen nicht auf ungeeignetes Gerät sondern auf Fehler des Anglers während des Drills und vor allem bei missglückten Landungsversuchen zurück. Natürlich kann man nie sagen, ob man einen gehakten Fisch letztlich landen wird oder nicht, aber, wenn man es richtig macht, hat man alle Chancen auf seiner Seite.

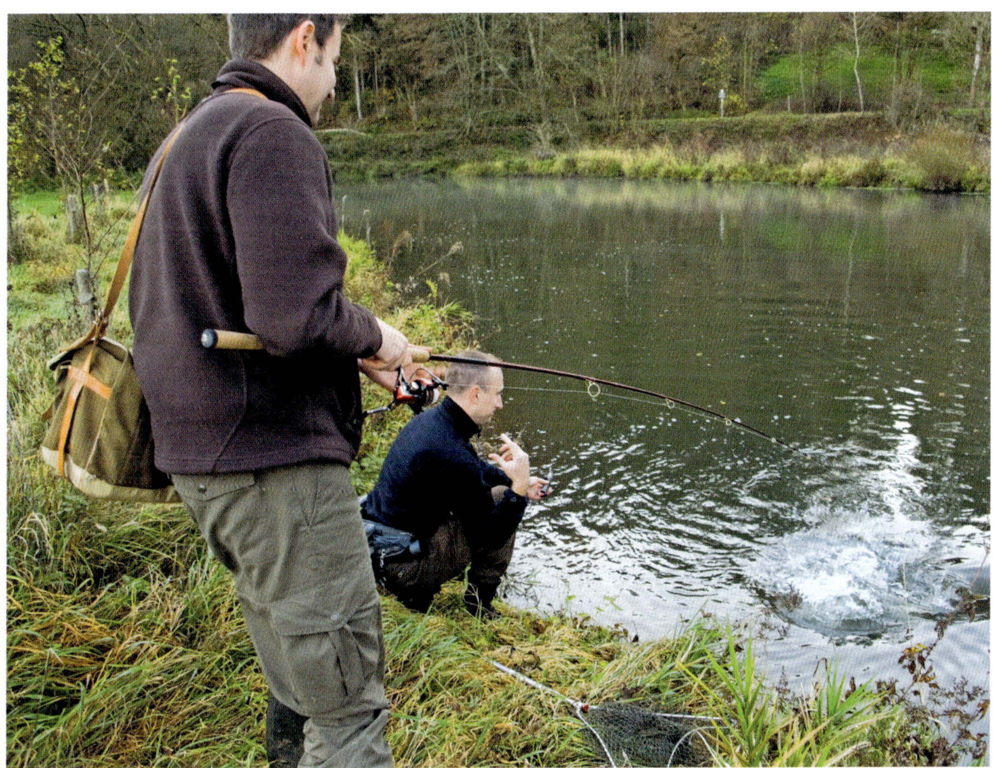

Um so einen Fisch zu landen, muss man beim Drill und der Landung alles richtig machen.

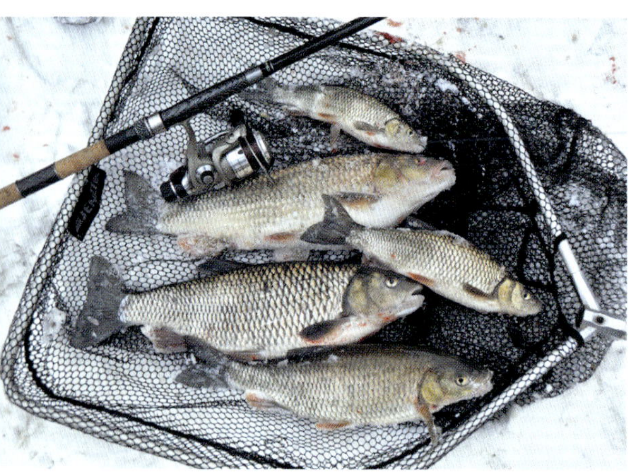

Ein stabiler Kescherrahmen schadet nicht.

Rute und Bremse

Eine gut funktionierende und vor allem richtig eingestellte Spulenbremse ist ganz sicher einer der wichtigsten Faktoren beim Drill eines Fisches. Aber genau an diesem Punkt wird von der Geräteindustrie leider hin und wieder sehr viel Unsinn verbreitet und viele Angler kommen deswegen damit nicht zurecht.

Werbeaussagen wie... »eine Bremse mit der Kraft eine Lokomotive zu stoppen« ..., mit der vor einigen Jahren für eine bestimmte Fliegenrollenserie geworben wurde, sind absolut überflüssig. Versucht man einen vitalen, kräftigen Fisch einfach kurzerhand zu stoppen, dreht man also die Bremse voll zu, reißt sich der Fisch oft vom Haken los. Oft bricht auch ein Verbindungsknoten. Genau das will man vermeiden. Die Bremse soll also nicht abrupt stoppen, sondern soviel Widerstand aufbauen, dass der Fisch rasch erschöpft wird und sich bald geschlagen gibt. Und je nach Tragkraft der Schnur kann dies sogar eine relativ leichte Einstellung der Bremse sein. Man darf nämlich eines nicht vergessen: Bremsdruck wird durch Reibung aufgebaut. Die entsteht einerseits durch die Reibung der Bremsscheiben in der Spule, andererseits aber auch durch die Reibung der Schnur in den Ringen der schräg nach oben gehaltenen Rute. Dieser Widerstand addiert sich zu der Wirkung der Spulenbremse.

Richtige Bremseinstellung

Wie stellt man nun die Bremse einer Stationärrolle richtig ein? Hier gibt es einen einfachen Trick.

Binden Sie das Schnurende an ein Stückchen Rundholz und geben Sie es einer zweiten Person in die Hand. Ziehen Sie etwa 6 bis 10 m Schnur ab und halten Sie dann die Rute im 45 Grad Winkel nach oben. Spannen Sie nun die Schnur. Dann versucht ihr Helfer Schnur abzuziehen. Nun wirkt einerseits die Bremse, aber auch die Reibung der Schnur in den Rutenringen. Ist der Widerstand deutlich spürbar, aber die Schnur lässt sich noch ohne Probleme von der Spule holen, ist die Bremseinstellung in etwa richtig.

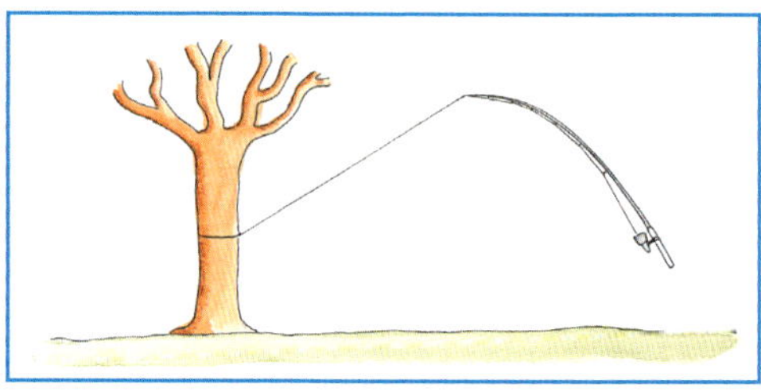

Bremseinstellung ohne Helfer.

Tipps für Drill und Landung:

- Der Winkel zwischen Handteil und Schnurrichtung soll grundsätzlich 90 Grad betragen. So federt die Rutenspitze die Stöße des Fisches optimal ab. Das zähe Rückgrat im unteren Teil der Rute entwickelt am meisten Kraft, um den Fisch müde zu machen.
- Stoppt der Fisch, zieht man ihn durch Heben der Rute heran und kurbelt nur beim Absenken der Rute Schnur auf. Diese Technik wird »Pumpen« genannt. Am Anfang etwas ungewohnt, aber schnell zu erlernen. Drehen Sie nie an der Kurbel solange der Fisch Schnur nimmt. Sie würde hoffnungslos verdrallen.
- »Steht« der Fisch in der Strömung, üben Sie mit abgesenkter Rute Seitendruck auf ihn aus und ziehen Sie ihn dann von seinem Standplatz weg, immer ein Stückchen näher zum Ufer hin.
- Ist der Fisch bereits in der Nähe, aber noch nicht genug ermüdet, kann man ihn durch seitliches Umlegen der Rute zum Wenden zwingen. Wenige Wiederholungen bringen ihn aus dem Gleichgewicht und kürzen den Drill ab.
- Drehen Sie kurz vor der Landung auf keinen Fall die Rollenbremse zu. Falls der Fisch noch einen Fluchtversuch unternimmt, versuchen Sie nicht ihn einfach zu stoppen, sondern lassen Sie ihn laufen. Die Schnur besitzt auf die kurze Distanz wenig Dehnung, die Bruchgefahr ist enorm. Sobald der Fisch langsamer wird, üben Sie erneut vorsichtig Druck aus. Nützen Sie die Elastizität ihrer Rute und ziehen Sie den Fisch näher heran.

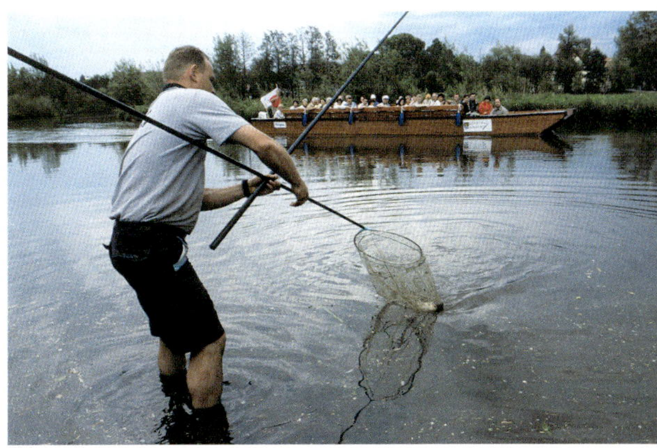

Den Kescher mit dem Fisch nicht heben sondern zu sich heranziehen, sonst besteht Bruchgefahr für die Haltestange.

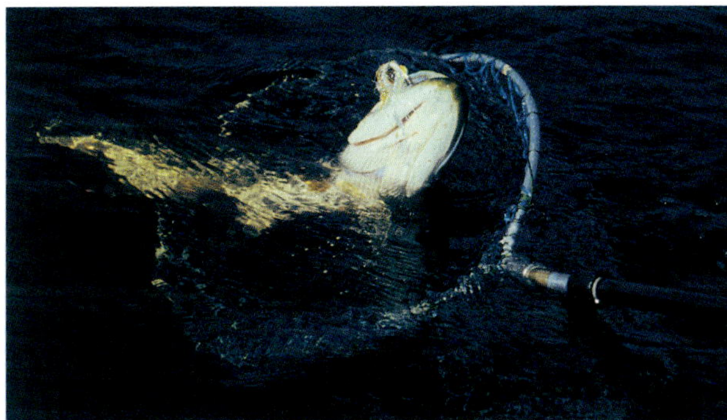

Zeigt der Fisch »weiß«, kann er gekeschert werden.

- Niemals mit dem Kescher aktiv nach dem Fisch greifen. Ein Fisch wird grundsätzlich erst dann gelandet, wenn er sich auf die Seite dreht und ein Teil seines hellen Bauches sichtbar wird. Der Fisch zeigt »weiß«. In der Regel ein Zeichen, dass sein Widerstand endgültig gebrochen ist. Ist man zu zweit, hält der Helfer den Kescher dort ins Wasser, wo der Angler es haben möchte.

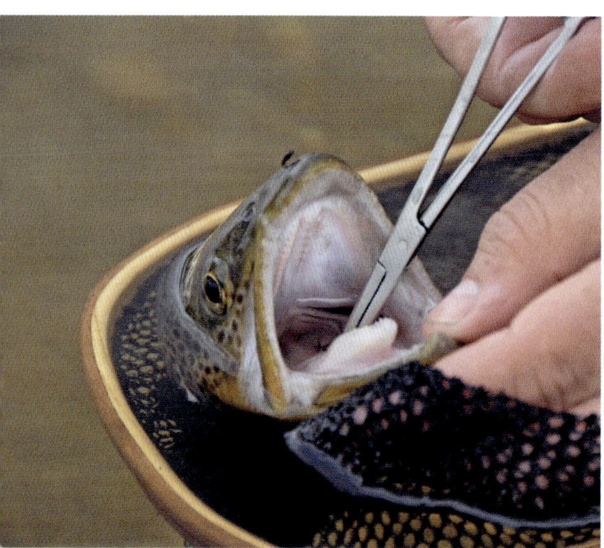

Bei untermaßigen Fischen den Haken möglichst schon im Wasser lösen.

Der Bügel mit dem Netz ist untergetaucht und wird absolut ruhig gehalten. Der Angler geht nun, wenn es möglich ist, einige Schritte zurück, um die Leine nicht zu sehr zu verkürzen und zieht dabei den Fisch über das Netz. Der Helfer hebt es jetzt nur noch hoch, damit sich die Maschen um den Fisch schließen.

- Den Kescher immer mit hinten angehobener Stange an Land ziehen, niemals mit dem Gewicht eines schweren Fisches aus dem Wasser heben. Dann kann die Stange oder das Klappgelenk brechen.
- Will man einen großen Fisch am flachen Ufer »stranden«, bleiben Sie bitte nicht wie angewurzelt am Ufer stehen, sondern gehen Sie mit schräg nach oben gehaltener Rute und relativ langer Leine rückwärts und ziehen ihre Beute ans flache Ufer. Das ist die Landetechnik der Lachsangler, und die haben es bekanntlich mit besonders wehrhaften Fischen zu tun.

Das Mindestmaß

Fische, die die Mindestlänge nicht erreichen, müssen vorsichtig vom Haken gelöst und unverzüglich in das Gewässer zurückgesetzt werden. Das Lösen des Hakens sollte möglichst im Wasser erfolgen, ansonsten darf der Fisch nur mit nassen Händen angefasst werden, um die empfindliche Schleimschicht nicht zu verletzen. Sitzt der Haken zu tief im Maul und kann er nur schwer entfernt werden, wird das Vorfach durchgeschnitten und der Fisch dann zurückgesetzt.

Feststellen der Länge

Hat er nun ... oder hat er nicht? Ein Verstoß gegen die Mindestmaß-Regelung wiegt an vielen Gewässern schwer. Mit den folgenden zwei Vorschlägen können Sie sich behelfen, sollten Sie tatsächlich ein Mal ohne ein Maßband dastehen.

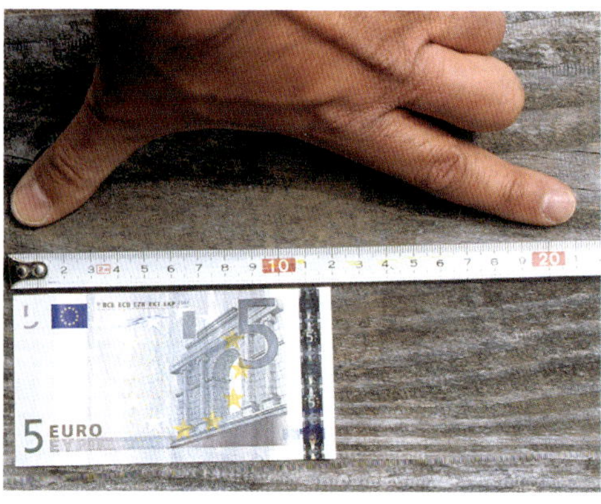

So hilft man sich auch ohne Bandmaß.

1. Merken Sie sich die Länge der wichtigsten Euro-Scheine. Am einfachsten und sehr praktisch verwendbar ist die 12 cm lange 5-Euro-Note. Der Zehn-Euro-Schein ist mit 12,7 cm geringfügig länger und der Zwanziger besitzt eine Seitenlänge von 13,3 mm. Durch Anlegen eines dieser Scheine am Fisch können Sie dessen Länge ziemlich genau feststellen.

2. Spreizen Sie Daumen und Zeigefinger einer Hand weit voneinander ab und messen Sie den Abstand mit einem Lineal ab. Prägen Sie sich das Ergebnis ein: z. B. 21 cm. So wird der Fisch schrittweise abgegriffen.

Waidgerechtes Versorgen

Was muss getan werden, wenn ein Fisch, der für die Küche bestimmt ist endlich sicher an Land ist. Zuerst kommt es darauf an, ihn schnell und schmerzlos zu töten und ihn dann auf schonende Weise bis zum Kochtopf oder Bratpfanne auf den Weg zu bringen.

Betäuben

Ein Fisch, der für die Verwertung in der Küche vorgesehen ist, muss vor dem Töten betäubt werden. Dazu dienen ein oder mehrere wuchtige Schläge mit einem geeigneten Gegenstand auf den Kopf oberhalb der Augen (Nachhirn). Ein ungeeigneter Gegenstand ist dabei zum Beispiel ein Stein, den man sich nach dem Fang eines Fisches schnell am Ufer sucht. Geeignet ist dagegen

Immer am Mann!

Dieses Zubehör sollte ein Angler am Wasser immer mit sich führen. Teilweise ist es sogar in den Angelbestimmungen vorgeschrieben.

Kescher oder Landenetz
Gewährleistet die sichere Landung eines Fisches. Es kann zusammengeklappt mit geführt werden.

Maßband
Zum Feststellen des Mindestmaßes

Fischtöter
Ein geeignetes Stück Hartholz, eventuell mit Bleieinlage für erhöhte Schlagwirkung, zum Betäuben eines Fisches.

Messer
Es soll eine scharfe relativ schmale Klinge und eine kräftige Spitze aufweisen. Ein gezähnter Rücken dient zum Schuppen eines Fisches.

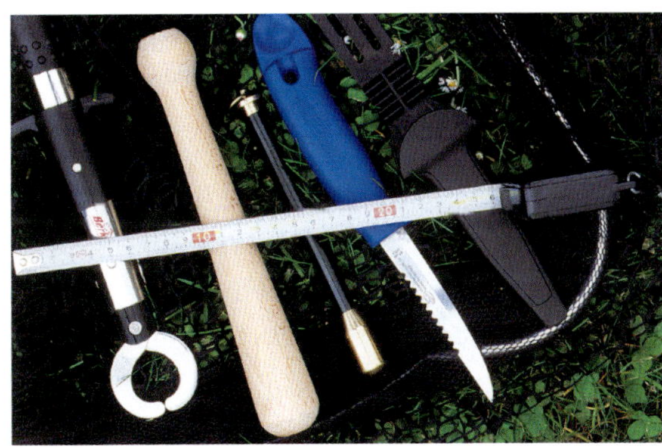

Wichtiges Zubehör: Landenetz oder Fischgreifer für große Raubfische, Bandmaß, ein gutes Messer, ein kräftiger »Priest«.

Der »Augendrehreflex«

Fische, die bei Bewußtsein sind drehen außerhalb des Wassers in der Seitenlage den Augapfel nach unten. Richtig betäubte Fische stellen die Augen »gerade«. Sie machen einen »toten« Eindruck, sind es aber noch nicht.

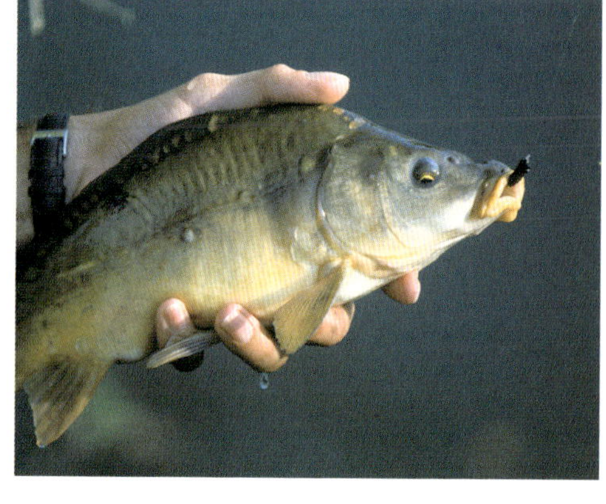

Dass dieser Fisch noch lebt, sieht man an den schräg gestellten Augen.

ein passender stabiler Holzknüppel. Je nach Fisch sollte er eine Länge von ca. 25 bis 35 cm besitzen.

Töten

Es gibt zwei Möglichkeiten einen Fisch schnell und sicher mit dem Messer zu töten. Am besten geeignet ist eine kräftige, relativ schmale Klinge und Spitze.

Herzstich:
Ein gezielter Stich zwischen die Brustflossen, aber ein klein wenig zum Kopf hin versetzt. Ob das Herz getroffen ist, sieht man daran, dass sofort Blut hervorquillt.

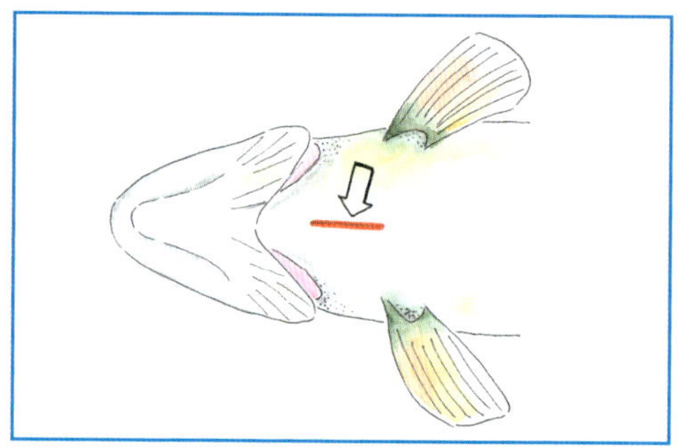

Herzstich

Kiemenrundschnitt:
Auf diese Weise wird die vom Herz zu den Kiemen führende Arterie durchtrennt. Es kommt zu schnellem Ausbluten. Eine wichtige Voraussetzung für die Frischhaltung des Fisches.
Vorgehen: Kiemendeckel anheben, mit scharfem Messer hinter den Kiemenbögen, schräg von oben nach unten, bis zum Herz schneiden.

Sonderfälle

Aal: Ohne Betäubungsschlag wird ein Trennstich durch die Wirbelsäule dicht hinter dem Kopf geführt. Danach werden sofort die Innenorgane einschließlich des Herzens entnommen.
Plattfische: Ein schneller Schnitt trennt den Kopf vom Körper. Aufschneiden der Leibeshöhle und sofortiges Herausnehmen von Herz und Eingeweide führt zu raschem Ausbluten.

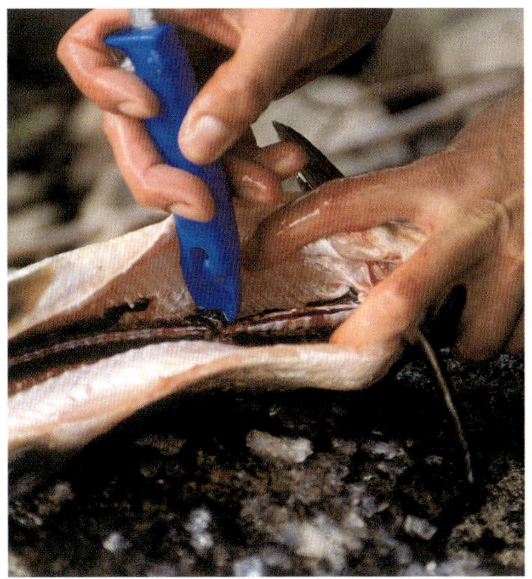

Ein Anglermesser muss nicht teuer sein, aber es sollte stabil sein, eine schmale Klinge aufweisen und sich leicht schärfen lassen. Das hier verwendete Modell (Frosts, Schweden) erfüllt alle Voraussetzungen. Der geriffelte Rücken erleichtert das Entfernen der Schuppen. Mit dem löffelförmigen Ende des Griffs kann auch die Niere sauber entfernt werden.

Ausweiden

Öffnen Sie die Bauchdecke vorsichtig von den Bauchflossen bis zum After und nehmen Sie alle Innenorgane heraus. Passen Sie auf, dass Sie beim Aufschneiden Darm oder Magen möglichst nicht verletzen.

Tote nicht ausgeweidete Fische werden durch vorhandene Verdauungssäfte innerlich verdorben. Lassen Sie einen Fisch nicht lange unversorgt liegen. Im unausgeweideten Zustand beginnt die innerliche Zersetzung schon nach kurzer Zeit. Das vermindert die Fleischqualität. Blutreste, Kiemenbögen und die am Rückgrat entlanglaufenden Nieren müssen ebenfalls sorgfältig entfernt werden. Am besten geht das mit einem Löffel oder einem Messer mit löffelförmigem Schabeteil am Griff.

Auf dem Weg zur Küche

Weitere Behandlung:

- Sobald wie möglich die Leibeshöhle mit sauberem Leitungswasser auswaschen. Das Ausstopfen mit frischem Gras ist nicht empfehlenswert. Keime können in die Leibeshöhle geraten.
- Fische einzeln in Papier einwickeln und in einem trockenem Korb, Kühltasche o. ä. im Schatten lagern.
- Für längere Lagerung den Fisch so schnell wie möglich einfrieren. Falls die Zubereitung für den nächsten Tag vorgesehen ist, reicht natürlich die Lagerung im Kühlschrank. Alternative für große Fische: Einlegen in 5 %ige Salzlake und gekühlt aufbewahren. Fisch : Wasser = 1 : 1.

Merke!

Offenbar kranke oder krank aussehende Fische werden grundsätzlich nicht verzehrt!

- Tiefgefrorene Fische erst am Tag der Zubereitung mit warmen Wasser antauen und noch ein Mal den entstandenen Schleim entfernen. Das geht sehr gut, wenn man sie großzügig mit Salz bestreut. Salz wieder entfernen und dann erst würzen.

Bewährte Konservierungsmethoden sind Einfrieren, Salzen, Pökeln, Einsäuern und Räuchern.

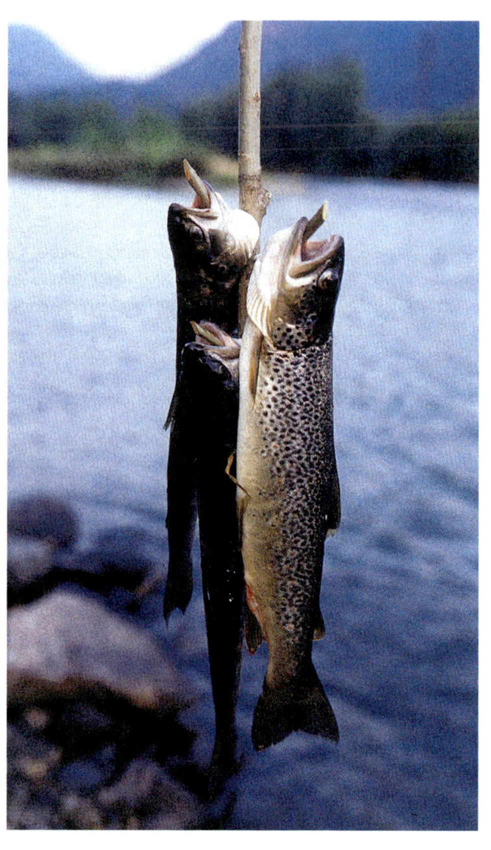

So können gesäuberte Fische bei kühlen Temperaturen für einige Zeit am Gewässer aufbewahrt werden.

Wann ist ein Fisch noch genießbar? ±

	Haut	Kiemen	Augen	Fleisch	Geruch	Frischezustand
+	durchsichtiger Schleim, spiegelnde Oberfläche	leuchtend rot, klarer Schleim	klar, vorgewölbt, glänzende Hornhaut.	fest und elastisch	frisch	frisch, kann unbedenklich gegessen werden.
−	milchiger, angetrübter Schleim	graurot, angetrübter Schleim	leicht eingefallen, getrübte Hornhaut	weich, Elastizität deutlich gemindert	deutlicher, typischer »Fischgeruch«	nicht mehr für den menschlichen Genuss tauglich.

Saison · Standplätze · Wetter

Das beste Gerät und der beste Köder nützt nicht viel, wenn der Angler nicht die Vorgaben der Natur zu deuten weiß.

Fangsaison

So unterschiedlich wie die Fischarten selbst sind auch ihre Lebensumstände. Laichzeiten und Perioden der Aktivität können sehr weit auseinander liegen. Danach richten sich auch die Fang- und Schonzeiten. Hier ein paar grundlegende Hinweise.

Friedfische

Die Karpfenartigen laichen im Frühjahr und kommen erst bei etwas höheren Wassertemperaturen in Fresslaune. Die hält dann über den Sommer hinweg bis in den Frühherbst an. Höhere Wassertemperaturen im Sommer fördern den Stoffwechsel der Karpfenfische.

Raubfische

Das Frühjahr ist etwa ab Mai zwar ein guter Zeitraum zum Raubfischfang allgemein, aber man muss auf die vorgegebenen Schonzeiten der einzelnen Fischarten achten. Ein weiterer

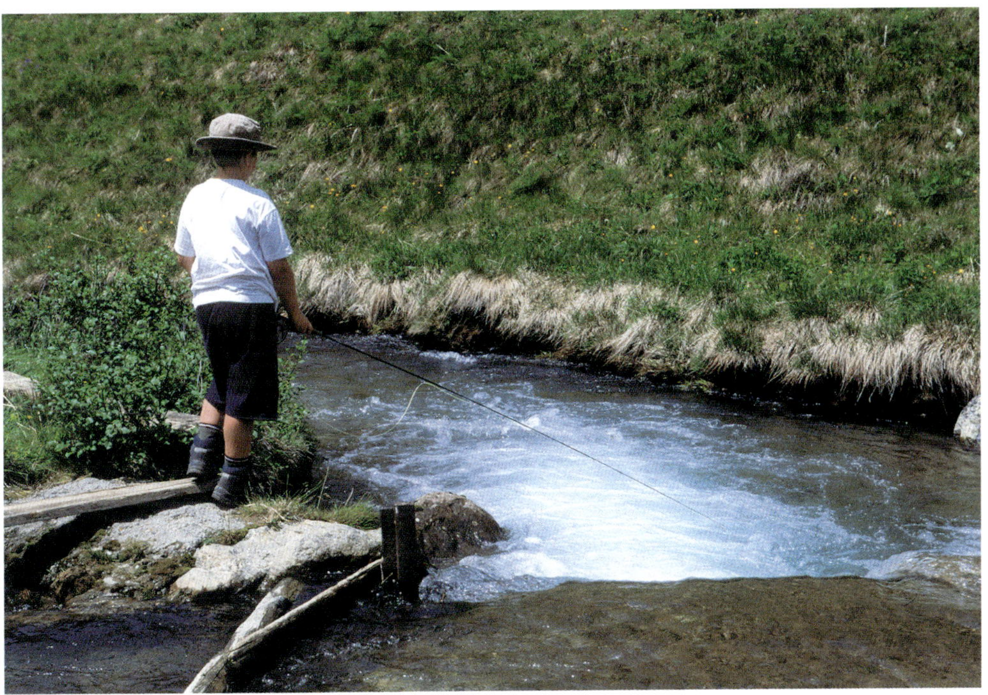

Wehrkolke sind ein Anziehungspunkt für Fische und große und kleine Angler.

Schwerpunkt ist der Spätsommer und der Herbst. Jetzt herrscht ein Nahrungsengpass, weil sich die Beutefische zurückziehen. Aber auch im Winter lassen sich z. B. Hechte und Barsche fangen, selbst unter dem Eis. Allerdings reagieren sie jetzt eher auf langsam und unbewegt angebotene Naturköder.

Salmoniden

Bei Forellen und Äschen liegt die Laichperiode mehr in der kälteren Jahreszeit. Sie sind Insektenliebhaber und gehen besonders gut tagsüber im Frühjahr und Herbst an den Fliegenköder, wenn die meisten Insekten schlüpfen. Im Sommer fischt man besser morgens und abends.

Standplätze

Bach und Fluss

In fließendem Wasser kann man anhand der verschiedenen Strömungsverhältnisse schon auf die zu erwartenden Fischarten schließen.

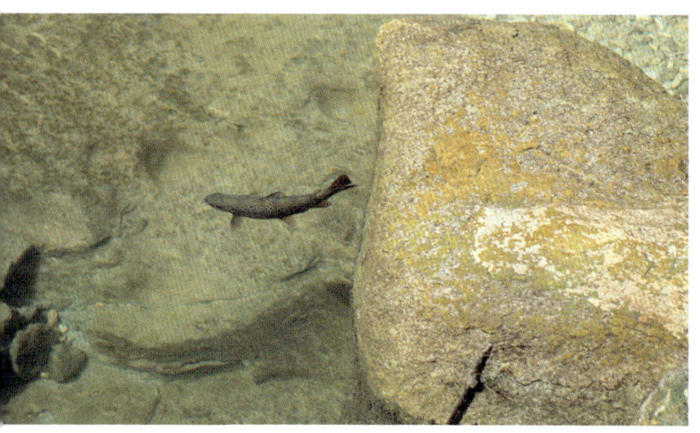

Eine Forelle nützt in einem Bach den Strömungsstau vor einem Stein.

In zügiger, freier Strömung findet man Fischarten mit lang gezogenem, spindelförmigem und muskulösem Körper. Zum Beispiel Regenbogenforelle, Bachsaibling, Rapfen, Hasel und Ukelei. Die Bachforelle braucht zwar auch das sauerstoffreiche, schnell fließende Wasser, steht aber meistens abseits von der Hauptströmung, im Schutz von Steinen, Baumwurzeln oder anderen Hindernissen, um Energie zu sparen.
Die abgeflachte Kopfform weist Barbe, Äsche und Nase als Grundfische aus. Ähnlich wie ein Rennwagen mit Spoiler »kleben« sie durch den Wasserdruck am Boden.
Weniger bis gar keine Strömung mögen z. B. Döbel, Karpfen, Brachsen, Güster, Rotauge, Schleie, Barsch, Hecht, Wels und Aal. Hochrückige seitliche abgeflachte Fische wie Brachse oder Barsch können problemlos zwischen langstieligen Wasserpflanzen hindurchschwimmen.

Die besten Stellen in Bach und Fluss:

- In Bächen: Tiefere Strömungsgumpen und Wehrkolke. Alle Strukturen, die den Fischen Schutz vor zu harter Strömung bieten, größere Steine und umgestürzte Bäume, sowie unterspülte Baumwurzeln und ausgehöhlte Ufer.
- Wird der Fluss etwas größer, findet man in den Rinnen zwischen den Kiesbänken Barben und Äschen. Sohlschwellen und Brückengumpen unterbrechen den gleichförmigen Lauf der Strömung und bieten eine Heimat für unterschiedliche Fischarten. Interessant sind immer auch Kurven im Flussverlauf. Am äußeren »Prallufer«

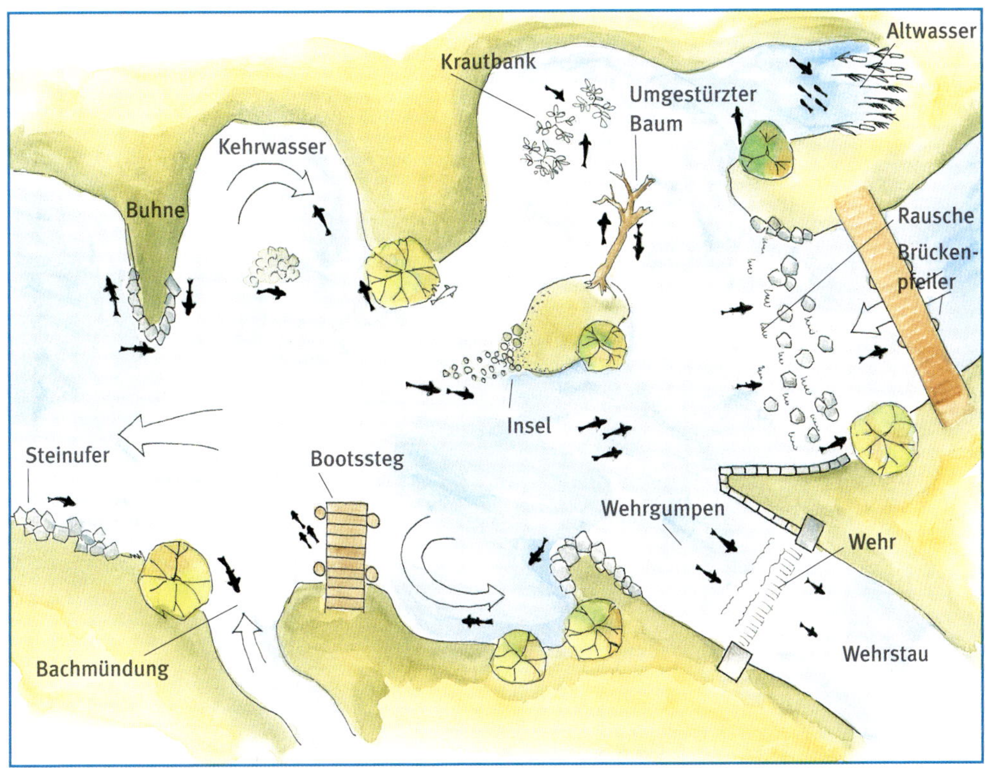

Jeder Angler sollte in einem ihm unbekannten Gewässer nach den besten Fischstandplätzen suchen.

stehen die Fische bei normalem Wasserstand, bei Hochwasser herrscht hier zu starke Strömung, dann wandern sie hinüber zum »Gleitufer« auf der Kurveninnenseite.

- Altwässer und größere Ufereinbuchtungen mit überwiegendem Schlammgrund beherbergen Karpfen, Brassen und Schleien. Auch der Hecht liegt hier im Hinterhalt.
- Besonders beliebt sind Einmündungen von Seitenbächen. Hier wird zusätzliche Nahrung in den Hauptfluss geschwemmt. An solchen Stellen kann man immer mit verschiedenen Fischarten rechnen.
- Weiter stromabwärts, wo der Fluss breit und behäbig geworden ist, sollte man auf Pflanzengürtel am Ufer achten. Bootsanlegestellen und kleine Häfen sind ebenfalls ein Anziehungspunkt für Fische und damit auch für Angler.
- Buhnen in größeren Flüssen bieten auf beiden Seiten durch unterschiedliche Strömungsverhältnisse auch unterschiedliche Lebensräume. Starke Zander stehen zum Beispiel gerne zwischen den Steinen an der vom Fluss umspülten Spitze der Buhne und lauern dort auf Beute.

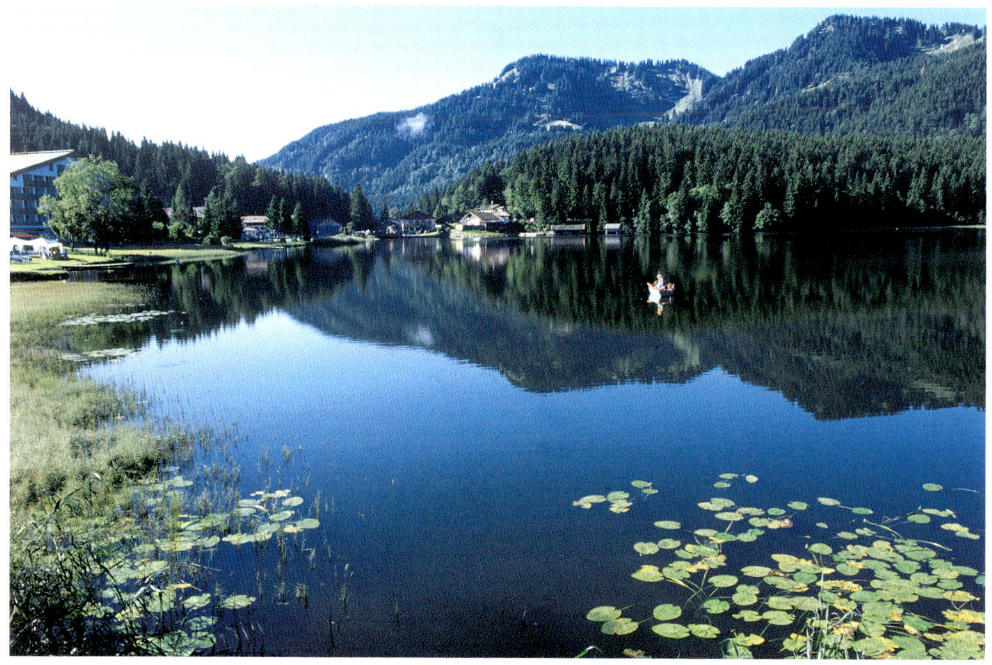

Bewachsene Uferstreifen sind immer für den einen oder anderen Fisch gut. Mit dem Boot lassen sie sich von der Seeseite her am besten befischen.

Seen und Talsperren

In großen Stillwassern mit guter Wasserqualität findet man auch große Fische. Aber als Angler kommt man sich angesichts der weiten Wasserflächen oft ein wenig verloren und überfordert vor. Wo soll man beginnen. Hier eine Reihe von Stellen, auf die man achten sollte:

- Plötzliche Abbrüche hinter flachen Uferpartien werden »Scharkante« genannt. Hier patrouillieren gerne Raubfische entlang und attackieren die Beutefische im flachen Bereich.
- Unterwasserberge sind Erhebungen des Gewässerbodens und wegen des Kleinfischaufkommens Anziehungspunkte für Raubfische.
- Krautbänke: Hier verstecken sich Barsch und Hecht. Auch große Karpfen ziehen sich hierhin zurück.
- Schilfgürtel: An der Kante stehen Hecht, Barsch, Karpfen, Brachsen und Rotaugen.
- Einmündungen von Bächen und Flüssen: Alle Fischarten kommen hier vor. Einer der besten Plätze.
- Wo sich Halbinseln und Geländevorsprüngen in das Gewässer fortsetzen, sorgt dies für einen abwechslungsreichen Gewässerboden und damit für ein attraktives Fischrevier.

- Ränder von flachen pflanzenreichen Verlandungszonen bieten einen guten Lebensraum. Im Frühjahr sind dies die ersten wärmeren Bereiche wo die Fische nach Nahrung suchen. Im Sommer viel versprechend vor allem am frühen Morgen und am späten Abend, sobald es wieder etwas kühler wird.
- Ins Wasser gestürzte Uferbäume: Zwischen den Ästen suchen viele kleinere Fische Schutz und die Räuber finden die notwendige Tarnung. Ebenfalls ein sehr guter Platz für große Karpfen. Aber Vorsicht: Die vielen Äste machen den Drill schwierig!
- Rund um Inseln: Die nahrungsreichen Flachbereiche werden von vielen Fischarten aufgesucht. Wer vom Boot aus angelt, sollte dies entsprechend berücksichtigen.

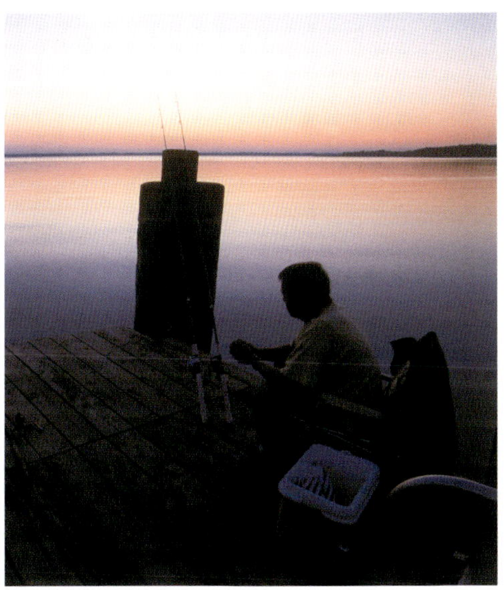

Ein Angler versucht es abends an einem oberbayerischen See vom Anlegepier der Ausflugsdampfer aus auf Zander.

Witterung

Wind, Regen, Sonne

Die allgemeine Windrichtung kann entscheidend sein. West- und Südwind gilt allgemein als gut, kalter Nord- und Ostwind generell als schlecht. Da ist sicher etwas Wahres dran, allerdings gibt es auch Ausnahmen.

In einem Stillwasser spielt der Wind eine besondere Rolle. Bei praller Sonne und Windstille dringt das Licht tief ins klare Wasser. Viele Fische bleiben nun lieber in der schützenden Tiefe. Unter einer unruhigen Wasserfläche fühlen sich die Fische wohler und kommen auch nach oben.

Auflandiger Wind gilt allgemein als gut, ablandiger als schlecht. Diese Regel gilt übrigens auch für die Küste. Im Süßwasser reagieren Karpfen, Rotfedern und Brachsen sehr schnell auf stärkeren Wind und ziehen in die Richtung wo die Wellen ans Ufer schlagen. Am langsam aufsteigenden Gewässerboden suchen sie nach allerlei Fressbaren, das von den Wellen am Gewässerboden frei gespült wird. Zusätzlich fühlen sich die Fische in dem leicht getrübten Wasser sehr sicher.

Selbst mittleres Hochwasser in einem Fluss kann sich günstig auf das Fressverhalten der Fische auswirken. Sie halten sich nun nahe am geschützten Ufer auf. Die Angel also nicht zu weit auswerfen.

Luftdruck

Herrscht im Sommer über längere Zeit hoher Luftdruck mit warmen Temperaturen und wenig Wind, stellen die Fische ihren Stoffwechsel auf Sparflamme. Schlägt das Wetter aber um, kommt der Wind plötzlich wieder aus West oder Südwest und gesellt sich vielleicht etwas Regen dazu, sollte man diesen Zeitpunkt nicht übersehen. Die Fische werden schnell wieder mobil, und manchmal stürzen sie sich regelrecht auf jeden Köder. Ganz besonders ist das bei Raubfischen der Fall. An solchen Tagen habe ich schon drei oder vier schöne Hechte kurz hintereinander gefangen, während an gleicher Stelle ein zwei Tage vorher bei hohem Luftdruck kein Fisch zu verführen war. Im Winter ist ein guter Zeitpunkt zum Hechtfang, wenn eine kalte trockene Periode von milderem Wetter abgelöst wird. Am besten sind dann tote Köderfische oder ein sehr langsam bewegter Kunstköder.

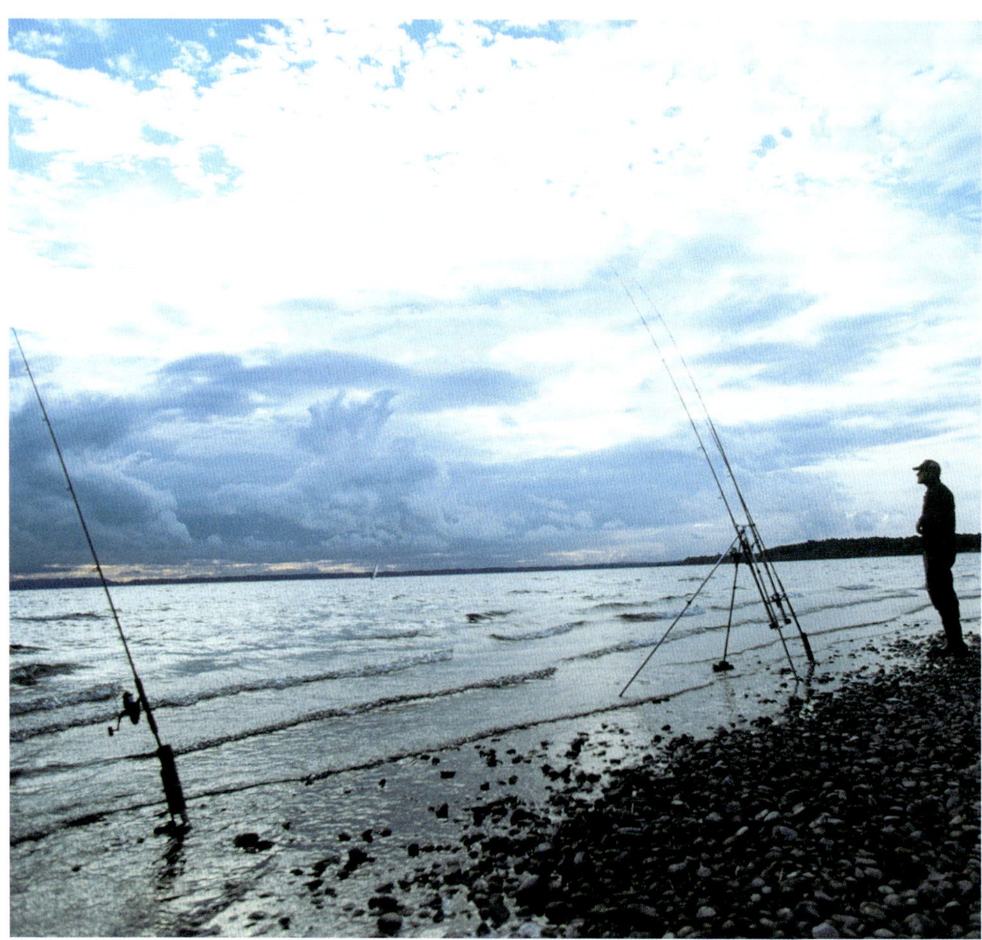

Auflandiger Wind bringt die Fische auch an einem flachen Ufer nahe unter Land. Einerseits fühlen sie sich unter der unruhigen Wasseroberfläche sicherer, andererseits werden sie durch die von den Wellen aus dem Gewässergrund losgeschlagenen Nahrungspartikel angelockt.

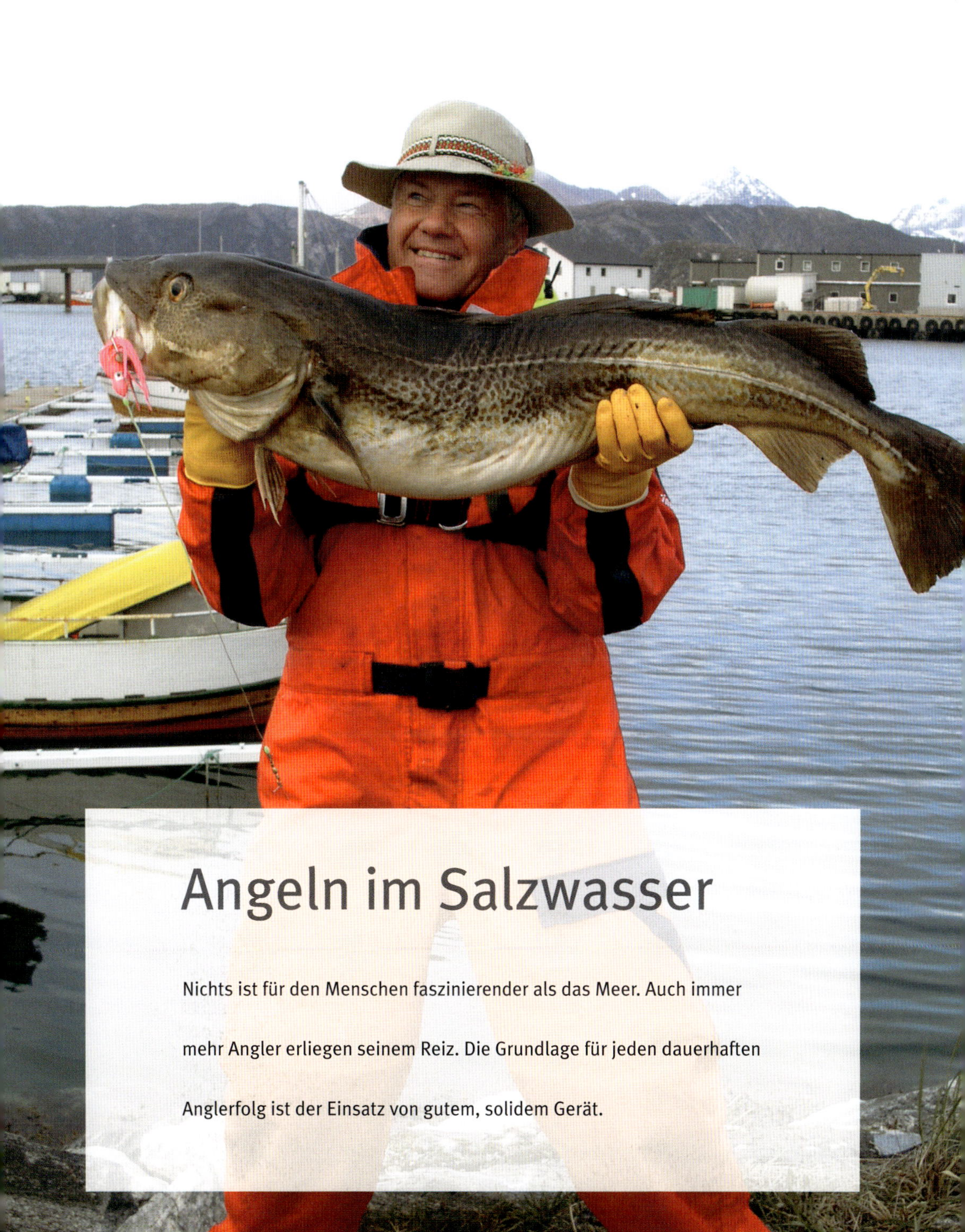

Angeln im Salzwasser

Nichts ist für den Menschen faszinierender als das Meer. Auch immer mehr Angler erliegen seinem Reiz. Die Grundlage für jeden dauerhaften Anglerfolg ist der Einsatz von gutem, solidem Gerät.

Dorsch (Kabeljau)

Gadus morhua

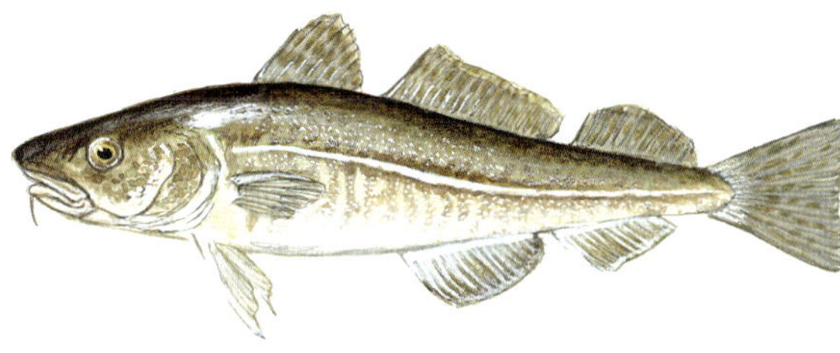

Größe: Bis 150 cm
Gewicht: Bis 40 kg
Laichzeit: Frühjahr
Fangsaison: Ganzjährig, Großdorsche im Winter
Empfohlenes Angelgerät: Starke Pilk- oder Grundangel
Köder: Wattwurm, Fischfetzen, Tintenfische, Pilker, Gummischwänze als Beifänger, schwere Jigs
Lebensraum: Vorzugsweise steiniger Grund mit Seetang

Pollack

Pollachius pollachius

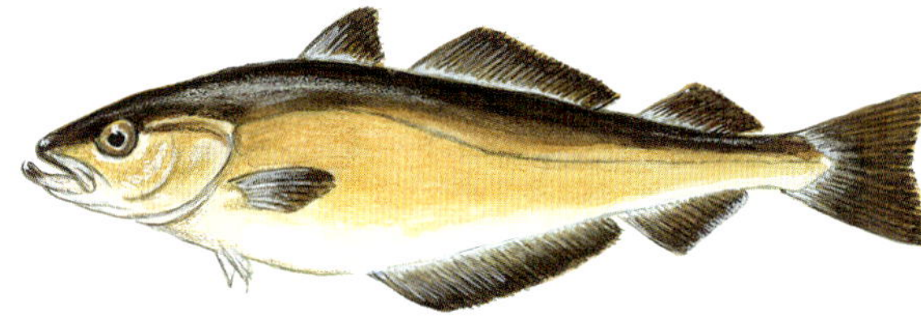

Größe: Bis 130 cm
Gewicht: Bis 14 kg
Laichzeit: Januar bis Juni
Fangsaison: Ganzjährig
Empfohlenes Angelgerät: Starke Grund- oder Spinnangel, auch starkes Fliegengerät
Köder: Schlanke nicht zu leichte Blinker, Pilker, Streamer, Fischfetzen
Lebensraum: Felsenküsten von Norwegen bis Portugal. Besonders häufig in Südengland und Irland. Gut beim Klippenangeln zu fangen. Bevorzugt Stellen mit viel Tangbewuchs.

Köhler

Pollachius virens

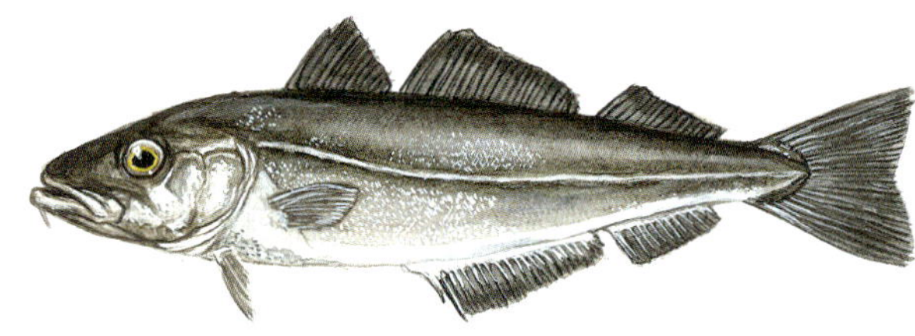

Größe: Bis 130 cm
Gewicht: Bis 18 kg
Laichzeit: Frühjahr
Fangsaison: Ganzjährig
Empfohlenes Angelgerät: Starke Spinn- oder Pilkangel
Köder: Blinker, Pilker, Naturköder
Lebensraum: Freischwimmer, aber in Grundnähe

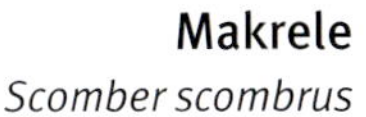

Makrele

Scomber scombrus

Größe: Bis 50 cm
Gewicht: Bis 1 kg
Laichzeit: Juni bis Juli (Nordsee)
Fangsaison: Juli bis Oktober
Empfohlenes Angelgerät: Leichte Pilk- bzw. starke Spinnangel
Köder: Blinker, Federhaken, Fischfetzen
Lebensraum: In großen Schwärmen im offenen Meer vorkommend. Typischer Sommerfisch, kommt im Hochsommer auch dicht unter Land und kann dann von Molen und Klippen aus gefangen werden.

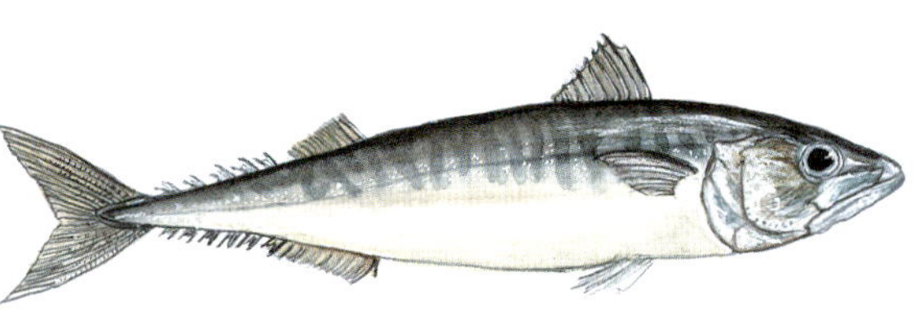

Scholle

Pleuronectes platessa

Größe: Bis 70 cm
Gewicht: Bis 4 kg (meist unter 1 kg)
Laichzeit: November bis Juni (Nord- und Ostsee)
Fangsaison: Ganzjährig
Empfohlenes Angelgerät: Boots- und Brandungsangel
Köder: Watt- und Seeringelwürmer, Muschelfleisch, Heringsfetzen, Buttlöffel
Lebensraum: Flache Küstengewässer bis 200 m Tiefe. Vorwiegend über sandig-kiesigem Mischgrund mit Pflanzenbewuchs.

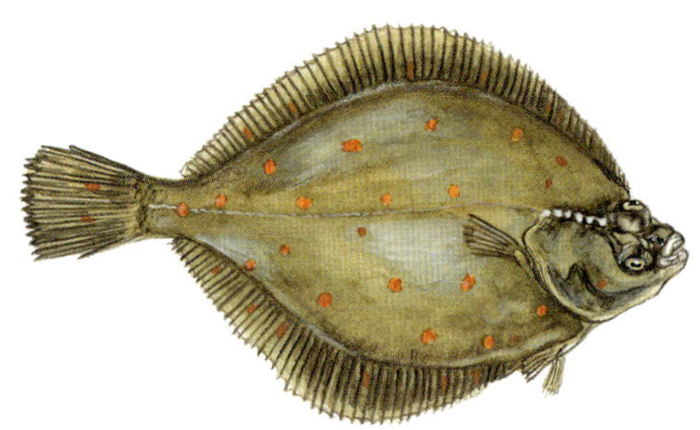

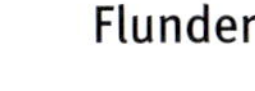

Flunder

Größe: Bis 45 cm
Gewicht: Bis 2 kg (meist 0,5 kg)
Laichzeit: Februar bis Mai (Nordsee)
Fangsaison: Ganzjährig
Empfohlenes Angelgerät: Brandungsangel
Köder: Watt- und Seeringelwürmer, Fischfetzen, Schnecken- oder Muschelfleisch
Lebensraum: Küstennah, wandert als Jungtier bis ins Süßwasser der Flüsse

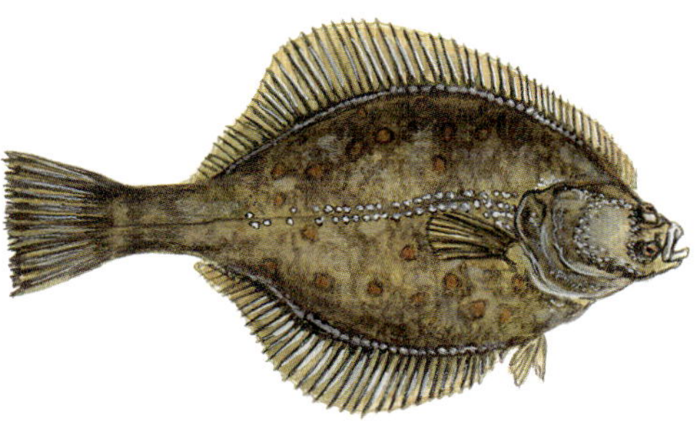

Hornhecht

Belone belone

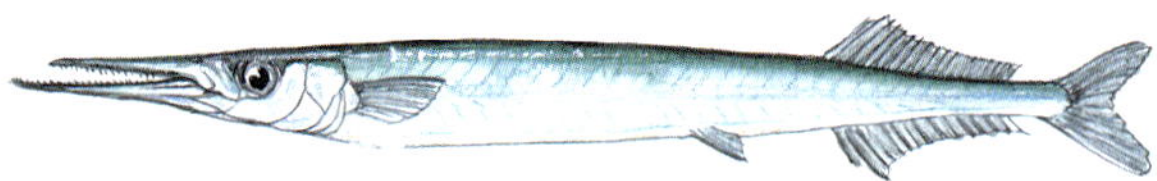

Größe: Bis 90 cm
Gewicht: Bis 1,5 kg
Laichzeit: Mai bis Juni
Fangsaison: In Nord- und Ostsee Mai bis September.
Empfohlenes Angelgerät: Posen-, Spinn- und Fliegenangel
Köder: Fischfetzen, kleine Blinker, Streamer
Lebensraum: Alle europäischen Meere. Gute Fangmöglichkeiten vom Ufer aus. Wenig Wind und Sonne günstig.

Dicklippige Meeräsche

Chelon labrosus

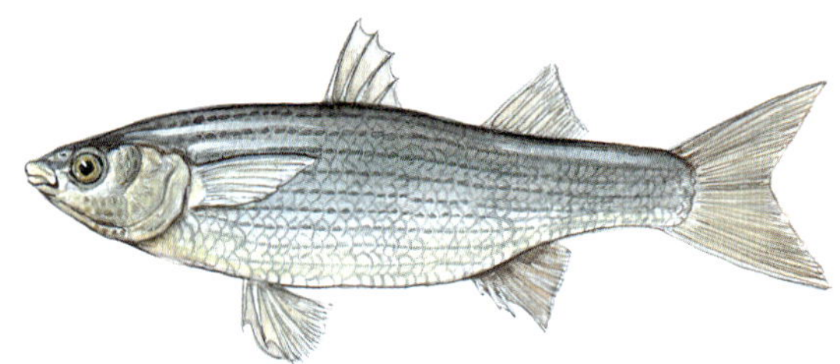

Größe: Bis 60 cm
Gewicht: Bis 3 kg
Laichzeit: Frühjahr
Fangsaison: Hauptsächlich Sommermonate, in Nord- und Ostsee ab Wassertemperatur 15 °C
Empfohlenes Angelgerät: Posenangel
Köder: Brotkruste, -flocke, -teig, kleiner Wurm oder Wurmstückchen, Maden, kleine Fischstückchen. Anfüttern notwendig.
Lebensraum: Küstenbewohner, sammelt sich gerne in Häfen um Molen und Schiffe herum.

Gestreifter Seewolf

Anarhichas lupus

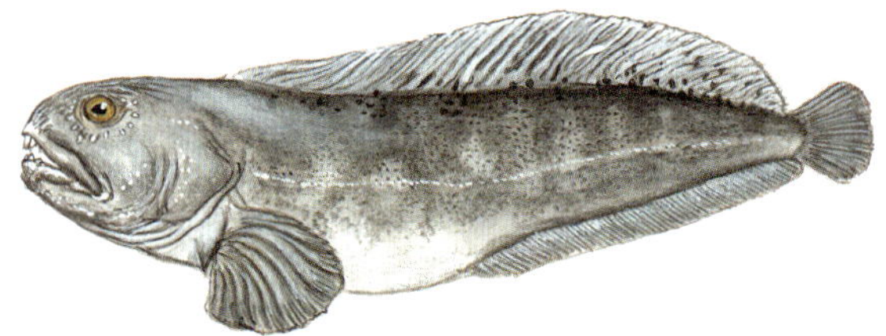

Größe: Bis 120 cm
Gewicht: Bis 15 kg
Laichzeit: Oktober bis Januar
Fangsaison: Ganzjährig
Empfohlenes Angelgerät: Starke Boots- oder Pilkangel
Köder: Fischstücke, Muschelfleisch
Lebensraum: In 20 bis 200 m Tiefe über eher flachem Steingrund.

Leng

Molva molva

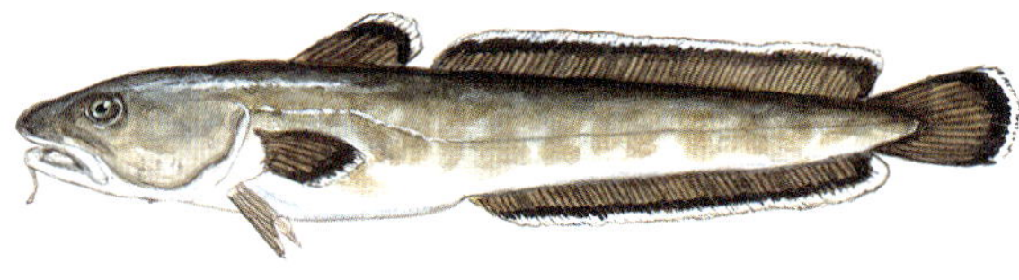

Größe: Bis 1,80 m
Gewicht: Bis 35 kg
Laichzeit: April bis Juni
Fangsaison: Ganzjährig
Empfohlenes Angelgerät: Starke Boots- oder Pilkangel
Köder: Fischstücke, Pilker (Haken beködert)
Lebensraum: Gesamter Nordatlantik bis Biskaya. Typischer Wrackfisch, meist nur vom Boot aus zu fangen. Erfolg hängt von der Erfahrung des Kapitäns ab.

Angelmethoden für das Meer

Die Küstengebiete Europas bieten ambitionierten Anglern die unterschiedlichsten Möglichkeiten auf viele verschiedene Fischarten.

Pier- und Klippenangeln

Einer der attraktivsten Plätze für Küstenangler sind Piere und Molen in Schiffshäfen. Es fällt immer irgendwelche Nahrung an und deshalb halten sich an solchen Plätzen viele Fische auf. Die beliebteste Methode ist wahrscheinlich das Grundangeln, bei dem der Köder wie im Süßwasser mit einem Grundblei auf den Boden gelegt wird. Aber auch eine Posenmontage kann sehr erfolgreich sein. An manchen Molen lohnt sich zudem das Spinnfischen. Je tiefer das Wasser ist, desto besser sind generell die Fangaussichten. Sogar große Conger lassen sich von manchen Molen aus fangen. Bei sandigem Grund, kann man zumindest mit Plattfischen rechnen. Über unruhigen Stein- oder Felsböden halten sich im nördlichen Europa kleine Pollacks, Köhler oder Kabeljaus. Meeräschen sind in den Häfen von ganz Europa verbreitet.

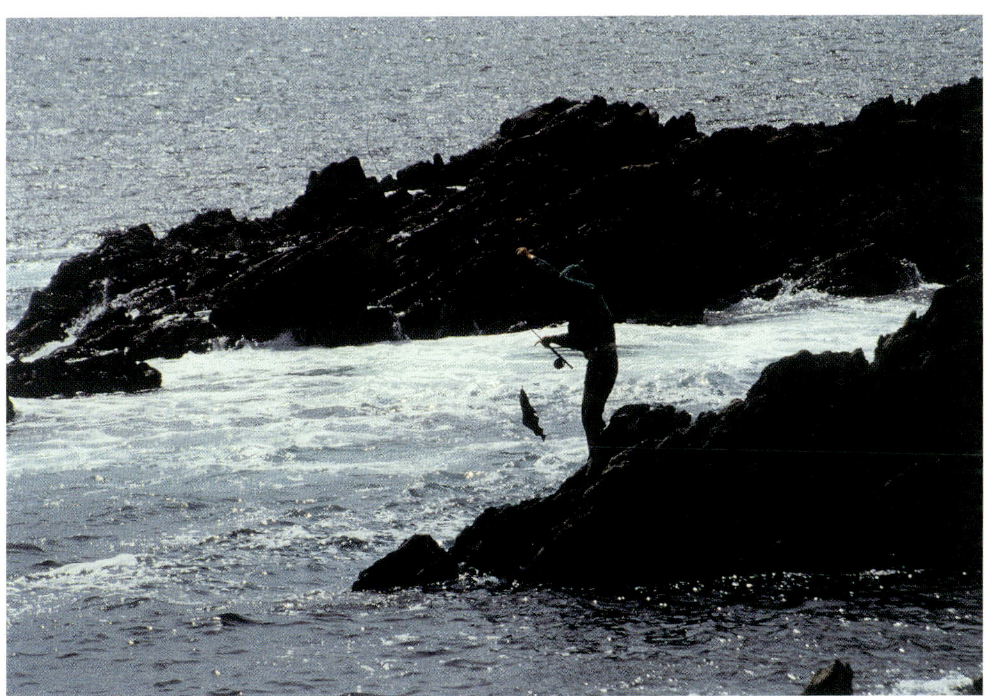

Schroffe Klippen, Wellen und Wind sind für viele Meeresangler eine echte Herausforderung.

Fein oder robust?

Während sich mit einer Posenangel und einem kleinen Stück Makrelen- oder Sandaalstreifen, auch einem Wattwurm, durchaus hin und wieder die eine oder andere Meeräsche überlisten lässt, muss man sich ein wenig mehr anstrengen, will man dauerhaften Erfolg haben. Experten überlassen nichts dem Zufall. Sie hängen ein Zwiebelnetz mit zerstoßenem Brot und ein bisschen zerquetschtem Makrelenfleisch an langer Leine so über die Mole, dass es gerade die Wasseroberfläche berührt. Durch die Wellen werden kleine Stücke ausgespült und schaffen eine Duftspur, die die Meeräschen äußerst attraktiv finden. Gefischt wird mit feinem Gerät. Am Mittelmeer fängt man so auch Gelbstriemen, Blöker, Meerbrassen. Die felsigen Steilküsten des nördlichen Europas, etwa auf den britischen Inseln oder an der norwegischen Küste bieten faszinierenden Angelsport. Man sollte immer nach Stellen Ausschau halten wo das Wasser relativ tief ist und Braunalgen wachsen. Sie sind fast eine Garantie für das Vorkommen von Pollack. Jetzt ist robustes Gerät gefordert.

Gerätevorschlag

Rute: Bolognese- oder Posenrute, Länge 4–7 m, Wurfgewicht: 20–25 g. Rolle/Schnur: Kleine bis mittlere Stationärrolle mit 100 m Monofil 0,16–0,18 mm.

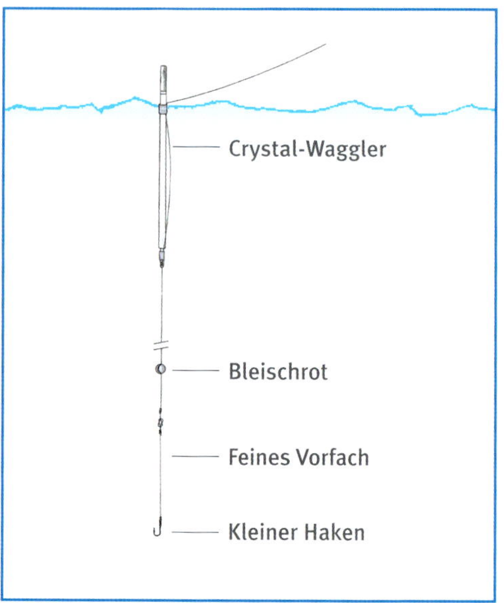

Meeräschen-Montage

Feine Montage für Meeräschen

Ist das Wasser klar, sind abgewandelte Stippmethoden des Süsswassers am erfolgreichsten. Die Montage muss fein ausfallen, sonst schöpfen die misstrauischen Fische sofort Verdacht. Oft darf nur ein Spaltschrot knapp über dem Vorfach angebracht sein. Bei weiteren Würfen zeigt ein gut austarierter, vorgebleiter transparenter Crystal-Waggler oder eine Stickpose die vorsichtigen Bisse besser an. Die Spaltschrote sollten näher an der Pose sitzen als am Köder, damit dieser absolut natürlich absinken kann. In trüberen Hafenbecken kann das Gerät auch etwas gröber ausfallen. Hier sind die Fische an größere Nahrungsbrocken durch die ins Wasser geworfenen Abfälle gewöhnt und nicht so extrem vorsichtig. Köder: Maden, Teig, Brot, kleine Fischstückchen.

Gerätevorschlag (Posen-, Grund- und Spinnangeln)

Rute: Kräftige Spinnrute, Länge: 2,70 bis 3,30 m, Wurfgewicht: 40–60 g
Rolle/Schnur: Mittlere Stationärrolle mit 150 m Monofil 0,35 mm

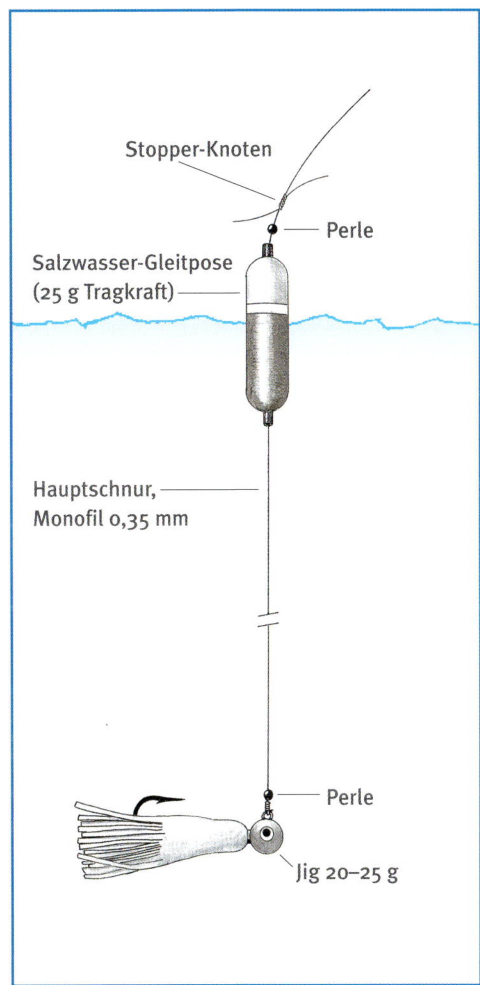

Pose und Jig

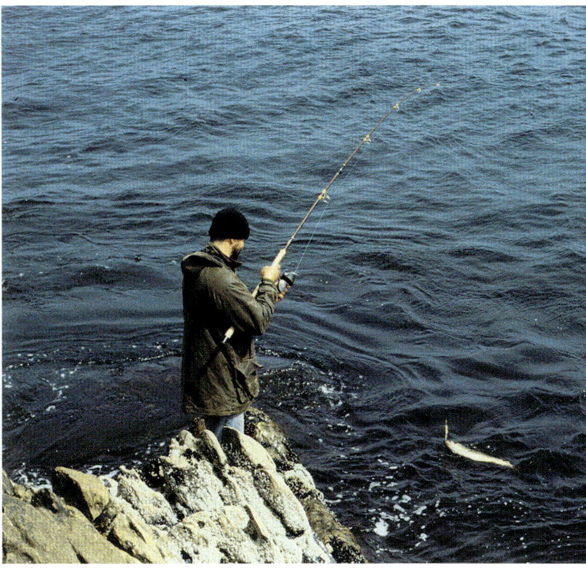

Wer sich in diesem unwegsamen Terrain bewegt, sollte besser Wanderschuhe statt Gummistiefel tragen. Vorsicht: Bei Regen sind die Klippen immer glitschig und sollten keinesfalls betreten werden.

Mit Pose und Jig

Eine sehr einfache, aber pfiffige Posenmontage für das Fischen auf Klippen oder Molen für Makrele, Hornhecht, Köhler, Pollack. Man benötigt dazu nur eine tragkräftige Pose und einen normalen Bleikopf-Haken für Twister-Schwänze oder Gummifischchen. Der Bleikopf dient als Beschwerung, auf den Haken wird ein passender Köder aufgesteckt, z. B. ein silbrig glänzender flatternder Hautstreifen aus einer Makrele oder einem Hering. Hat man keinen natürlichen Köder zur Hand, kann, bei entsprechendem Wellengang, auch ein Twister oder Gummioctopus ausreichen, wenn der Futterneid unter den Fischen groß genug ist. Durch die sich an der Oberfläche

Tipp

Die besten Angelzeiten liegen in der Regel etwa 2 Stunden zu beiden Seiten des höchsten Tidenstandes. Die Abendflut ist besonders gut. Tagsüber lassen sich Makrele und Meeräsche fangen.

bewegende Pose tanzt der Köder verführerisch auf und ab. Manche Fische nehmen den Kunstköder sehr rabiat und haken sich gleich selbst. Diese Montage eignet sich vor allem zum Angeln an mit Tang bewachsenen Klippen. Beim gewöhnlichen Zupfen des Jigs würde dieser ständig im Seetang hängen bleiben. Mit der Pose lässt er sich gut einige Meter von den Felswänden weg halten.

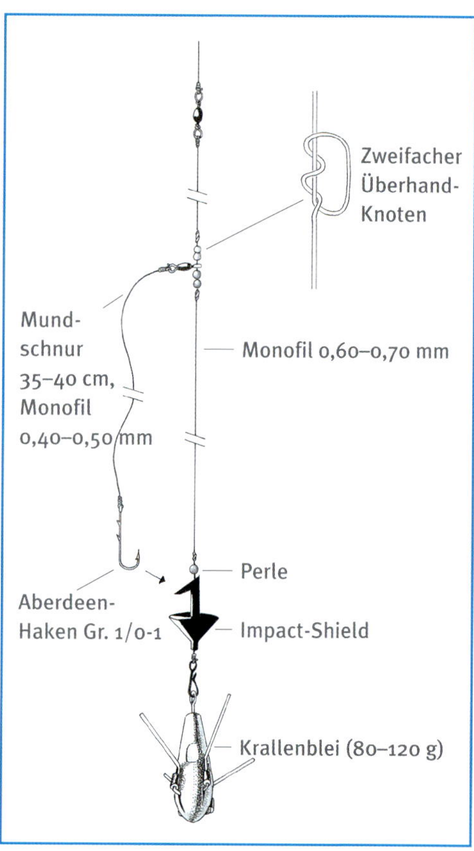

Montage zum Brandungsangeln.

Brandungsangeln

Eigentlich erscheinen lange Sandstrände zum Angeln irgendwie ungeeignet. Zu einförmig und flach sieht die Gegend aus. Aber das täuscht. Auch wenn der Boden nicht so deutlich strukturiert ist, wie an einer Felsenküste, es tummeln sich die verschiedensten Fischarten über dem Sandgrund. Es sind vor allem Plattfische wie Scholle und Flunder, aber auch Dorsch, Wittling, Pollack, Katzenhai sowie kleine Rochen können gefangen werden. Wenn der Wind an Nord- und Ostsee zur Küste hin steht und sich die Wellen weiß schäumend am Ufer brechen, ist es höchste Zeit die langen Brandungsruten hervorzuholen. Denn jetzt kommen Dorsch und Plattfisch dicht unter Land, wo viel Nahrung aus dem Sand frei gespült wird. Die Fische sind in bester Beißlaune.

Weite Würfe

Grundsätzlich kommt es darauf an, die Montage sehr weit zu werfen. Vor der Küste liegen in der Regel mehrere Sandbänke. Dazwischen in den Vertiefungen soll der Köder zu liegen kommen. Idealerweise etwa hinter der zwei-

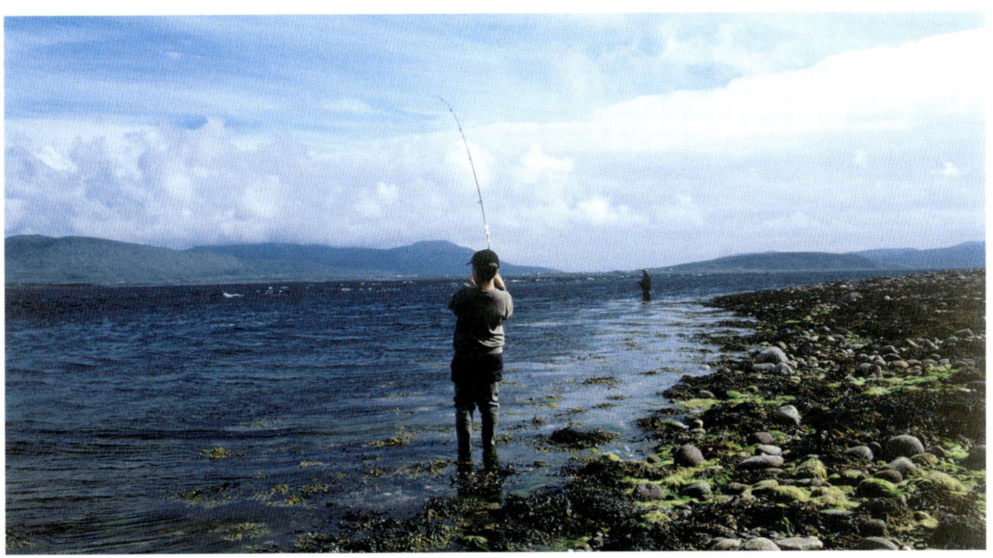

Junger Spinnangler an der irischen Küste. Hier kann man in erster Linie Makrele, Pollack und Hornhecht, aber auch die eine oder andere Meerforelle erwarten.

ten Sandbank. Das wäre bei etwa 100–150 m. Nicht jeder ist so geübt, um diese Distanz zu erreichen und nicht immer muss man so weit werfen. Je nachdem wie steil der Strand ins Wasser abfällt, reichen auch geringere Entfernungen aus. Die beste Brandungsangelzeit ist Herbst bis Frühjahr. Auch das Wetter darf eher ungemütlich sein. Mäßiger, auflandiger Wind lässt den Fisch zum Ufer kommen und erhöht die Erfolgsaussichten enorm.

Brandungs-Montage

Viele Brandungsexperten bevorzugen eine Paternoster-Montage mit zwei Seitenarmen. Die beköderten Seitenarme werden dann entlang des Vorfachs gespannt und die Haken für den Wurf in Einhängeclips, mit oder ohne »Impact-Shield«, eingehängt. Ein Impact Shield sorgt für eine bessere Aerodynamik beim Wurf und schützt den Köder beim Aufprall auf dem Wasser. In diesem Moment wird das gestreckte Vorfach zusammen geschoben und die beköderten Haken lösen sich aus den Clips. Wer es noch nie probiert hat oder über unruhigem, hindernisreichem Grund angelt, verwendet besser nur einen Seitenarm mit einem Haken.

Als Köder sind geeignet:
Watt- und Seeringelwürmer, 5–10 cm lange Fischfleisch-Strips, z. B. aus dem weißen Bauchfleisch von Makrelen, Heringen und Meeräschen oder kleine ganze Fische (Sandaal). Auf die Frische der Köder achten.

Gerät für den Strand

Rute: Brandungsrute, Länge 3,90–4,20 m, Wurfgewicht 150–200 g
Rolle/Schnur: Weitwurf-Stationärrolle mit 250 m Monofil 0,35 mm und Schlagschnur 7–10 m Länge, Monofil 0,60 mm. Um den enormen Druck in der Beschleunigungsphase beim Wurf abzupuffern wird zwischen Hauptschnur und Vorfach eine ca. 7–10 m lange, im Durchmesser stärkere Schlagschnur montiert. Sie hält die enormen Beschleunigungsbelastungen beim Wurf aus und verhindert dadurch ein Reißen der Hauptschnur.
Wer im Urlaub das Brandungsangeln probieren möchte, braucht sich keine besondere Rute zulegen, falls er schon zuhause mit dem Grundblei auf Karpfen angelt. Er sollte dann einfach seine 3,90–4,20 m lange Karpfen- oder Heavy-Feeder-Rute mit an den Strand bringen.

Zubehör

Ein guter Rutenständer ist Pflicht. Am besten sind stabile Dreibeine für zwei Ruten. Und wer sich nicht den ganzen Tag den Unbilden der Witterung aussetzen will, sollte sich einen Schirm oder ein Zelt mitnehmen. Nachts braucht man unbedingt eine Kopflampe.

Tipp

Lassen Sie den Köder nicht immer nur unbewegt liegen. Vor allem kleine Köderfische und Fischstreifen sollte man eher »aktiv« in Verbindung mit einem »Buttlöffel« fischen. Dazu wird der Köder langsam mit Unterbrechungen über den Grund gezogen. Die Lichtreflexe und das Aufwirbeln von Sand ziehen aggressive Plattfische wie Flunder und Scholle an. In diesem Fall kein Krallenblei, sondern ein flaches Grundblei verwenden. Beim ruckartigen Heranzupfen der Montage wird Sand aufgewirbelt und die angriffslustigen Plattfische neugierig gemacht.

Halten Sie stets genügend Vorfächer und Haken bereit, denn nichts ist unangenehmer, als bei Wind und Kälte alles neu knüpfen zu müssen. Zur Ausrüstung gehören selbstverständlich die gültigen Angelpapiere, Hakenlöser, Fischtöter, Maßband und ein Messer, um den Fisch ordnungsgemäß abzustechen. Eine Wurmnadel kann zum Aufziehen der Watt- und Seeringelwürmer sehr hilfreich sein. Als Bissanzeiger haben sich selbst leuchtende »Glimmies« an der Rutenspitze durchgesetzt. Nehmen Sie auch Wurfbleie mit verschiedenen Gewichten mit. Am Anfang mögen 80 g reichen, doch wenn der Wind und die Strömung zulegen sind ganz schnell 200 g schwere Krallenbleie notwendig.

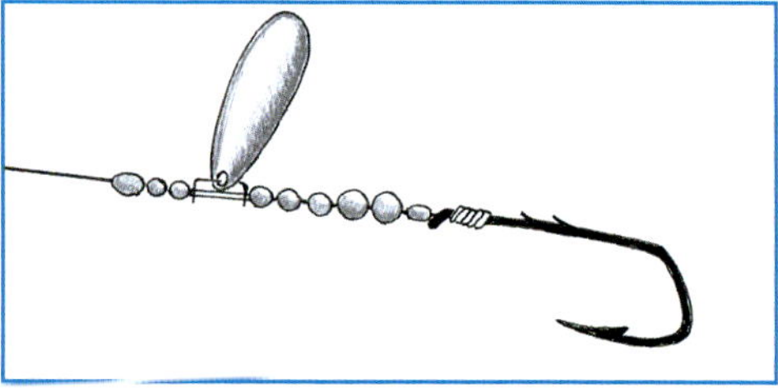

Buttlöffel

Pilkangeln

Eine sehr erfolgreiche Methode, die in so gut wie allen nördlichen europäischen Küstengewässern von Angelkuttern oder kleinen Privatbooten ausgeübt wird. Besonders beliebt ist es auf der Ostsee und viele Petrijünger, die weit im Inland wohnen, machen sich ein oder mehrere Male im Jahr auf, um von Travemünde, Heilighafen oder anderen Häfen aus in See zu stechen, sich einmal richtig Meeresluft um die Nase blasen zu lassen und auf den begehrten Dorsch zu »pilken«.

Schwergewichte

Unter Pilkangeln versteht man den Einsatz eines schweren mit Blei gefüllten Kunstköder, dem Pilker. Prinzipiell ist ein Pilker nichts anderes als ein superschwerer Blinker zwischen 50 und 200 g, der mehr oder weniger schräg bis senkrecht nach unten von einem Boot aus gefischt wird. Zielfische sind je nach Einsatzgebiet nicht nur Dorsch, sondern auch Pollack, Köhler oder Makrelen. Vor allem das leichtere Pilken ist im Sommer in den nördlichen Küstengewässern weit verbreitet. Sehr beliebt ist ein Paternostersystem mit ein bis zwei so genannten Beifängern und einem Endpilker, das vom Boot aus mitten in den mittels Echolot georteten Fischschwarm abgelassen wird. Durch Heben und Senken der Rute spielen die Köder verführerisch im Wasser und werden von den Fischen heftig attackiert. Man benötigt keine teure spezielle Ausrüstung, aber eine kräftige Rute und eine solide Rolle ist notwendig, um das manchmal voll besetzte System an Bord hieven zu können. Die Vor-

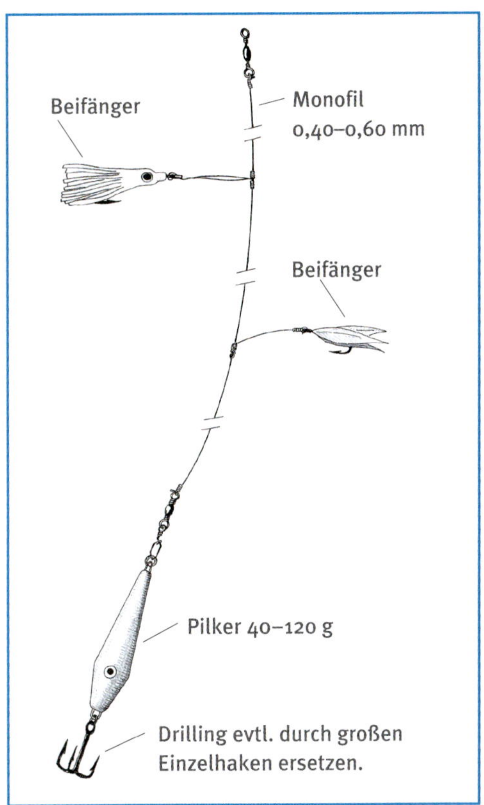

Leichte Pilk-Montage.

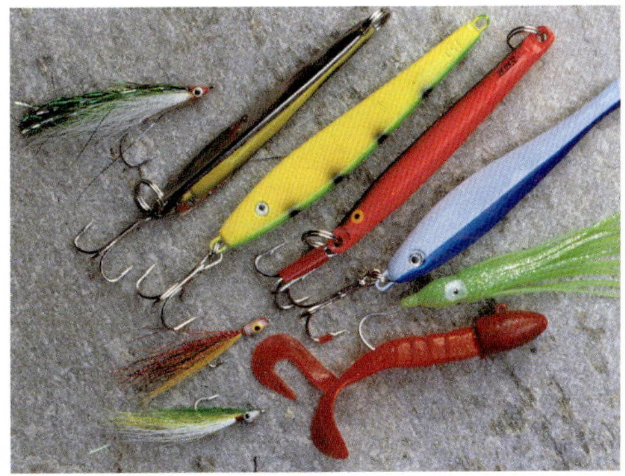

Bleijigs mit Gummi-Wackelschwanz sind ein Erfolgsköder für Pollack, Dorsch und andere Fischarten.

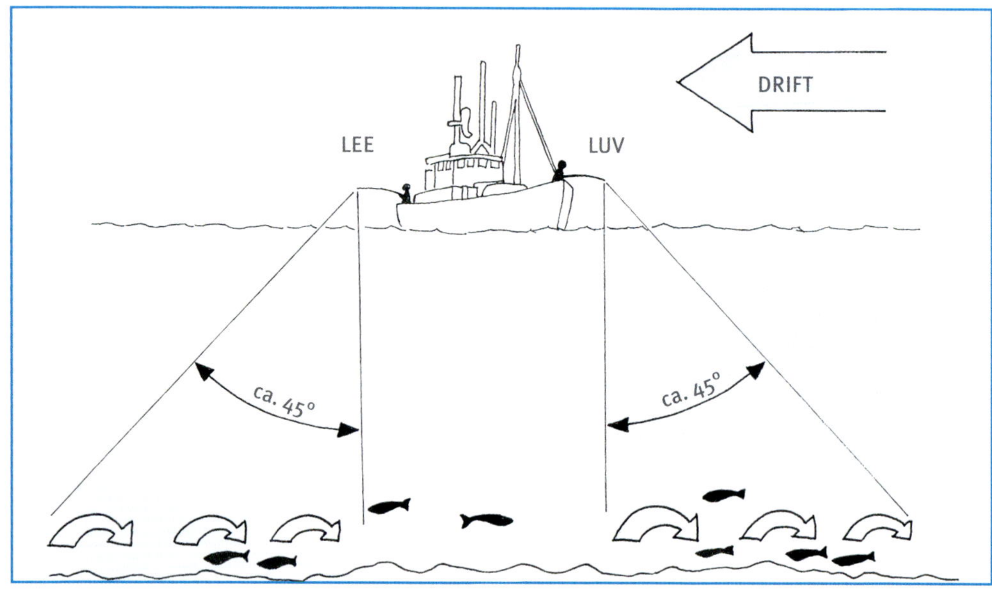

Tipp

Lassen Sie den Pilker bis zum Boden absinken, heben Sie ihn etwa einen Meter davon ab und beginnen Sie dann mit dem Heben und Senken. Dabei sind kurze gefühlvolle Sprünge oft besser als zu große. Erfolgt innerhalb weniger Minuten kein Biss, versuchen Sie es noch etwas höher. Wiederholen Sie diesen Vorgang bis Sie die Fische gefunden haben.

fächer werden aus 0,50–0,60 mm starkem Monofil geknüpft. Bis zu vier Beifänger sind im Abstand von etwa 40 cm mit einem Chirurgenknoten oder einer Seitenarm-Schlaufe ans Vorfach gebunden.

Gar nicht selten fangen die Beifänger mehr Fische als der Pilker. Versuchen Sie unterschiedliche Farben. An einem Tag kann z. B. Rot sehr gut sein, am anderen aber Grün oder Gelb.

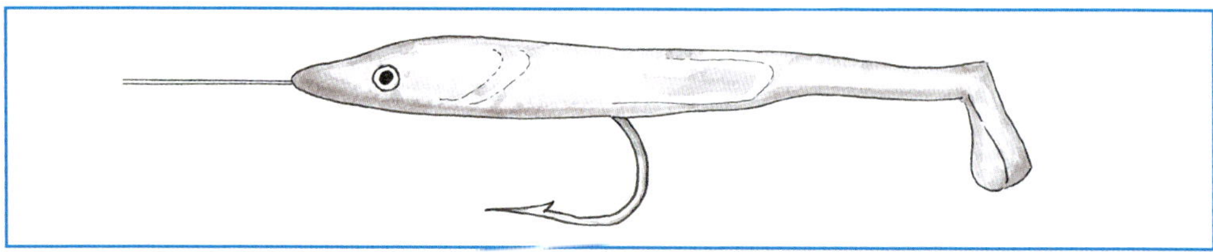

Einfach aber fängig: Ein »Gummimakk« ist einer der besten Beifänger.

Angeltechnik

Luv-Reling (windzugewandte Seite): Den Pilker nicht auswerfen, sondern direkt an der Bordwand bis zum Grund absenken und dann gefühlvoll mit kurzen Sprüngen spielen lassen. Der Pilker treibt vom Boot weg. Sobald der Schnurwinkel 45° überschreitet, wieder einholen.

Gerätevorschlag

Rute: Kräftige Hecht- oder Grundrute, leichte Pilkrute, Länge 2,40–3,00 m, Wurfgewicht 40–100 g.
Rolle/Schnur: Große Stationärrolle mit 200 m Polyfil Tragkraft 10–15 kg oder Monofil 0,35–0,40 mm.

Lee-Reling (windabgewandte Seite): Der Kutter driftet genau in diese Richtung. Den Pilker soweit wie möglich auswerfen, absinken lassen und dann mit Gefühl über den Boden zurückzupfen. Sobald die Schnur fast senkrecht nach unten zeigt, wieder einholen. Aufpassen: Treibt der Pilker unter dem Kutter hin-

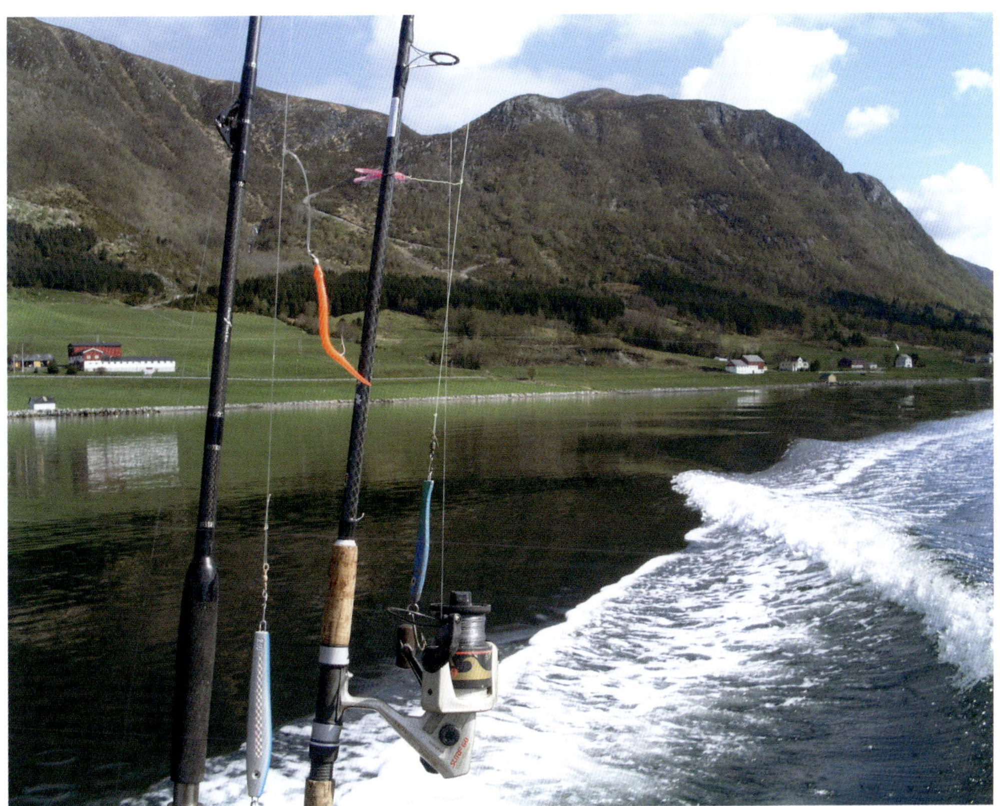

Ausfahrt zum Pilkangeln in einem norwegischen Fjord.

Tipp

Bei Verwendung des Chirurgenknoten das nach oben abstehende Knotenende als Springer einsetzen, es steht im Wasser deutlicher zur Seite weg als das zum Pilker weisende. Dadurch spielen auch die Beifänger besser. Um die Lockwirkung zu erhöhen beködert man sie zusätzlich mit einem schmalen Streifen Fischfleisch.

durch, kann die Schnur am Schiffsboden beschädigt werden oder man hakt die Schnur eines Mitanglers auf der anderen Seite.
Die besten und begehrtesten Plätze befinden sich auf einem Angelkutter an dessen Bug oder Heck. Während für an der Seitenreling stehende Angler an der Bordwand Schluss ist, können Angler an dieser Stelle den Pilker von Luv nach Lee durchfischen.

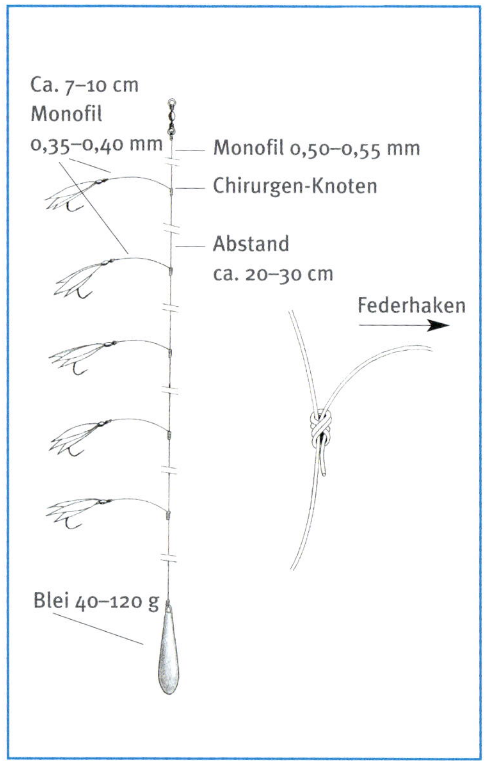

Makrelen-Paternoster

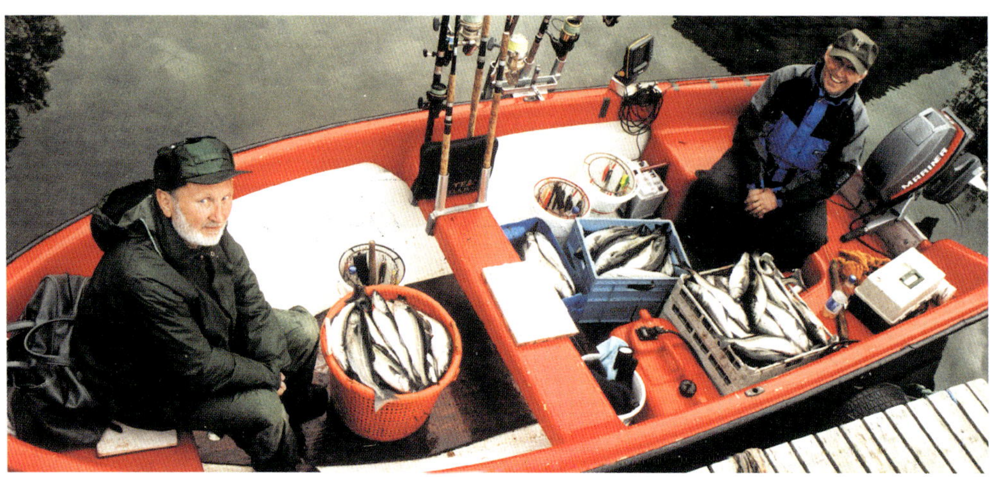

Zwei Angler kehren erfolgreich von einer Fjordausfahrt zurück.

Mit Schwimmkugel

Wer von einem Kleinboot aus fischt wird nicht von Mitanglern bedrängt und kann seinen Pilker individuell einsetzen. Manche Experten lassen dann diesen schweren Köder nicht einfach senkrecht absinken, sondern werfen ihn grundsätzlich mehr oder weniger weit aus. Viele Fische, die im Ober- und Mittelwasser stehen, schießen auf den taumelnden Pilker zu und nehmen ihn sofort. Um die absinkende Schnur besser beobachten zu können, ist eine kleine auf der Hauptschnur gleitende fluoreszierende Schwimmkugel sehr beliebt. Sie bleibt beim Absinken an der Oberfläche bzw. im Oberwasser und das Stoppen der Schnur ist besser erkennbar. Felsiger Untergrund führt zum Verlust von Pilker und Vorfach, möglicherweise auch dem gesamten System. Um dem vorzubeugen, kann man den Drilling vom Pilker entfernen und nur mit dem System oder Beifängern fischen. Der Pilker wird dann lediglich als Gewicht und Lockmittel verwendet.

Fische finden

In der Regel werden die Zielfische mittels Echolot lokalisiert. Manchmal gibt aber auch die Natur Hinweise. Schwärme von kleineren Fischen werden sehr oft durch dicht über der Wasseroberfläche aktive Möven angezeigt, die diese Fische jagen, wenn sie vor ihren Verfolgern, in Panik aus der Tiefe an die Oberfläche flüchten. Oft kommt das Wasser durch die aufsteigenden bzw. flüchtenden Fische regelrecht zum Brodeln. Dieses Schauspiel ist vor allem in der Abend- und Morgendämmerung beobachten. Bei diesen Lichtverhältnissen jagen die Räuber. Dabei schwimmen die größten Exemplare etwas unterhalb des Schwarms. Hier sollte man mit schweren Pilkern und ohne Beifänger angeln, denn sonst beißen die kleineren Fische des Schwarmes und der eigentliche Zielfisch wird nicht erreicht, da der Pilker nicht absinken kann.

> **Tipp**
>
> Verwenden Sie lieber zu große als zu kleine Haken. Alle räuberischen Meeresfische haben ein großes Maul, so dass kleinere Fische den kleinen Köder tief schlucken und beim Lösen des Hakens oft unausweichlich verletzt werden. Um dem von vornherein aus dem Wege zu gehen, nimmt man große Haken. Ein Haken kann nicht groß genug sein!

Bootsangeln mit Naturködern

Die skandinavischen Küsten zählen zu den Top-Revieren für Meeresangler, allen voran die norwegischen Küstengewässer mit ihren herrlichen Fjorden. Neben dem Pilken ist hier das Angeln mit Naturködern sehr beliebt, vor allem, da es in den Sommermonaten besonders gute Beute verspricht. Für diese Art des Angelns braucht man eine kräftige Rute und eine noch kräftigere Rolle. Fischt man sehr tief in einem Fjord können schwere Fische an den Haken gehen. Leng und Großdorsch sind dort besonders begehrt. Man muss mit dem

Naturköder für das Meeresangeln (alle Angelarten)

Köder	Zubereitung	Zielfische
Fischstreifen	Fisch der Länge nach halbieren und jede Seite in entsprechende Streifen schneiden. Geeignet sind Makrele, Hering aber auch Dorsch, und Seelachs.	Makrele, Hornhecht, Dorsch, Köhler, Pollack u. a.
Heringsstücke	Hering in Stücke schneiden und auf Einzelhaken anködern. Ein sehr guter, öliger und duftender Köder.	Conger, Leng u a.
Wattwurm	Sehr guter Köder zum Brandungsangeln. Beim Fischen auf Dorsch bringen manche Brandungsspezialisten bis zu sechs Würmer auf einem langschenkligen Haken an. Am besten halten sie, wenn man sie komplett auf dem Haken aufzieht.	Dorsch, Plattfisch
Sandaal	Tiefgekühlte Sandaale können im Ganzen, halbiert oder in Streifen geschnitten eingesetzt werden. Ganze Sandaale am besten auf den Haken aufziehen.	Universell für Wolfsbarsch, Dorsch, Pollack, Rochen u. a.
Tintenfisch	Sehr universell, alleine oder als Cocktail mit einem anderen Köder. Im Ganzen oder für kleinere Fischarten in feine Streifen geschnitten.	Conger, Dorsch, Leng u. ä.
Miesmuscheln	Ein guter Köder, der beim Auswerfen allerdings gerne vom Haken fällt. Ein praktikable Lösung ist die so genannte Muschelwurst. Das Fleisch wird dazu in einen netzartigen Verbandsschlauch aus dem Notfallkoffer gegeben und damit angeködert.	Plattfisch, Dorsch, Wolfsbarsch.

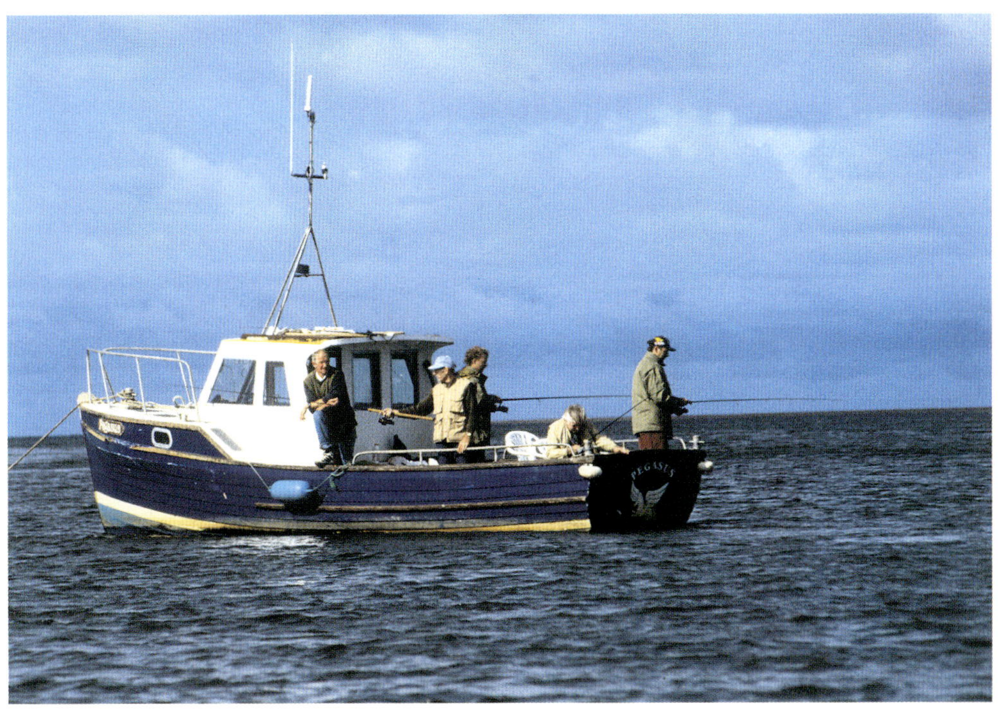

Hier wird in einer sandigen Buch vom verankerten Boot mit Naturködern auf Grund geangelt. Zielfische sind vor allem Plattfische.

Boot nicht unbedingt weit hinausfahren. Viele Dorsche und Köhler werden in Uferregionen, ca. 20–50 Meter vom Ufer entfernt, gefangen. Auch die Tiefe ist nicht entscheidend. Die herrlich gefärbten Krautdorsche stehen in den »Krautfeldern« in etwa 15–30 Metern unter dem Boot.

Leichte Naturköder-Montage

Am Ende des starken Vorfachs befindet sich ein Pilker ohne Haken, aber mit einem Nachläufer, der mit einem Naturköder bestückt wird. Darüber sind zwei bis vier Seitenarme aus Metall angebracht. An den Seitenarmen

Universelles Gerät

Mit der nachfolgend genannten Gerätezusammenstellung kann man in allen Küstengewässern des nördlichen Atlantiks und in den norwegischen Fjorden auf nicht zu starke Meeresräuber wie z. B. Leng, Lumb, Dorsch, Seewolf, Rotbarsch und Schellfisch angeln.
Rute: Pilkrute, Länge 1,80 m bis 2,40 m, Wurfgewicht 200 bis 600 g,
Rolle/Schnur: Robuste Stationär- oder Multirolle mit 400–500 m Polyfil 0,25–0,40 mm.

Wichtig!

Sicherheitsvorschriften sind **immer** zu beachten! In Norwegen ist es z. B. Pflicht im Boot eine Rettungs-Schwimmweste zu tragen. Auch gilt die 0,0 Promille-Grenze. Alkohol kann man nach der Bootsausfahrt zu sich nehmen, nicht aber vorher oder während des Angelns. Alljährlich gibt es Unfälle mit tödlichem Ausgang, weil gerade diese beiden Grundregeln von unvernünftigen Anglern nicht eingehalten werden.

sitzen rotierbare Spiralwirbel, die ein schnelles Auswechseln mit vorbereiteten, verschiedenartigen Seitenvorfächern erlauben. Außerdem kann sich ein gehakter Fisch nun frei am Seitenarm drehen, ohne ihn zu verwinden. Die

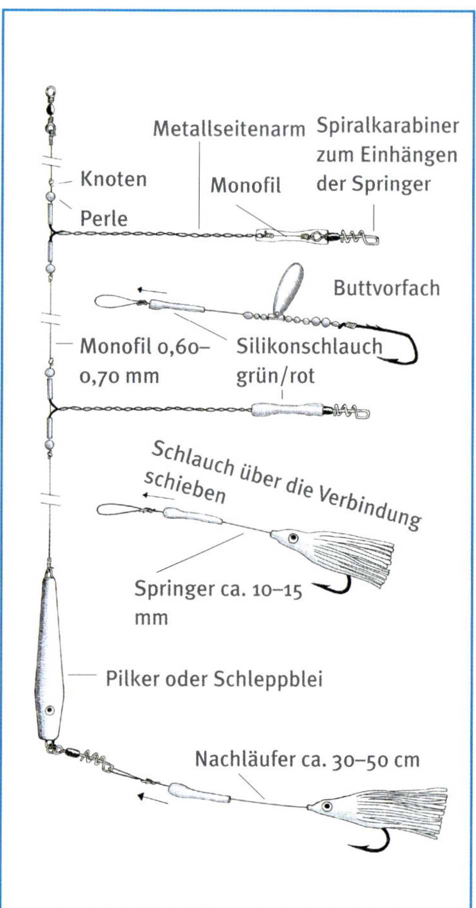

Leichte Naturköder-Montage.

Verbindung zwischen Seitenarm und Spiralwirbel besteht aus einem kurzen Stück Monofil, das mit einem fluoreszierenden (rot/grün/weiß) Kunststoffschlauch versteift und abgedeckt wird. Diese Montage können Sie ohne große Verwicklungsgefahr langsam ins Wasser absenken und wieder nach oben holen. Als Köder dienen Fischfetzen, auch Garnelen.

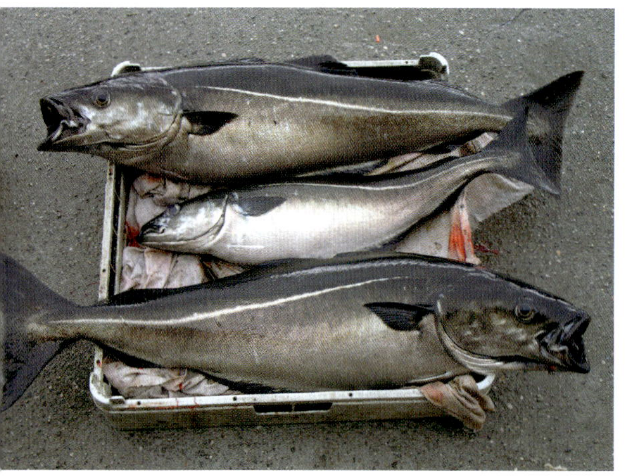

Köhler unterscheiden sich vom ähnlich aussehenden Pollack auf den ersten Blick durch die graublaue Farbe und eine auffallend gerade verlaufende Seitenlinie.

Aal 27
Aalglöckchen 66
Aalquappe 27
Anfüttern 37, 38, 74
Angelknoten **14**
Angelmethoden **41**
Angelplatz 37, 40
Angelrollen **9**
Angelrute 8
Angelschnur 11
Aromastoffe 33, 40
Äsche 23
Atlantischer Lachs 24
Ausrüstung **7**
Ausweiden 101

Bach 104
Bachforelle 22
Bachsaibling 22
Baitrunner 65
Barbe 24
Barsch 28
Beifüttern 37, 38
Bekleidung 19
Beutefischchen 75
Birnenblei-Montage 60
Bisserkennung 51, 66, 67
Blei 44
Blinker 77, 78
Bobbin 67
Boilie 35, 64
Bolt-Rigs 63, 65
Bootsangeln 123
Brachsen 25
Brandungsangeln 116
Brandungs-Montage 117
Brassen 25
Bremse 10, 96
Brot 34, 47

Casters 30
Chirurgenknoten 15
Chirurgen-Schlaufe 14
Controller 57, 58
Count-Down Methode 77

Dicklippige Meeräsche 112
Döbel 26
Dorsch 110
Double Taper 92
Driftangeln 47
Drill 95, 97
Drilling 75
Durchlauf-Montage 48, 59

Echolot 123
Einhänger 67
Einzelhaken 18
Emerger 87

Fangsaison 103
Farben 36
Feeder-Montage 62
Fischstreifen 124
Fischtöter 99
Flavours 36, 40
Fliegenfischen **85**
Fliegenrolle 11
Fliegenrute 92
Fliegenschnur 91
Flucht-Montage 63, 64
Flunder 111
Fluss 104
Friedfische **29**
Frischezustand 102
Frühstücksfleisch 35
Futterausbringung 39
Futterball 38
Futterkorb 62
Futterkorb-Montage 61
Futterwolke 38

Geruchssinn 37
Geschmackssinn 37
Gestreifter Seewolf 112
Gleit-Montage 49
Grashüpfer 31
Grinner-Knoten 14
Grundangeln 58
Grundausrüstung 69
Grundfutter **37**
Grund-Montage 68
Grundrute 69
Grundwerkzeug **8**
Gummiköder 78

Haar-Montage 65
Haken **17**
Hecht 28
Heringsstücke 124
Herzstich 100
Hornhecht 112
Huchen 23
Hüftstiefel 19
Hülsenfrüchte 33

Imitation 86
Inline-Rig 64, 66

Jerkbaits 78
Jig 115

Kabeljau 110
Käfer 31
Karpfen 25
Käse 35
Katapult 38
Kescher 97ff.
Keulenschnur 92
Kiemenrundschnitt 100
Klammerknoten 14
Klippenangeln 113
Köder **29**, 33, 34, 57, 56, 58, 71, 78
Köderfische, tote 73
Köderfisch-Schnapp-montage 72
Köderteig 33
Köhler 110
Kunstfliegen 86
Kunstköder 75, 76

Lachs, atlantischer 24
Lachsfliege 87
Landung 95, 97
Lee-Reling 121
Leiterchen 55
Lenq 112
Liegen 20
Lift-Montage 48, 51
Lockfutter 30, **37**
Luftdruck 107
Luv-Reling 121

Maden 30, 47
Makrele 111
Maßband 99
Meerangeln 113, 124
Meeräschen-Montage 114
Meerforelle 24
Messer 99
Miesmuscheln 124
Mindestmaß 98
Monofil 12
Multirolle 10

Nassfliege 87, 88
Naturköder 124
Naturköder-Montage 125
Nüsse 31
Nymphe 87, 89

Öhrhaken 17, 18

Partikelköder 31ff.
Pierangeln 113
Pilkangeln 119
Pilk-Montage 119
Plättchenhaken 18
Polenta 35
Pollack 110
Polyfil 12
Pose 115, 42, 43, 51
Posenangeln 41, 45
Posen-Montage 44

Rapala-Knoten 15
Rapfen 26
Raubfische **70**
Raubfisch-Haarmontage 73
Regenbogenforelle 22
Regenwurm 29
Reißfestigkeit 11
Reizfliege 86
Rollenbremse 97
Rotauge 25
Rotwurm 29, 30
Rutenaktion 8
Rutenhaltung 76

Saison 103
Salzwasserangeln **109**
Salzwasserhaken 17
Sandaal 124
Schlagschnurknoten 16
Schleie 26
Schleppangeln **82**
Schleuder 55
Schnurdrall 13
Scholle 111
Schwimmköder 57
Schwimmkugel 123
Schwingspitze 67
See 106
Seesaibling 23
Spaltschrote 46
Spiegelkarpfen 25
Spinnangeln **75**
Spinnerbaits 78
Spinnköder 75
Spinn-Montage 80
Spirolino 79
Spirolino-Montage 81
Spulenknoten 14
Stahlvorfach 16
Standplätze 47, 103, 104
Stationärrolle 9
Steck-Schlaufe 15
Stiefel 19
Stippangeln 51, 56
Stippmontage 55
Stipp-Pose 53
Stippruten 53
Stopperknoten 15
Streamer 87, 89
Süßwasserangeln **21**

Talsperre 106
Tauwurm 29
Tintenfisch 124
Töten 100
Tragkraft 12
Transportbehälter 19
Treibangel-Montage 48
Treibangeln 47
Trockenfliege 87, 88

Versorgen 99
Vorfach 44, 66

Waggler-Montage 42
Wattwurm 124
Watzeug 19
Wels 27
Wetter 103
Wetterschutz 20
Widerhaken 18
Witterung 107
Wobbler 77, 78
Wurfgewicht 9

Zander 28
Zitterspitze 67
Zubehör **19**

Bildnachweis
Illustrationen der Fischarten im »Fischsteckbrief«: Birte Keil
U1, S. 2/3: AdobeStock
S. 70 o.: Gerd Massopust
S. 108, 122, 126: Peter Lüttge
U4 re.o.: AdobeStock
Alle anderen Fotos und Zeichnungen stammen vom Verfasser

Der Verfasser bedankt sich bei:
Peter Lüttge (Beratung und Bildmaterial für das Kapitel Meeresangeln);
Angelsport Meyer, Neumarkt/Opf. (Beratung Meeresmontagen);
Günter Fenzel, Birgländer Angelladen, Poppberg (Angelgerät für Fotozwecke)

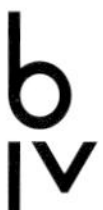

Umschlagfotos:
Vorderseite: Blickwinkel/F. Hecker
Rückseite: Hans Eiber

Lektorat: Gerhard Seilmeier
Herstellung: Ruth Bost
Satz und Layout: Uhl + Massopust, Aalen
Druck und Bindung: Livonia Print, Lettland

ISBN 978-3-8354-1508-9

12. Auflage 2026

Hinweis
Das vorliegende Buch wurde sorgfältig erarbeitet. Dennoch erfolgen alle Angaben ohne Gewähr. Weder Autor noch Verlag können für eventuelle Nachteile oder Schäden, die aus den im Buch vorgestellten Informationen resultieren, eine Haftung übernehmen.